《千顷堂书目》研究

刘净净　著

国家图书馆出版社

图书在版编目（CIP）数据

《千顷堂书目》研究/刘净净著. -- 北京：国家图书馆出版社，2018.4
ISBN 978 - 7 - 5013 - 6450 - 3

Ⅰ.①千… Ⅱ.①刘… Ⅲ.①目录学—研究—明代 Ⅳ.①G257

中国版本图书馆 CIP 数据核字（2018）第 047814 号

书　　名	《千顷堂书目》研究
著　　者	刘净净　著
责任编辑	王炳乾　耿素丽
封面设计	耕者设计工作室

出版发行 国家图书馆出版社（北京市西城区文津街 7 号　100034）
　　　　　（原书目文献出版社　北京图书馆出版社）
　　　　　010 - 66114536　63802249　nlcpress@ nlc. cn（邮购）

网　　址	http：//www. nlcpress. com
排　　版	凡华（北京）文化传播有限公司
印　　装	北京鲁汇荣彩印刷有限公司
版次印次	2018 年 4 月第 1 版　2018 年 4 月第 1 次印刷

开　　本	880×1230（毫米）　1/32
印　　张	8.75
字　　数	211 千字

书　　号	ISBN 978 - 7 - 5013 - 6450 - 3
定　　价	48.00 元

目　录

前　言

在我国传统目录学史上，明朝是富有个性的时代。明代私人藏书较多，且多受前代目录学、文献学思想的影响，在承继前代成就的基础上又有所突破和创新。相较而言，明代官府藏书不足，作为中央主要藏书机构的文渊阁藏书散佚过快，终明一代没有一部像样的官修书目。而自汉代始，《汉书·艺文志》及《隋书·经籍志》《旧唐书·经籍志》《新唐书·艺文志》《宋史·艺文志》等史志书目多是以官府藏书目录为基础而编纂的。明代政府藏书的不足以及对藏书整理的忽视，使得明代史志目录的编纂无所凭借，明代艺文志的编纂也较为曲折。

明万历二十二年（1594），明王朝修《国史》，焦竑分纂艺文部分，编成《国史经籍志》。《国史经籍志》虽为明王朝所修，但是著录本朝的著作仅是极少一部分，所录宋、辽、金、元、明人著作不及全书三分之一；且抄录诸家书目而成，未能据目考书，错误纰漏较多。清顺治五年（1648），清王朝开始撰修《明史》，最初由傅维鳞承担艺文志的编修工作。傅氏仍采用纪藏书之盛的方法，力求记录明一代之藏书，但是其在具体实施中又仅据《文渊阁书目》一种，《文渊阁书目》所录几乎全是明以前书，少有明人之作，故所成《明史·艺文志》同焦氏《国史经籍志》一样，反映不了明代著作情况，因此未被采用。此后，尤侗也承担过《明史·艺文志》的编撰，但亦未有大的改观。康熙二十年（1681），黄虞稷由徐乾学荐举入明史馆，分修艺文志，改变传统纪藏书

· 1 ·

之盛的体例,采用纪一代著述的方式,广泛参阅公私藏书目录,搜罗明代著述,成《明史艺文志稿》,后又经王鸿绪、张廷玉之手,几经删削,遂成《明史·艺文志》。黄虞稷和《千顷堂书目》也因与《明史·艺文志》的渊源,而为历代学者所关注。

《千顷堂书目》在承继前代目录学成就的基础上又有所创新和突破,具有鲜明的个性与特色:虽以私家藏书为基础,又不局限于此,而是采用记明一代著作的方式,开目录学史上断代书目之先河。既体现了明代社会的特性与变化,又可以折射出历史与时代的发展。

《千顷堂书目》为黄虞稷在其父所撰《千顷斋藏书目录》6卷的基础上,广收博采,以个人之力、穷数年之功编撰而成。全书总计32卷,分经、史、子、集四部51类,每类下先列明人著作,后附南宋咸淳以来和辽、金、元各朝著作,收录明人著作15000余种,附载宋、辽、金、元著作2400余种。而王鸿绪删订后的《明史·艺文志》仅著录4600余种。从数量上来说,《千顷堂书目》是其三倍还多,是迄今收录明人著述最多的书目。此外,《千顷堂书目》著录"不述作者之意,但于书名之下,每立一传"①,内容涉及作者字号、里籍、科名、官爵、生平经历,偶述成书年代、内容要旨等。这些不仅是考察明代人物生平,也是考察历史、地理、职官等史实的重要文献。它著录了明洪武元年(1368)至崇祯十七年(1644)间的重要人物和著作,以及宋、辽、金、元四朝的重要著述,内容涉及经学、史学、农学、医学等诸多方面,具有很高的学术价值。

《千顷堂书目》在承继前代目录学成就的基础上又有所创新和突破。该书目摒弃一代藏书之盛的传统做法,采用断代著录的方式,于中国目录学史开创记一代著述的断代书目。这既符合历史的断限,同

---

① (唐)魏徵等:《隋书》卷三二《经籍志》,中华书局,1973年,第907页。

时于目录编纂事业、目录学发展而言，则在以往历代书目的基础上补充了明代最新的文献，从而在能力范围内有效地保证了书目著录文献的连贯而不重复。《千顷堂书目》记明代著述之外，又兼补宋、辽、金、元之书，开创补正史艺文志之先河。《千顷堂书目》还远绍南朝齐王俭《七志》的传录体形式来增补书目记载的内容，也是此书目的重要特色之一。整部《千顷堂书目》小注的重点并非书籍内容、学术渊源，而侧重于立传，即对书籍作者的介绍。长期以来学界的普遍观点是，传录体目录肇始于王俭《七志》，魏晋南北朝后几无发展。王重民、姚名达等所作目录学著作虽对此特点略有提及，但均未将其视为传录体例。笔者采用定量、定性相结合的方法，对《千顷堂书目》中作者小传进行统计、分析，将传录体之延续使用考订至明代。

此外，虽然《千顷堂书目》是内容、体例均具有鲜明特色的明代代表性书目之一，但是至今在成书、性质、作者等基本性问题上尚存诸多争议，有待进一步探讨。尤其是近年来某些学者甚至于将《千顷堂书目》界定为史志目录，还有学者试图由《千顷堂书目》分析黄虞稷藏书特色等。此类研究及成果的出现，究其原因多是对该书目性质、成书认识出现偏差所致。只有廓清和准确认识这些基本问题，才不至于使研究工作偏离方向，从而更好地使用该书目。

本书将《千顷堂书目》置于明代的政治、经济、文化以及中国目录学史的多维视角下，通过对《千顷堂书目》收入图书的范围与途径、著录图书的内容与数量、著录体例等方面的详细分析，客观、准确地论述《千顷堂书目》的性质、体例以及与《明史·艺文志》关系等较有争议的问题。由此入手，通过比勘明代其他书目，尤其知见性书目，同时参考明代的地方志、登科录及其他史料，对《千顷堂书目》著录的图书、作者小传等内容进行考订，以求考订史料之真实准确，并以此为基础对

《千顷堂书目》与《明史·艺文志》的关系进行考订。从而在辩证肯定《千顷堂书目》价值的基础上,全面分析《千顷堂书目》的目录学价值、文献价值和史学价值。

第一章 《千顷堂书目》成书背景

第一节 时代背景

1368 年明太祖朱元璋经过南征北战,战胜元末群雄,于 1368 年建立明王朝。1644 年,崇祯皇帝朱由检自缢煤山,明王朝宣告结束。276 年间,明王朝共经历了十七朝十六帝[①]。与此前历代大一统王朝相比,明王朝在政治、经济、文化等领域都展现出了独有的特色。这些特色或刺激或制约着明代社会的发展与进步,从而使得明代的图书出版事业呈现出不同于以往的面貌。

一、明代政治经济状况

1. 明代政治状况

与前代一样,明朝政治上的矛盾主要表现在对内和对外两个方面。对内主要表现为皇权与相权、皇族内部、皇权与宦权的矛盾,对外主要表现为与北方少数民族以及东南倭寇的关系方面的矛盾。

朱元璋充分吸取元代灭亡的教训,在其自称吴王之际,便招揽天下名臣硕儒,以备参咨国用。但是朱元璋出身卑微,对皇权又格外的迷恋,使得他对位列朝班的文臣武将忧心忡忡。他总结元代灭亡的原

---

① 明朝灭亡后,残存于南京、两广等地的明朝残余势力不计在内。

因是"委任权臣,上下蒙蔽故也"①。他通过对朝臣一次次的兴狱打击,终于在洪武十三年(1380)借"胡惟庸案"废除丞相及中书省,实现了君权的高度集中。然而,朱元璋的后继者们虽迷恋权位,但凭一己之力已难以应付纷至沓来的奏疏。这一点早在朱元璋时期就已初显端倪②,成为设置四辅官及殿阁大学士的初衷之一。至明成祖时,永乐皇帝又选择一批亲信大臣入职文渊阁,参与机务,奠定了明代内阁制度的基础。明代的内阁经过仁宗、宣宗时代的发展,至世宗嘉靖及神宗万历时达到全盛。在内阁发展前期,内阁大臣还操持文柄,《山志》载:"旧例,翰林官丁忧,其墓文率请之内阁诸公。"③这一职责的存在,使得内阁官员为捍卫自我权力而主动请缨负责皇宫内文化典籍的收藏与整理工作。

与对文臣武将的猜忌相反,朱元璋对其子嗣采取了分藩制度,曰:"天下之大,必建藩屏,上卫国家,下安生民。今诸子既长,宜各有爵封,分镇诸国。朕非私其亲,乃遵古先哲王之制,为久安长治之计。"④并相继颁布了《祖训录》和《皇明祖训》,用以约束、规范诸王行为。于是从东北到西北辽阔的北方边防线上布满了辽、宁、燕、谷、代、晋、秦、庆、肃等藩王。这成为明王朝同中国历史上汉朝以外其他大一统王朝的最大区别。到成祖朱棣采取"削藩"政策,宣德以后朝廷对藩王的限制越来越多,藩王的权力日益缩小。延至明末,他们俨然已成为社会

① 《明太祖实录》卷五九,上海书店影印台北"中央研究院"历史语言研究所校印本,1982年。

② 张显清、林金树所著《明代政治史》(广西师范大学出版社,2003年)曾对洪武十七年(1384)九月十四日至二十一日的奏札做过统计,朱元璋平均每天需审批的公文为207份,处理的事务多达411件。

③ (清)王弘:《山志》卷一,中华书局,1999年,第15页。

④ 《明太祖实录》卷五一。

的寄食之虫。多数藩王或迫于政治上的压力，或出于自身爱好，都积极参与书籍刊刻及文学创作之中。藩府刻书的繁盛成为明代刻书史上最为突出的特点。

明代宦官专权尤盛。黄宗羲云："阉宦之祸，历汉、唐、宋而相寻无已，然未有若有明之为烈也。"①有明一代，权势熏天的宦官很多，正统时有王振，成化时有汪直，正德时有刘瑾，天启时有魏忠贤。在宦官权力逐渐扩张的同时，司礼监的地位也迅速崛起。至幼主英宗即位，太监王振已然掌握了朝中大权，司礼监也逐渐将各衙门的权力集于一身，成为内府二十四衙门中的第一监。与此同时，司礼监还将势力范围扩展到了图书的刊刻印刷，并成立了专门的机构——经厂。经厂刻书盛极一时，成为明代刻书的另一个特点。

2. 明代经济的发展

在经济方面，明初朱元璋秉持"先王之教"，采用传统的重农抑商之策。他说："人皆言农桑衣食之本，然弃本逐末，鲜有救其弊者。先王之世，野无不耕之民，室无不蚕之女，水旱无虞，饥寒不至。自什一之途开，奇巧之技作，而后农桑之业废。一农执末而百家待食，一女事织而百夫待衣，欲人无贫得乎？朕思足食在于禁末作，足衣在于禁华靡。尔宜申明天下四民，各守其业，不许游食；庶民之家，不许衣锦绣，庶几可以绝其弊也。"②本此原则，朱元璋颁布了种种措施。如"黄册里甲制度"，将农民固定在土地上，使得"农业者不出一里之间，朝出暮入"③。对待商人则层层征税，"既税于所产之地，又税于所过之津"④。

---

① （清）黄宗羲：《明夷待访录》之《阉宦上》，《海山仙馆丛书》本。

② 《明太祖实录》卷一七五。

③ （明）朱元璋：《大诰续编》之《互知丁业第三》，明洪武内府刻本。

④ （清）张廷玉等：《明史》卷一四七《解缙传》，中华书局，1974 年。

并限制其地位,将其排除在国家编户齐民之外。规定"今后诸处有司衙门皂隶、吏员、狱卒,不许用市井之民"①。此种休养生息、重农抑商的政策一直沿续至明代中期。

明中期以后,随着社会的稳定、经济的发展、物资需求的增长以及交流活动的频繁,商品经济越来越活跃,一度达于繁盛之势。官府对待商人的态度也发生了质的改变。商人不再是国家编户齐民之外的最底层,反而可以通过捐纳获得一定的官职。例如景泰元年(1450)便有捐纳获荣的命令:"命舍人军民有输米豆二百五十石,或谷草二千束,或秋青草三千束,或鞍马十匹于大同宣府助官者,悉赐冠带以荣其身。"②当权者对商人阶层亦开始有所认同,并充分考虑他们在社会中所起的作用。张居正就说:"商通有无,农力本穑。商不得通有无以利农,则农病;农不得力本穑以资商,则商病。故商农之势常若权衡然。"③与此同时,随着商人阶层经济实力的增强,他们也常常延请文人名士为其撰写墓志铭等应用文章。不论文士是否出于利益之考虑,一个显著的事实是,明代文人的文集付诸刻印时是大量留存这些文章的,这也体现了他们对商人已不再是明初刘基所谓"家家种田耻商贩"的态度了。并且有的商人还被文士称为"诗贾""儒商"。此外,随着张居正"一条鞭法"的实行,规定"凡额办、派办、京库岁需与存留、供亿诸费,以及土贡方物,悉并为一条,皆计亩征银,折办于官"④,这就使得明初将农民固定在土地上的政策失效,客观上促进了农民摆脱土

---

① 《大诰续编》之《市民不许为吏卒第七十五》。
② (明)叶盛:《西垣奏草》卷四,明崇祯赐书楼刻本。
③ (明)张居正:《赠水部周汉浦榷浚还朝序》,《张太岳先生文集》卷八,明万历四十年唐国达刻本。
④ 《明史》卷七八《食货志二》。

地的束缚,走上经商之路。商品经济的发展,在一定程度上孕育和刺激了资本主义萌芽,促进了社会经济的发展进步。

二、文化学术背景

文化是政治、经济的另一种表现方式。随着明代封建集权专制的实行,其文化政策也呈现出高压态势。但这并非意味着明代文化领域的黯淡无光。恰恰相反,在这种高压的背后却孕育着前所未有的曙光,尤其是明代中后期经济的发展、政治的相对松动,以及思想界阳明心学的兴起等因素,刺激着晚明文化的繁荣。

首先,朱元璋为巩固皇权,与在朝堂上鸟尽弓藏、兔死狗烹的做法不同,在朝堂之外软硬兼施。他一方面昭告天下,访求贤才,如洪武元年颁布《求贤诏》:"然怀才抱德之士,尚多隐于岩穴,岂有司之失于敦劝欤? 朝廷之疏于礼待欤? 抑朕寡德不足以致贤欤? ……今天下甫定,愿与诸儒讲明治道,启沃朕心,以臻至治。岩穴之士,有能以贤辅我、以德济民者,有司礼遣之,朕将擢用焉。"①另一方面大开杀戒,尤其是对心怀芥蒂的张士诚统领下的吴中文人。朱元璋不仅钳制读书人的思想,还制定了一系列的规定来杜绝读书人参与政事,《学规》就规定:"军民一切利病,并不许生员建言。果有一切军民利病之事,许当该有司在野贤人、有志壮士、质朴农夫、商贾技艺皆可言之。诸人毋得阻当,惟生员不许。"②

其次,明政府还通过教育等形式,加强对知识分子的思想教化。明初朱元璋鉴于由元入明的知识分子不愿出仕的状况,一方面大开杀戒,另一方面则开展一系列的教育举措,培植新的人才。尊孔依然是

---

① 钱伯城等:《全明文》第一册,上海古籍出版社,1992 年,第 324 页。
② (明)申时行等:《大明会典》卷七八《学规》,明万历内府刻本。

明王朝统治者最主要的做法,且历朝都有提升孔子地位之举,至嘉靖时,孔子的地位已由宋朝时的"至圣文宣王"上升到"至圣先师之神"。孔子的地位如此,其弟子曾参与编订的四书五经及程朱注疏也就顺理成章地成为举子的教科书。明太祖规定:"制科取士,一以经义为先。"①然而,朱元璋因出身,对经典中的文字比较敏感,尤其是对《孟子》中的言论大为不满,于是对《孟子》的文字内容进行了大量的删改。到朱棣上台,令胡广等人修《五经四书大全》。至永乐十三年(1415)九月,胡广奉命修完《五经四书大全》及《性理大全》,二书乃成为品评士子的唯一标准,最终将知识分子束缚于程朱之学的框架内。何良俊感慨说:"太祖时,士子经义皆用注疏,而参以程朱传注。成祖既修《五经四书大全》之后,遂悉去汉儒之说,而专以程朱传注为主。夫汉儒去圣人未远,学有专经,其传授岂无所据。况圣人之言广大渊微,岂后世之人单辞片语之所能尽。故不若但训诂其辞而由人体认,如佛家所谓悟入。盖体认之功深,则其得之于心也固;得之于心固,则其施之于用也必不苟。自程朱之说出,将圣人之言死死说定,学者但据此略加敷演,凑成八股,便取科第,而不知孔孟之书为何物矣。以此取士,而欲得天下之真才,其可得乎?"②

再次,明政府还加强文化的管理干预,严禁一切不利于统治及有关君王的言论。明王朝明确规定戏文不许装扮历代帝王、先圣先贤的形像。对于小说家言,历代统治者都讳莫如深。正统七年(1442)李时勉奏请禁《剪灯新话》系列小说时,道出了其中缘由:"近年有俗儒假托怪异之事,饰以无根之言,如《剪灯新话》之类,不惟市井轻浮之徒争相诵习,至于经生儒士多舍正学不讲,日夜记忆以资谈论,若不严禁,

---

① 《明史》卷二八二《儒林传序论》。
② (明)何良俊:《四友斋丛说》卷二,中华书局,1959年,第22页。

恐邪说异端日新月盛,惑乱人心,实非细故。"鉴于此,故"乞敕礼部行文内外衙门及提调学校佥事御史并按察司官巡历去处,凡遇此等书籍,即令焚毁,有印卖及藏习者,问罪如律,庶俾人知正道,不为邪妄所惑从之"[①]。故《金瓶梅》之属,甚至《三国演义》《水浒传》等均在禁毁之列。随着心学的兴起,统治者逐渐认识到其对程朱之学的冲击。嘉靖八年(1529),即王阳明去世的第二年,嘉靖帝不仅削夺其爵位,而且批评他说:"守仁放言自肆,诋毁先儒,招致门徒,虚声附和,用诈任情,坏人心术。士子传习邪说,皆其倡导。"[②]将士风的败落全归罪于王阳明。十年后,嘉靖帝直接下令:"今后若有创为异说,诡道背理,非毁朱子者,许科道官指名劾奏。"[③]晚明思想家李贽,不仅所著书籍遭到禁毁,其本人也以异端的身份丧命狱中。

然而,随着社会经济的发展、思想的活跃及统治者疏于政事,自明代中期起,统治者的禁令与现实成效已经大有背离,甚至有些皇帝作为读者也津津乐道于时下流行的书籍。明武宗要侍从急购《金统残唐》一书便是很好的例证。何况,统治者颁发的禁令具有明显的滞后性。《剪灯新话》是洪武年间问世并刊刻流传的小说,然而直到正统时方才被禁,这距书籍初刻年代已有数十年。此外,万历三十年(1603),朝廷下令禁以小说语入奏,其隐含的事实便是士大夫已习惯于将小说言辞用于奏章。当一种行为衍化为风气时方出令禁止,其效果可想而知。许多文人士大夫已经参与小说的创作与评点之中,更有甚者将小说置于与词曲同等的位置,从文学的角度予以关注。如袁宏道在给董其昌的信中就直言:"《金瓶梅》从何得来?伏枕略观,云霞满纸,胜于

---

① 《日知录之余》卷四,清宣统二年吴中刻本。
② 《明史》卷二七三《列传》一二四。
③ 《皇明诏令》卷二一《今圣上皇帝》,明刻本。

枚生《七发》多矣。"①可见,明代的小说、戏曲等俗文学,虽在明代高压政策下受到一定的制约,但仍然得到了极大的发展和普及。明代文集的创作也空前繁盛,这一点从《千顷堂书目·集部》的著录可略见一斑。

第二节　明代出版概况

中国典籍,浩若烟海。或书之竹简,或载于缣帛,或印于纸张。其中唐末镂版之术可谓书籍史上一大关捩。后历经五代、辽、宋、金、元之发展,迨至有明,随着社会政治安定、经济发展、科技进步、思想变革及社会风气的影响,其出版事业,可谓异彩纷呈,呈现出前代未有之特点。

一、出版业总体状况

明代雕版印刷术的发展推动了刻书业的繁盛,许多文献得以大批量印刷出版,这在很大程度上刺激和鼓励了文人学者的创作激情和学术氛围。明代典籍的数量和规模都达到了前所未有的高水平。

就刻书数量的时代分布而言,生活于正统至弘治年间的陆容概述明代前中期的出版状况:"国初书版,惟国子监有之,外郡县疑未有。观宋潜溪《送东阳马生序》可知矣。宣德、正统间,书籍印版尚未广。今所在书版,日增月盛,天下古文之象,愈隆于前已!"②由此可大体推知,从洪武至正统这一百多年间,明朝的出版业尚显萧条。日本学者

---

① （明）袁宏道:《袁中郎全集》卷二一,明崇祯刻本。
② （明）陆容:《菽园杂记》卷一〇,中华书局,1985 年,第 128 - 129 页。

井上进称为"出版的冬天"①。据缪咏禾对《明代版刻综录》著录 7740
种明本所做的统计,洪武至弘治时期共出版 766 种,嘉靖、隆庆时期
2237 种,万历以后 4720 种。三个时期的比例大体为 1∶6∶12②。这一
方面印证了陆氏所说不误,另一方面也充分展示了明代出版印刷事业
发展的速度之快。

洪武至弘治时期,尤其是洪武朝,出版书籍的最大特色是政治实
用性,即出版编纂服务于政治统治之需要,侧重于"史书""制书""经
书"等。朱元璋深知"创业之初,其功甚难,守成之后,其事尤难"③的
道理,政权初创便励精图治,以企长治久安。如洪武元年诏修《元史》,
至三年十月已问世刊行。其中最显著之表现还当是"制书"的编刊,据
《明史纪事本末补编》卷一《秘书告成》载,洪武朝编定的"制书"就有
49 种之多。这些"制书"或针对皇子皇孙,或针对后宫,或教育功臣,
或直指臣民。究其目的,无非是通过列举历史上正面的经验与反面的
教训,以期世人知所持守,作为学习或借鉴的榜样。然而这些只不过
是朱元璋精心描绘的社会样板,是"面从于一时,而心违于身后者"④。
相比之下,通过科举规定经典,尤其是永乐十二年,明成祖命胡广、杨
荣、金幼孜等编纂《四书大全》《五经大全》《性理大全》,令举国学子课
之,影响则更为深远。

除经部、史部书籍大量刊刻之外,子部和集部的书籍也得到了一
定程度的重视,比如大量短篇小说的刊刻和盛行。叶盛《水东日记》卷

① ［日］井上进:《论明代前期出版的变迁与学术》,《北大史学》第 14 期,第
2 页。
② 缪咏禾:《明代出版史稿》,江苏人民出版社,2000 年,第 15 页。
③ (明)余继登:《典故纪闻》卷一,中华书局,1981 年,第 19 页。
④ 《菽园杂记》卷一○,第 122 – 123 页。

二一"小说戏文"载:"今书坊相传射利之徒伪为小说杂书,南人喜谈如汉小王光武、蔡伯喈邕、杨六使文广,北人喜谈如继母大贤等事甚多。农工商贩,钞写绘画,家畜而人有之;痴骏女妇,尤所酷好,好事者因目为《女通鉴》,有以也。"①卷一二"日记故事"又载:"故事书,坊印本行世颇多,而善本甚鲜。"②由此判断,至迟在成化时期,书坊已开始刊印小说。究其原因,当是商品经济的发展以及印刷术的进一步发展和普及,带动了整个出版印刷行业的商业化和大众化。正如石昌渝所言:"小说具备大众文化的品格,必须依赖商品化的印刷出版物作为它的载体方能达成。中国书籍形制,从甲骨、钟鼎、竹简到丝帛,都不可能,也不屑于承载供人们消遣的俚俗的白话小说。它们的材料和书写成本都太昂贵……只有在印刷术发明之后,而且是在印刷业发展到商品化程度较高,一般出版物可以为社会有闲阶层购买而出版者又有利可图的时候,白话小说的写作和出版才能成为一种文化产业。"③

在经济、政治、文坛崇尚等因素的作用下,自弘治时期开始,明代的出版风气较之过往有了很大的改变。这些变化主要体现在以下几个方面:

八股选本盛行。李诩以自身经历描述其生活的时代出版的狂热状况:"余少时学举子业,并无刊本窗稿……方山中会魁,其三试卷,余为怂恿其常熟门人钱梦玉以东湖书院活字印行,未闻有坊间板。今满

---

① (明)叶盛撰,魏中平点校:《水东日记》卷二一,中华书局,1980年,第213-214页。

② 《水东日记》卷一二,第131页。

③ 石昌渝:《明代印刷业的发展与白话小说的繁荣》,[日]矶部彰编《东亚出版文化研究》(第一届东亚出版文化学术国际会议论文集),2004年,第301页。

目皆坊刻矣,亦世风华实之一验也。"①李濂在《纸说》中亦称:"比岁以来,书坊非举业不刊,市肆非举业不售,士子非举业不览。"②此种现象,顾炎武在《日知录》卷一六"十八房"中亦有记载,云:"天下之人惟知此物可以取科名,享富贵,此之谓学问,此之谓士人,而他书一切不观。"③士子只专注于举业,势必造成学问的空疏及对致用之学的忽视。作为八股名家的归有光在《送王汝康会试序》中表达了自己的担忧:"自科举之学兴,而学与仕为二事。故以得第为士之终,而以服官为学之始。士无贤不肖,由科目而进者,终其身可以无营,而显荣可立望。士亦曰吾事毕矣。故曰士之终。占毕之事,不可以莅官也;偶俪之词,不可以临民也。士之仕也,犹始入学也。故曰学之始。大是以不得于预养,而仓卒从其质之所近。其柔者巽懦而不立,而刚者又好愎而自用;佞者澳涩以自谋,而直者矫激而忘物;宽者废弛而自纵,而严者凌谇尽察而无所容:如是而曰古今之变,道之难行,夫岂其然乎?"④

覆刻唐、宋诗文选本盛行。屈万里、昌彼得说:"正德中叶以后,覆刻宋本之风渐盛。而尔时习尚,最重诗文。唐人诗集,宋时以临安陈氏书籍铺所刻最多,故正嘉间覆刻唐人诗集,率祖书棚本。书棚本字为率更体,翻刻时亦效其体,于是风气一变。正德十二年震泽王氏所

① (明)李诩撰,魏连科点校:《戒庵老人漫笔》卷八"时艺坊刻",中华书局,1982 年,第 334 页。

② (明)李濂:《嵩渚文集》卷四三,明嘉靖刻本。

③ (清)顾炎武撰,黄汝成集释:《日知录集释》卷一六,上海古籍出版社 2006 年,第 936 页。

④ (明)归有光:《震川先生集》,上海古籍出版社,2007 年,第 192 页。

刻《孙可之文集》,嘉靖间朱警所刻《唐百家诗》可证也。"①

二、官府出版状况

明代刻书主体之分大体同于宋代,一般有官刻、坊刻、家刻等,其中坊刻和家刻有别于官刻,统称为私刻或民间刻书②。官刻、私刻因其参与者或负责者在身份地位、刻书目的、审美取向等多方面的不同而呈现出不同的特征。总体而言,明代初期官刻在整个出版活动中占据主导地位。随着社会经济发展及由此带来的市民文化需求高涨,从明代中期起,私刻或民间刻书业蓬勃发展。而官刻由于人浮于事或疏于管理,则渐趋衰落。

1. 内府刻书

明代建国之初便开始了一系列访书、刻书活动。解缙曾向朱元璋建议说:"宜令天下投进诗书著述,官为刊行。令福建及各处书坊,今国学见在书板,文渊阁见在书籍,参考有无,尽行刊完。于京城及大胜港等处,官开书局,就于局前立碑,刻详书目及纸墨二本,令民买贩,关津免税。每水陆通会州县,立书坊一所,制度如前。一法帖本,亦宜求善本类聚,刻石一本。"③明代官府刻书,主要分为中央政府刻书和地方政府刻书。中央政府刻书主要是以司礼监为代表的内府刻书,即皇室刻书。《明代版本图录初编》云:"明内府雕版,阉寺主其事,发司礼

---

① 屈万里、昌彼得:《图书板本学要略》,华冈出版有限公司,1978 年,第 76 页。

② 古代刻书主体之分类,学界至今没有统一之观点。或分为官刻、私刻、坊刻,如张树栋、庞多益、郑如斯等人,或分为官刻与私刻,如缪咏禾。本文采用缪氏观点。

③ (明)解缙:《文毅集》卷一《太平十策》,北京出版社影印《文渊阁四库全书》本,2010 年,第 1236 册。

监梓之,纳经厂库储之,凡所刊者,即称之为经厂本。沿习既久,莫溯厥源。"①其实,严格说来,经厂本应始于永乐时经厂之设置。刘若愚对"经厂"之职记载为:"经厂掌司四员或六员,在经厂居住,只管一应经书印板及印成书籍,佛藏、道藏、番藏,皆佐理之。"②于敏中等人对司礼监负责下的内府刻书则叙述为:"皇城内西隅有大藏经厂,隶司礼监,写印上用书籍及造制敕龙笺处。内有廨宇、库藏、作房,及管库、监工等处官员所居。藏库则堆贮历代经史文籍、三教番汉经典,及国朝列圣御制御书、诗赋、文翰、印板、石刻于内,作房乃匠作印刷成造之所。"③两相参照,司礼监负责刊刻书籍之情况大体可以明朗。据张璉《明代中央政府出版与文化政策之研究》,内府出版书籍大体有以下七类:一、御制书;二、中宫御制书;三、敕刊之书;四、请刊之书;五、内府读本;六、佛道经典;七、对策试题④。王士禛云:"《菽园杂记》言:明时颁历后,各布政司送历于诸司大臣,旁午于道,每百本为一块,有一家送至十块、二十块者。诚亦太费,然亦可以见当时物力之饶。"⑤王氏在此是感叹当时物力之盛,但从另一方面亦可窥见当时经厂本印量之大。那么,有明一代司礼监到底负责刊刻了多少种书籍?

《千顷堂书目》著录有《内府经厂书目》二卷,四库馆臣曰:"经厂

① 潘承弼、顾廷龙:《明代版本图录初编》卷三,文海出版社,1971 年,第 157 页。

② (明)刘若愚:《酌中志》卷一六《内府衙门职掌》,北京古籍出版社,1994 年,第 94 页。

③ (清)于敏中:《日下旧闻考》卷四一,北京出版社影印《文渊阁四库全书》本,2010 年,第 497 册。

④ 张璉:《明代中央政府出版与文化政策之研究》,花木兰文化出版社,2006 年,第 21—24 页。

⑤ (清)王士禛撰,赵伯陶点校:《古夫于亭杂录》,中华书局,1988 年,第 86 页。

即内翻经厂，明世以宦官主之，书籍刊板，皆贮于此。所列书一百十四部，凡册数、页数、纸幅多寡，一一详载。盖即当时通行则例，好事者录而传之。"①据刘若愚《酌中志》"内板经书纪略"记载，内府刊书共154种。缪咏禾对比《酌中志》《古今书刻》《中国古籍善本书目》《明代版刻综录》等书记载，将经厂所刊书籍数量定为192种②；曹之则以为共177种③；马学良在其博士论文中综合以上诸书及海内外所藏，共得内府刻书318种④，足见明代内府刻书数量之多。而明经厂实际刻书的数量应比此数字还要多。但随着明王朝统治渐趋松弛，朝纲涣散，内府刻书也走向衰落。"凡司礼监经厂库内所藏祖宗累朝传遗秘书典籍，皆提督总其事，而掌司、监工分其细也。自神庙静摄年久，讲幄尘封，右文不终，官如传舍，遂多被匠夫厨役偷出货卖。柘黄之帙，公然罗列于市肆中，而有宝图书，再无人敢诘其来自何处者。或占空地为圃，以致板无晒处。湿损模糊，甚或劈经板以御寒，去字以改作。即库中见贮之书，屋漏浥损，鼠啮虫巢，有蛀如玲珑板者，有尘征如泥板者，放失亏缺，日甚一日。若以万历初年较，盖已什减六七矣。"⑤其直接原因，刘若愚亦坦言："盖内官发迹，本不由此，而贫富升沉，又全不关乎贪廉勤惰。是以居官经管者，多长于避事，而鲜谙大体，故无怪乎泥沙视之也。"⑥

国子监刻书历史悠久，但相别于历史上其他王朝，明代国子监因为政治因素，形成了特有的南、北两监，亦称南雍、北雍的格局。总体

　　① （清）纪昀等：《钦定四库全书总目》卷八七史部四三《目录类存目》，中华书局，1997年，第1153页。

　　② 缪咏禾：《中国出版通史·明代卷》，中国书籍出版社，2008年，第154页。

　　③ 曹之：《中国古籍版本学》，武汉大学出版社，2007年，第243页。

　　④ 马学良：《明代内府刻书研究》，南京大学博士学位论文，2013年。

　　⑤⑥ 《酌中志》卷一八《内板经书纪略》，第157页。

而言,北监刻书多参照南监刻本。攻下元大都后,朱元璋即命徐达将元所藏宋元旧本归入南京国子学,洪武八年(1375)又将江南各地的书板归入南监。此后有明历代帝王或补板或新刻,使得南监刻书量共达443种①。据《南雍志》记载,有明一代,南京国子监有案可查的修补活动就达七次②。北监虽多参照南监版本,但也有重新镂版之本,其中以刊刻《十三经注疏》和《二十一史》为最著名。万历十二年(1584)祭酒张位上疏:"辟雍乃图书之府,故自昔辨谬证讹,必以秘书及监为征。今监有《十七史》,而《十三经注疏》久无善本,请命工部给资镂板。又乞凡内府有板者,各赐一部。在京衙门条例等书尽,各刷送在外郡邑。刊刻诸书,责令入观进表官,以便赍捧,此特自北雍言也。"③

有关南监刻书之数量,各家记载不一。缪咏禾统计为:制书19种、经书60种、史书52种、子书25种、文集23种、类书9种、韵书9种、杂书109种、其他4种④。李明杰统计为:制书29种、经书107种、史书59种、子书41种、诗文集56种、类书5种、政书5种、韵书13种、杂书133种⑤。两者虽出入较大,但从各部刊刻数量来分析,南监刻书主要以经部、史部为主。至于北监的刻书规模,据李明杰统计,共147种,其中经部39种、史部59种、子部37种、集部12种,但这并非北监刻书的全部⑥。

国子监兼国家教育管理机构与最高学府于一身,有丰富的藏书、

①⑤⑥ 李明杰:《明代国子监刻书考略(上)》,《大学图书馆学报》2009年第3期,第86页。

② 《中国古籍版本学》,第249页。

③ (明)黄儒炳:《续南雍志》卷十七《经籍考》,台北伟文图书出版社,1976年。

④ 缪咏禾:《中国出版通史·明代卷》,中国书籍出版社,2008年,第153页。

众多饱学硕儒,理应能刊刻出校勘精良的善本。但由于种种原因,明代监本遭后人诟病颇多,如顾炎武、叶德辉、莫友芝、张元济、柳诒徵等都有所批评。

2. 藩府刻书

藩府刻书是明代刻书事业的另一大特色。关于藩府刻书的概况,各家著录不尽相同,如晁瑮《晁氏宝文堂书目》载 12 家 30 种。叶德辉《书林清话》著录 20 家 58 种。今人杜信孚《明代版刻综录》著录 42 家 130 种①,《全明分省分县刻书考》著录 66 家 182 种②。李致忠《历代刻书考述》著录 252 种③。张秀民《中国印刷史》则著录有 430 种④。陈清慧《明代藩府刻书研究》在张氏研究基础上,得出藩府刻录、抄录之书共 581 种,并汇成《明代藩府刻书总目》表⑤。虽各家著录总数多少不一,但这些数字足以显示明代藩府刻书的庞大规模,也可以证明藩府刻书在明代刻书史上之地位。

明代藩王因性格爱好、文化鉴赏水平不同及所在地域文化等因素的影响,彼此间在刻书数量及质量上互有差异。总体而言,以宁藩、周藩、代藩、吉藩为最佳。至于藩府刊书之侧重,陈清慧《明代藩府刻书研究》中进行了细致的概括,此不赘述。明代藩刻本之价值,叶德辉通过与经厂本的比较,指出:"惟诸藩时有佳刻,以其时被赐之书,多有宋元善本,可以翻雕,藩邸王孙又颇好学故也。"⑥

---

① 杜信孚:《明代版刻综录》,江苏广陵古籍刻印社,1983 年。
② 杜信孚:《全明分省分县刻书考》,线装书局,2001 年。
③ 李致忠:《历代刻书考述》,巴蜀书社,1990 年。
④ 张秀民:《中国印刷史》,浙江古籍出版社,2006 年。
⑤ 陈清慧:《明代藩府刻书研究》,国家图书馆出版社,2013 年。
⑥ 《书林清话》卷五《明时诸藩府刻书之盛》,第 116 页。

三、民间出版状况

"夫书好而聚,聚而必散,势也"①,故历代学人提倡刻书以传承典籍。张海鹏指出:"藏书不如读书,读书不如刻书,读书只以为己,刻书可以泽人。"②张之洞《书目答问》附有"劝人刻书说",历数刻书之益。此后,叶德辉更是直截了当地指出:"积金不如积书,积书不如积阴德,积书与积阴德皆兼之,则刻书是也。"③明代民间刊刻出版盛行,私家刻书内容涉遍及四部,正如缪咏禾所言:"刻书内容林林总总,经史子集,各类都有,而以集部为多,或者刻自己的诗文奏议,或者刻父祖的著作,乡贤的传世名作,自己喜欢的某一部书,或家藏的一种奇书。"④在刻书质量上,因家刻本所用底本往往多为善本,且又精于校勘,并请名家手写上板及延请能工巧匠刻印⑤,能保质保量,故"明人家刻之书,其中为收藏家向来珍赏者"⑥。

明代书坊刻书已较为普及,据胡应麟记载:"凡刻之地有三,吴也、越也、闽也。蜀本宋最称善,近世甚希。燕、粤、秦、楚皆有刻,类自可观,而不若三方之盛。其精,吴为最;其多,闽为最,越皆次之。"⑦又云:"吴会、金陵,擅名文献,刻本至多,巨帙类书咸会萃焉。海内商贾

---

① (明)胡应麟:《少室山房笔丛》卷四《经籍会通四》,上海书店出版社,2009 年,第 52 页。

② (清)黄廷鉴:《第六弦溪文抄》卷四《朝议大夫张君行状》,《后知不足斋丛书》本。

③ 《书林清话》卷一《总论刻书之益》,第 8 页。

④ 缪咏禾:《中国出版通史・明代卷》,中国书籍出版社,2008 年,第 173 页。

⑤ 曹之:《家刻初探》,《山东图书馆季刊》1984 年第 1 期,第 37 – 38 页。

⑥ 《书林清话》卷五《明人刻书之精品》,第 121 页。

⑦ 《少室山房笔丛》卷四《经籍会通四》,第 43 页。

所资,二方十七,闽中十三,燕、越弗与也。"①吴会、金陵两地占坊刻出版的十分之七,闽刻占十分之三。福建书坊的数量,张秀民《中国印刷史》列 84 家,《建阳刻书史略》列 203 家②,《明代版刻综录》列 129 家③。苏州书坊,《中国印刷史》载 37 家,但据缪咏禾统计,共有 67 家④。金陵书坊,《中国印刷史》列 93 家,缪咏禾在此基础上又补充十余家。杭州书坊,《中国印刷史》载有 24 家,顾志兴《浙江出版史研究——元明清时期》有 36 家⑤,而据章宏伟统计,浙江私刻共有 229 家以上⑥。徽州书坊,《中国印刷史》列 10 家。由此可知,明代书坊之地域分布并不平衡,且流通有一定的局限。

书坊除却在全国分布的不平衡外,在刻书种类上也多有侧重。因为书坊以盈利为目的,故而随着市场需求的变化适时做出调整。陆容曾记载这样一则故事:"予犹记幼年见《易经》义多兼程《传》讲贯,近年以来,场屋经义,专主朱说取人,主程《传》者皆被黜。学者靡然从风,程《传》遂至全无读者。尝欲买《周易传义》为行箧之用,遍杭城书肆求之,惟有朱子《本义》,兼程《传》者绝无矣。盖利之所在,人必趋之。市井之趋利势固如此,学者之趋简便亦至此哉!"⑦坊刻书籍中,所占比重最大的是时文选本与小说。

时文的大规模刊刻始于成化年间。郎瑛说:"成化以前世无刻本

① 《少室山房笔丛》卷四《经籍会通四》,第 42 页。

② 《建阳刻书史略》,福建人民出版社,1989 年。

③ 杜信孚:《明代版刻综录》,江苏广陵古籍刻印社,1983 年。

④ 缪咏禾:《中国出版通史·明代卷》,中国书籍出版社,2008 年。

⑤ 顾志兴:《浙江出版史研究——元明清时期》,浙江古籍出版社,1993 年。

⑥ 章宏伟:《明代杭州私人刻书机构的新考察》,《浙江学刊》2012 年第 1 期,第 31 页。

⑦ 《菽园杂记》卷十五,第 181 页。

时文,吾杭通判沈澄刊《京华日抄》一册,甚获重利,后闽省效之,渐至各省刊提学考卷也。"①而到了嘉靖、万历时期,时文刊刻已经达到了如火如荼的地步。李濂曰:"比岁以来,书坊非举业不刊,市肆非举业不售,士子非举业不览。"②小说也是书坊经营的重要品种,据程国赋统计,明代坊刻小说大约 409 种③。其刊刻年代主要集中于嘉靖至崇祯的一百多年间。这是就小说出版在纵向时间上的分布,在横向地域分布上,也大体符合上文所说的不平衡性,即主要集中于福建、江浙地区。

在刻书质量上,各地区坊刻本也有差异。《经籍会通四》载:"余所见当今刻本,苏、常为上,金陵次之,杭又次之。近湖刻、歙刻骤精,遂与苏、常争价。蜀本行世甚寡,闽本最下,诸方与宋世同。"④各地书坊出于利益考虑,往往不注重刊刻质量,故而多遭指摘。关于凌氏书坊,谢肇淛批评道:"吴兴凌氏诸刻,急于成书射利,又悭于倩人编摹,其间亥豕相望,何怪其然!"⑤闽地书坊遭时人及后人诟病最多,如谢肇淛曾批评说:"国初用薄绵纸,若楚、滇所造者,其气色超元匹宋,成、弘以来,渐就苟简,至今日而丑恶极矣……闽建阳有书坊,出书最多,而板纸俱最滥恶,盖徒为射利计,非以传世也。大凡书刻,急于射利者必不能精,盖不能捐重价故耳。近来吴兴、金陵,骎骎蹈此病矣。"⑥从侧面反映了闽地刻书鲁鱼之讹的严重。

---

① (明)郎瑛:《七修类稿》卷二四《辩证类·时文石刻图书起》,上海书店出版社,2009 年,第 259 页。

② (明)李濂:《嵩渚文集》卷四三《纸说》,明嘉靖刻本。

③ 程国赋:《明代书坊与小说研究》,中华书局,2008 年。

④ 《少室山房笔丛》卷四《经籍会通四》,第 44 页。

⑤⑥ (明)谢肇淛:《五杂俎》卷一三《事部一》,上海书店出版社,2009 年,第 266 页。

第三节　明代藏书文化

一、明代藏书文化渊源及特点

天下大势,分久必合,合久必分。这虽不是亘古不变之真理,但在一定程度上也揭示了事物发展的某些规律。书籍的聚散也是如此。周密云:"世间凡物未有聚而不散者,而书为甚。"①虽如此,历代藏书家仍秉承传承文化之古训,刻书藏书,不断超越。

我国古代之藏书,按所有者性质不同,大体可分为公家藏书和私家藏书两大类。公家藏书通常指皇家藏书、中央政府藏书及各级地方政府藏书;私家藏书一般指私人藏书。就其历史而言,我国的藏书文化可谓源远流长,公家藏书可上溯至夏商时期,而私家藏书也产生于春秋战国时期②。杨宽曰:"至东周时期,也就是人们常说的春秋战国时期,中国藏书事业中的私家藏书系统也继官府藏书系统之后正式形成了。"③我国古代藏书史大体可分为六个阶段:起源阶段,即先秦时期;兴起阶段,包括秦汉至魏晋南北朝时期;发展阶段,主要是隋唐五代时期;繁荣阶段,宋元时期;鼎盛阶段,明清时期;转型阶段,主要是20世纪以来这一时期④。

---

① (宋)周密撰,张茂鹏点校:《齐东野语》卷一二《书籍之厄》,中华书局,1983年,第216页。

② 我国最早的私人藏书家,历来有两种说法:一种认为是孔子、老子,一种认为是施惠。

③ 杨宽:《战国史》,上海人民出版社,1998年。

④ 傅璇琮:《关于中国藏书史研究的几个问题》,《浙江学刊》2001年第1期。

明代作为我国藏书史上的鼎盛阶段之一,无论在藏书家数量、藏书数量,还是藏书文化上,都有较高的发展。据叶昌炽《藏书纪事诗》记载,明代藏书家达 427 人(不含藩王藏书家),而范凤书则认为明代藏书家总计有 800 多人①。就藏书数量而言,单就明代藏书鼎盛时期的中央藏书目录《文渊阁书目》来说,其著录就达 7000 余种,更不用说遍布各地的民间藏书了。如宁波天一阁藏书多达 7 万卷;山阴澹生堂藏书 9000 余种,10 万余卷;千顷堂藏书 8 万余卷;毛氏汲古阁前后藏书 84000 余册。就藏书文化而言,从纵向的朝代发展来看,有明十六帝 276 年的历史,可以成化为界分为两个时期。成化以前,大都注意图书的收藏与保护,此时藏书以公家藏书为主,私家藏书为辅。成化以后,中央图书疏于管理,加之天灾人祸,藏书事业趋于衰微,而私家藏书则获得了蓬勃发展。从横向的地域分布来看,藏书丰富的地区大都集中于东南,如浙江、江苏、福建、江西、山东等地,这同明代的主要出版地有着高度的一致性。据《中国历代藏书家辞典》统计,明代知名的藏书家有 358 人,其中江苏 142 人、浙江 114 人、福建 22 人、江西 20 人、上海 19 人、山东 7 人②。

无论是公家藏书,还是私家藏书,围绕其所藏书籍,产生了一系列的"衍生品"。学术层面上有目录、版本、校勘与辑佚,尤其是目录学著作,据《千顷堂书目》所载,官方目录就有杨士奇《文渊阁书目》、马愉《秘阁书目》、钱溥《内阁书目》、张宣《新定内阁藏书目录》等,而私人目录则更是不胜枚举;管理层面上,是针对书籍的阅读、流通所制定的各种条约;而储存方面则是藏书楼的大量修建。

制定书籍阅读及流通相关条约,最为规范的当属天一阁。"子孙

---

① 范凤书:《中国私家藏书概述》,《天一阁论丛》,宁波出版社,1996 年。

② 王河:《中国历代藏书家辞典》,同济大学出版社,1991 年。

无故开门入阁者罚不与祭三次;私领亲友入阁及擅开书橱者罚不与祭一年;擅将藏书借出外房及他姓者罚不与祭三年。"①为了保存储放收藏之书,不管是官方还是私人都修建了藏书楼。如《明史》卷七三《职官志》"詹事府"条:"先是,洪武初,置大本堂,充古今图籍其中,召四方名儒训导太子、亲王。"②私人藏书楼则主要有钱谦益绛云楼、范钦天一阁、毛晋汲古阁等。为了更有效地保护书籍,皇城内府还开展了各种曝书活动,《万历野获编》载:"六月六日本非令节。但内府皇史宬晒曝列圣实录、列圣御制文集诸大函,则每岁故事也。"③袁枚在《到西湖住七日,即渡江游四明山,赴克太守之招》一诗中提到天一阁时,曾这样记述:"久闻天乙阁藏书,英石芸香辟蠹鱼。"④可见天一阁在书籍防潮防虫等方面做了许多工作。

司马迁曾感叹说:"《诗》《书》所以复见者,多藏人家,而史记独藏周室,以故灭。惜哉,惜哉!"⑤可谓道出了官私藏书特点和其间的微妙关系,即官私藏书间具有一定的互补性。"古代藏书楼之所以享有显著地位并不断衍化发展,一则是统治者把它视为推行文治的工具,另则是它在当时已成为独特的科学、教育、文献收藏整理的综合体,这是当时任何机构都不能替代的"⑥吴晗就私家藏书对公家藏书的补充及在整个文化传承上功效的论述更为深刻。他说:"中国历来内府藏书虽富,而为帝王及蠹鱼所专有,公家藏书则复寥落

---

① 骆兆平:《天一阁丛谈》,中华书局,1993 年,第 34 - 35 页。
② 《明史》卷七三《职官志》。
③ (明)沈德符:《万历野获编》卷二四,中华书局,1959 年,第 619 页。
④ (清)袁枚:《小仓山房诗集》卷三六,清乾隆刻本。
⑤ (汉)司马迁撰,(南朝宋)裴骃集解,(唐)司马贞索隐,(唐)张守节正义:《史记》卷一五《六国年表·序》,中华书局,1959 年,第 686 页。
⑥ 王惠君、荀昌荣:《图书馆文化论》,湖南大学出版社,2004 年。

无闻,惟士夫藏书风气。则数千年来,愈接愈盛。智识之源泉虽被独持于士夫阶级,而其精雠密勘,著意丹黄,秘册借抄,奇书互赏,往往能保存旧籍,是正舛讹,发潜德,表幽光,其有功于社会文化者亦至巨。"①

二、转盛为衰的公家藏书

公家藏书异于私人藏书之处在于公家藏书,尤其是宫廷藏书具有强烈的政治目的性。《典故纪闻》载朱元璋命有司访求书籍,因言于侍臣曰:"三皇五帝之书,不尽传于世,故后世鲜知其行事。汉武帝购求遗书,而六经始出,唐虞三代之治始可得而见,甚有功于后世。吾每于宫中无事,辄取孔子之言观之,如'节用而爱人,使民以时',真治国之良规,孔子之言,万世之师也。"②享有"开国文臣之首"之称的宋濂在修成《元史》后所写的《元史目录后记》中记载:"洪武元年秋八月,上既平定朔方,九州攸同。而金匮之书悉输于秘府。冬十有二月,乃诏儒臣发其所藏,纂修元史,以成一代之典。"③弘治时期,邱浚在其《大学衍义补·图籍之储》中更是直截了当地指出图书收藏为"为治之道",并云:"人君为治之道非一端,然皆一世一时之事。惟夫所谓经籍图书者,乃万年百世之事焉。"④因此,历代开国统治者在攻占前朝国都之际,首要任务之一便是搜集前代典籍,以期成一代之藏书,一则为自己正名,一则欲以史为鉴。

有明一代,凡励精图治之君,在图书收藏上都有种种举措,从而使

---

① 吴晗:《江浙藏书家史略》,中华书局,1981年。
② 《典故纪闻》卷一,第10页。
③ (明)宋濂:《宋学士全集》卷一,《四部丛刊初编》本。
④ (明)邱浚:《大学衍义补》卷九四,明成化刻本。

得有明一代宫廷之藏书,超元越宋,达于繁盛。如太祖朱元璋早在建国前即已着意搜集前代典籍。《明史·艺文志》载:"太祖既克建康,即命有司访求古今书籍。"①当攻克元大都时,首命徐达勿要毁坏元代图籍,"收其秘阁所藏图书典籍,尽解金陵"②。《明史·艺文志》亦载:"明太祖定元都,大将军收图籍,致之南京,复诏求四方遗书,设秘书监丞,寻改翰林典籍以掌之。"③其实早在洪武元年,朱元璋就修建了大本堂,专门收藏古今图书。"秘书监。洪武三年置,秩正六品,除监丞一人,直长二人,寻定设令一人,丞、直长各二人,掌内府书籍"④。可见,朱元璋不仅注意书籍的搜集,还考虑到其保存管理,可谓深谋远虑。迨至"建文即位,尤急儒修,购遗书,申旧典,日惟汲汲不遑逸"⑤,比之朱元璋和朱允炆对图书事业的重视,成祖朱棣有过之而无不及。

宣宗朱瞻基经常临视文渊阁,亲自披阅经史,与少傅杨士奇等讨论,并亲制诗赐士奇等⑥。不仅如此,他还在皇宫中增设了好几处藏书地,如广寒殿、清暑殿、琼花岛。正是由于宣宗的大力倡导,使得有明一代藏书至此达于鼎峰。据《明史》记载,"是时秘阁贮书约二万余部,近百万卷,刻本十三,抄本十七"⑦。至正统时期,在杨士奇等人的倡议下,明政府对其藏书展开了一次彻底的梳理与核查,其结果便是今天我们所看到的《文渊阁书目》。杨士奇对迁都北京以来宫廷的藏

---

① 《明史》卷一三二《艺文志叙》。
② 《万历野获编》卷一,第4页。
③ 《明史》卷九五《艺文志一》。
④ 《明史》卷七三《职官志二》。
⑤ (清)傅维鳞:《明书》卷七五《经籍志一》,《畿辅丛书》本。
⑥ 见《典故纪闻》卷九,第167-168页。
⑦ 《明史》卷九六《艺文志一》。

书做了一番梳理,他说:"文渊阁见贮书籍,有祖宗御制文集及古今经史子集之书,自永乐十九年南京取来,一向于左顺门北廊收贮,未有完整书目。近奉旨移贮于文渊阁东阁。臣等逐一打点清切,编置字号,写完一本,总名曰《文渊阁书目》,合请用广运之宝钤识,仍藏于文渊阁,永远备照,庶无遗失。"①经过一番清查,至正统时期,有明宫廷藏书约为7000余部。虽然四库馆臣批评该书目"不能考订撰次,勒为成书,而徒草率以塞责"②,但我们对有明一代宫廷藏书之面貌正因是书方得以窥见。

明中叶以后,政府在典籍的收藏上渐显不足。对现藏书籍的修护工作,也只是在嘉靖末年重录了残缺的藏书。至于开创,则鲜有大规模的右文之策。正如徐㶿所言:"凡南京文渊阁所贮古今一切书,各取一部送京以后,则杳无求书之令矣。"③其结果便是有明内府藏书停滞不前,甚至逐渐减少。万历时编成的《内阁书目》,较之正统时的《文渊阁书目》,已仅存十之二三。

明代内府藏书衰落的原因,首先是明中叶后,统治者对右文政策的偏离。嘉靖时,御史徐九皋建议"查历代艺文志书目参对,凡经籍不备者,行士民之家,借本送官誊写"。嘉靖帝拒绝了此项要求,其原由是:"书籍充栋,学者不用心,亦徒虚名耳。苟能以经书躬行实践,为治有余裕矣。"④其实,有贤明之君称号的孝宗早已敷衍过大学士邱浚的访书计划。史载"疏入,上纳之,而究未能行"⑤。因此一心得道求仙、

---

① (明)王肯堂:《郁冈斋笔麈》卷四,明万历三十年王懋锟刻本。

② 《钦定四库全书总目》卷八五,第1133页。

③ (明)徐㶿:《笔精》卷六《帝王好书》,影印《文渊阁四库全书》本,第856册。

④ 《万历野获编》卷一,第4页。

⑤ (清)文彬:《明会要》卷二六,清光绪十三年刻本。

醉心斋醮的明世宗当然更不会推行此项举措了。

明朝内府藏书一步步走向衰落,还由于管理的疏漏。这一点,在洪武朝就已种下隐患。洪武三年(1370),朱元璋设秘书监掌管内府藏书,然而好景不长,十年之后,朱元璋出于维护统治之需求大肆改革政府,秘书监也被撤销。"并其任于翰林院,设典籍二员,掌凡国家所有古今经籍图书之在文渊阁者。"①其结果便是内阁藏书逐渐散亡。至于其具体表现,李玉安、李天翔总结为三:一是借阅不还;二是偷窃成风;三是书籍遭虫蚀,损失严重②。

火灾是造成我国古代图书损毁的重要原因之一。中国传统建筑采用木质结构,雷袭或明火均易引起火灾。据不完全统计,明代从永乐十二年至崇祯末年的 230 年间,紫禁城先后发生火灾 47 起,平均每 5 年 1 起③。虽然并非每次火灾都会殃及内府藏书,然一但祸及书籍,必定损失惨重。如"正统十四年,英宗北狩,而南京所存内署诸书,悉遭大火,凡宋元以来秘本,一朝俱尽矣"④。又如万历二十二年六月,雷击西华门,大火蔓延及国史馆,"集累世之实录,采朝野之见闻,纪、传、书、志,颇有成绪。忽遭天灾,化为煨烬。史事益属茫然矣!"⑤

明末战争也是导致书籍散亡的重要原因之一。一是李自成农民起义,二是清兵入关。姜绍书感慨道:"内府秘阁所藏书甚寥寥,然宋

---

① (明)陈子龙:《明经世文编》卷七六《访求遗书疏》,明崇祯平露堂刻本。

② 李玉安、李天翔:《明代的藏书管理与散佚——论明代废除秘书监的后果》,《山东图书馆学刊》2009 年第 6 期,第 105 页。

③ 王铭珍:《明清皇宫火灾概述》,《中国紫禁城学会论文集》第五辑。

④ 《万历野获编》卷一,第 4 页。

⑤ (清)孙承泽:《春明梦余录》卷一三《皇史宬》,影印《文渊阁四库全书》本,第 868 册。

人诸集,十九皆宋板也……至李自成入都,付之一炬,良可叹也。"①作为明清易代的见证者,屈大均、吴伟业、钱谦益都对此际书籍之亡扼腕痛惜②。钱谦益在《跋宋本汉书》中控诉:"呜呼!甲申之乱,古今书史图籍一大劫也。吾家庚寅之火,江左书史图籍一小劫也。"③他认为此乃"自有丧乱以来,载籍之厄,未之有也"④。陈登原亦评价说:"要亦甲申之役,有亦促其散亡也。然则甲申之役,揆其贻祸艺林之钜,只宋时靖康之难,堪舆伯仲。"⑤

皇家内府藏书之外,公家藏书还有政府藏书,包括中央及地方政府。从数量上来讲,皇家藏书占有绝对的优势。就来源而言,则一是朝廷的颁赐,大学士邱浚曰:"两京国子监虽设典籍之官,然所收掌,止是累朝颁降之书,及原贮书板,别无其他书籍。"⑥一是政府各部门的自刻书,其状况上文已作叙述,此从略。

明代藏书还有一特殊构成,即藩府藏书。朱明王朝为了确保江山之稳固,实施封藩镇地制度。各地藩王不仅享有一定的政治、经济优待,在文化上亦颇多特权,每一王就藩之时,中央政府便颁赐大量书籍。据李开先记载,"洪武初年,亲王之国必以词曲一千七百本赐之"⑦。此外,各藩王还主动索书,如嘉靖十年(1531)沈宪王朱胤

---

① (清)姜绍书:《韵石斋笔谈》卷上,《知不足斋丛书》本。

② 吴伟业《吴梅村全集》卷一九、屈大均《翁山文抄·御琴记》都有相关诗文描述李自成起义对书籍之破坏。

③ (清)于敏中等:《天禄琳琅书目》卷二《宋版史部》,上海古籍出版社,2007年,第23页。

④ (清)钱谦益:《黄氏千顷斋藏书记》,《牧斋有学集》卷二六,上海古籍出版社,1996年,第995页。

⑤ 陈登原:《古今典籍聚散考》,上海书店,1983年。

⑥ 《明经世文编》卷七六《访求遗书疏》。

⑦ (明)李开先:《李中麓闲居集》文卷六《张小山小令后序》,明刻本。

栘"上疏乞内府诸书,诏以五经四书赐之"①,这构成了藩府藏书的一大来源。藩府藏书之其他来源,一为自刻,一为购求。藩府自刻之书,上文已有叙述,此处从略,如宁府六世孙朱多煜与从兄多煡"杜门却扫,多购异书,校雠以为乐"②。其结果便是明代藩王藏书数量庞大,"海内藏书之富,莫先于诸藩"③,阮葵生《茶余客话》即言"明代藏书,周晋二府"④。周藩朱睦㮮对家藏之书曾有一分类统计:

> 余宅西乃游息之所,建堂五楹,以所储书环列其中,仿唐人法,分经史子集,用各色牙签识别。经类凡十一:易、书、诗、春秋、礼、乐、孝经、论语、孟子、经解、小学,凡六百八十部,凡六千一百二十卷;史类凡十二:正史、编年、杂史、制书、传记、职官、仪注、刑法、谱牒、目录、地志、杂志,凡九百三十部,凡一万八千卷;子类凡十:儒、道、释、农、兵、医、卜、艺、小说、五行家,凡一千二百部,六千零七十卷;集类凡三:楚辞、别集、总集,凡一千五百部,凡一万二千五百六十卷。编为四部,人代姓名,各具撰述之下。⑤

由此可见,明代藩王藏书数量庞大,种类繁多,且藏书质量较高,是明代藏书的重要组成部分。

---

① (清)钱谦益:《列朝诗集小传》乾集卷,上海古籍出版社,1983 年,第 10页。
② 《明史》卷一一七《列传第五·宁王权》。
③ 《黄氏千顷斋藏书记》,第 995 页。
④ (清)阮葵生:《茶余客话》卷一六,清光绪十四年刻本。
⑤ (清)蒋光煦:《东湖丛记》卷五《万卷堂艺文目》,《云自在龛丛书》本。

三、蓬勃发展的私家藏书

明代公家藏书如上文所述,与私家藏书呈现此消彼长的趋势。徐凌志将明代私人藏书的发展历程分为三个时期:明初至天顺(1368—1464)为产生期,成化至隆庆(1465—1572)为繁荣期,万历至崇祯(1573—1644)为延续期①,这大体呈现了明代私人藏书逐步发展、繁荣的历程。明代藏书之繁荣,不仅表现在量的增加,还表现在质的提高。首先,据叶昌炽《藏书纪事诗》记载,五代至清末藏书家共1175人,其中明代藏书家就有427人,除稍逊于清代外,远多于以往任何时代。明代藏书之富,除了藏书家数量超越前代外,还表现在藏书大家众多,如前期之宋濂、杨士奇、徐达左、叶盛,中期之杨循吉、都穆、文徵明、何良俊、王世贞、范钦、茅坤、李开先、晁瑮、高儒,后期之赵琦美、毛晋、钱谦益、祁承爜、陈第、徐𤇍、谢肇淛等。

质的提高是明代私人藏书家对后代贡献最大之处。首先表现在藏书目录的编制。目录之学一直被视为读书治学的门径,所谓“版本之后先,篇第之多寡,音训之异同,字画之增损,授受之源流、翻摹之本末,下至行幅之疏密广狭,装缀之精粗敝好,莫不心营目识,条分缕析”②。明代优秀的私人藏书家,大都为其藏书编目,或为查阅之便捷,或为交流之方便。明代藏书家编制的目录,据统计有50余种,现存20余种。其中为后人称道者有《千顷堂书目》《澹生堂书目》《绛云楼书目》等。其中《千顷堂书目》著录有明一代著述,对今人了解明人著述状况功不可没。

其次表现在书籍的保存与整理。私人藏书家以个人之力,将分散

---

① 徐凌志:《中国历代藏书史》,江西人民出版社,2004年。
② 缪荃孙:《荛圃藏书题识序》,民国八年金陵书局刻本。

的书籍,尤其是善本聚集一处,贮藏于楼,并制订相关的规章制度,使书籍得以妥善保存。特别是那些出身贫寒之士,深知聚书之不易,对之更是倍加呵护①。宋濂《送东阳马生序》述说少时抄书状况:"家贫,无从致书以观,每假借于藏书之家,手自笔录,计日以还。天大寒,砚冰坚,手指不可屈伸,弗之怠。录毕,走送之,不敢稍逾约。"②祁承㸁"一生精力,耽耽简编,肘敝目昏,虑衡心困,艰险不避,讥诃不辞。节缩饔餐,变易寒暑。时复典衣销带,犹所不顾"③。徐𤊸"淫嗜生应不休,痴癖死而后已"④。周春"偶从友人处得之,不胜狂喜,手自补缀,亟命工重加装钉,分为两册,完好如新"⑤。朱存理"闻人有奇书,辄从以求,以必得为志"⑥。杨循吉"居家好畜书,闻某所有异本,必购求缮写"⑦。胡应麟"性嗜古书籍,少从其父宪使君京师。君故宦薄,而元瑞以嗜书故,有所购访,时时乞月俸,不给则脱妇簪珥而酬之;又不给则解衣以继之。元瑞之橐无所不罄,而独其载书,陆则惠子,水则米生,盖十余岁而尽毁其家以为书,录其余资以治屋而藏焉"⑧。王世贞则不惜以一座山庄换宋刻两《汉书》:"得一奇书失一庄,团焦犹恋旧青箱。"⑨

① 徐凌志《中国历代藏书史》认为明代藏书家身份经历了明初的贵戚大僚到士庶布衣的转变。

② (明)宋濂:《宋学士文集》卷七三,《四部丛刊初编》本。

③ (明)祁承㸁:《澹生堂藏书约》,上海古籍出版社,2005年,第4页。

④ (明)徐𤊸:《藏书屋铭》,见《徐氏红雨楼书目》卷首,上海古籍出版社,2005年,第245页。

⑤ (清)黄丕烈:《士礼居藏书题跋记》卷五《陶靖节先生诗注四卷》,清光绪十年涝喜斋刻本。

⑥ (明)陈继儒:《书画史》,《宝颜堂秘笈》本。

⑦ 《列朝诗集小传》丙集。

⑧ 《少室山房笔丛》卷二《经籍会通二》,第26页。

⑨ 叶昌炽:《藏书纪事诗》卷三,北京燕山出版社,1999年。

再次还表现在对书籍的校勘和订补。历代典籍的流传过程中,由于传抄及人为、政治原因,有的出现讹误衍倒现象和一些需要订补之处。清末学者叶德辉就有"书不校勘,不如不读"的感叹。正因为古书在流传过程中易生各种讹误,故书籍的修订、校勘也就尤为重要。明代藏书家虽爱书、藏书,但并不唯书是从,有着"天下有误书,而后天下无误书"①的胸怀,如沈节甫"即有残阙,必手自订补,以成完帙"②。正是由于这种学者型藏书家的努力,才使得书籍讹误渐少,也使得"书籍不论钞刻好歹,凡有校过之书,皆为至宝"③。此方面最为人所称道者,昂建汲古阁、目耕楼储书,延请名士校刻"十三经"、"十七史"、《六十种曲》、《津逮秘书》等的毛晋。

此外亦表现在书籍的交流与流通。随着藏书家人数的递增,出于不同的收藏目的,产生了胡应麟所谓"好事家"与"鉴赏家"之别。但那些优秀的私人藏书家,却并不囿于以上两派,他们藏书的目的,乃是为读书以开眼界、广心胸。杨士奇曰:"积书岂徒以侈座隅、充箧笥而已,必将讲读究明,务得之于心,而行之于身也。"④高濂亦云:"藏书以资博洽,为丈夫子生平第一要事……藏书者,无问册帙美恶,惟欲搜奇索隐,得见古人一言一论之秘,以广心胸未识未闻。"⑤正因为持有这

---

① (清)顾广圻:《思适斋集》卷五《思适寓斋图自记》,清道光二十九年徐渭仁刻本。

② (明)沈节甫:《玩易楼藏书目录引》,见(明)董斯张辑《吴兴艺文补》卷三七,明崇祯六年刻本。

③ 孙从添:《藏书纪要》第四则《校雠》,民国三年扫叶山房石印本。

④ (明)杨士奇:《东里续集》卷一四《文籍志序》,影印《文渊阁四库全书》本,第1238册。

⑤ (明)高濂:《遵生八笺》卷十四《燕闲清赏笺上卷》之《论藏书》,明万历十九年刻本。

样的观点,许多藏书家不仅让自家子弟入藏书楼读书,对于友朋及贫寒子弟,亦是慷慨相借。邱浚少历借书之苦,便发愿"某也幸他日苟有一日之得,必多购书籍,以庋藏于学宫,俾吾乡后生小子苟有志于问学者,于此取资焉"①。徐㷧亦曰:"贤哲著述,以俟知者。其人以借书来,是与书相知也;与书相知者,则亦与吾相知也,何可不借?"②杨循吉在《题书厨上》诗中写道:"朋友有读者!悉当相奉捐。"③更有甚者,鉴于一己之力有限,故倡导友朋之间相互交流,以达互通有无之效。祁承㸁在与徐季鹰书中谈到朋友间书籍交流之想法:"必须相结同志者五六人,各相物色而又定之以互易之法,开之以借录之门,严匿书之条,峻稽延之罚,奇书秘本不踵而集,此亦人生之至乐,中天下而定四海,弗与易矣。"④曹溶更是指出了具体的操作程序:

> 予今酌一简便法,彼此藏书家,各就观目录,标出所缺者,先经注,次史逸,次文集,次杂说,视所著门类同,时代先后同,卷帙多寡同,约定有无相易,则主人自命门下之役,精工缮写,校对无误。一两月间,各斋所钞互换。此法有数善:好书不出户庭也;有功于古人也;己所藏日以富也;楚南燕北皆可行也。⑤

更有甚者,通过结社来扩大书籍交流的范围,则其规模更是蔚为

---

① (明)邱濬:《琼台会稿》卷一九《藏书石室记》,明万历刻本。
② 《笔精》卷六《借书》。
③ (明)曹学佺:《石仓历代诗选》卷四一九,影印《文渊阁四库全书》本,第1394册。
④ (明)祁承㸁:《澹生堂集》卷一八《尺牍·与徐季鹰》,国家图书馆出版社,2013年,第540-541页。
⑤ (清)曹溶:《流通古书约》,《澹生堂藏书约(外八种)》,上海古籍出版社,2005年,第35-36页。

大观。丁雄飞与黄虞稷立古欢社,"尽一日之阴,探千古之秘。或彼藏我缺,或彼缺我藏,互相质证,当有发明"①。黄宗羲回忆以往抄书结社的情况,而发今夕之感慨:"抄书结社自刘城,余与金间许孟宏。好事于今仍旧否? 烟云过眼亦伤情。"②

第四节 明代书目文化

目录学之功用,首在"辨章学术,考镜源流"。汉代刘向、刘歆父子撰《别录》《七略》,开创目录之学。班固据此而成《汉书·艺文志》,奠定古典目录分类的传统,后历魏晋南北朝的发展,至唐《隋书·经籍志》出,四分法成为古典目录学的主流,后代虽略有调整,然终未出此范畴。以上为官修目录的主要发展脉络。至于私家目录传统,则可上溯至南朝宋王俭《七志》与梁阮孝绪《七录》。迨至明代,随着社会发展、学术变迁及书籍刻印收藏的发展,官私目录无论在数量上还是著录内容上,都远超前代,闪烁着独有的时代特性。

一、明代书目概况

1. 明代之目录

古籍目录,根据编纂者的性质,大致可分为官修目录、史志目录与私家目录三大系统。明代目录之学,分类亦是如此。

《文渊阁书目》共二十卷,按千字文排列,自"天"字至"往"字,分成二十号,每号下有若干橱,二十字号共五十橱。《新定内阁藏书目

---

① (清)丁雄飞:《古欢社约》,上海古籍出版社,2005 年,第 39 – 40 页。
② (清)黄宗羲撰,(清)全祖望辑:《南雷诗历》卷一《感旧》,清郑大节刻本。

录》共由八卷组成,卷一圣制部、典制部;卷二经、史、子部;卷三集部(著录至明朝作品);卷四总集部、类录部、金石部、图经部;卷五乐律部、字学部、理学部、奏疏部;卷六传记部、技艺部;卷七志乘部;卷八杂部。《秘阁书目》①:由两部分构成,前半部分节选《文渊阁书目》,后半部分"未收书目"为钱溥子钱山新增。《行人司书目》,全书分六大部、二十门类,六部分别由六位行人编排。

史志书目主要有《国史经籍志》五卷附录一卷、《明史·艺文志》《南雍志·经籍考》《明太学经籍志》等。《国史经籍志》:焦竑著,"以当代见存之书统于四部",其分类秉承四部传统,不同之处是作者首列"制书类"(御制、中官御制、敕修、记注时政)作为首卷。《明史·艺文志》:为张廷玉在《明史·艺文志稿》基础上删削而成,与《千顷堂书目》有着密切的联系。《南雍志·经籍考》系明代国子监藏书目录与出版目录,分上、下两篇,上篇为官书本末,下篇分制书、经类、子类、史类、文集类、类书类、韵书类、杂书类、石刻类九类。《明太学经籍志》乃罗振常别录《皇明太学志》卷二《典制下·经籍门》。此目所收书籍实是当时太学所藏书籍的经籍部分,其编纂目的在于"以孔子所定经书诲诸生"。

私家书目多为私人藏书家据其实际藏书编就,其编纂目的或为查找之方便,或为交流之需求,或为存一代书籍典藏之概。随着有明一代私人藏书家的增多,明代书目总体数量和规模亦呈上升趋势。汪辟疆《目录学研究》"私家目录表"统计有可考者 41 种,现存 20 余种②。

---

① 《秘阁书目》的名称及编纂者,《千顷堂书目》《万卷堂书目》记载相左,其实皆源自"文渊阁""秘阁""内阁"三者关系未明。李丹《〈秘阁书目〉作者辨正》已有论述,此不赘述。

② 汪辟疆:《目录学研究》,华东师范大学出版社,2000 年,第 76 - 91 页。

而李丹调查考证后共得133种,其中现存可见者21种,伪书或半伪书5种①。伪书目主要有叶盛《箓竹堂书目》《会稽钮氏世学楼珍藏图书目》、董其昌《玄赏斋书目》,而陈第《世善堂书目》则是一部真伪参半之书目。现存可见书目主要有:赵定宇《赵定宇书目》,赵琦美《脉望馆书目》,周弘祖《古今书刻》,朱勤美《西亭中尉万卷堂书目》,李廷相《李蒲汀家藏书目》,晁瑮《宝文堂书目》,高儒《百川书志》,李如一《得月楼书目》,祁承㸁《澹生堂书目》《澹生堂明人集部目录》,徐𤊹《红雨楼书目》,钱谦益《绛云楼书目》,王道明《笠泽堂书目》,张丑《名山藏书目》,吴宽《吴文定藏书目录》,佚名《西吴韩氏书目》。

2. 明代目录学理论之发展

明代目录学之繁盛除表现为目录书籍的大量产生外,还表现在目录学理论的发展上,其代表人物是胡应麟与祁承㸁。胡应麟在目录学史上之贡献,王国强总结为三点:其一,从纵横方面总结了明代中期以前的目录学史,并对各家书目分类作了系统分析;其二,在传统的四部之外,另辟类书及佛道书,提出五部分类法;其三,对郑樵《通志》之得失作了系统的分析②。

祁氏在目录学史上之贡献则主要表现为其"因""益""通""互"之理论:

> 一曰因,因者,因四部之定例也……虽各出新裁,别立义例,总不如经史子集之分简而尽约……一曰益,益者,非益四部之所本无也,而似经似子之间,亦史亦玄之语,类无可入则

---

① 李丹:《明代私家书目研究》,南京大学硕士学位论文,2001年。
② 王国强:《胡应麟在目录学史中的地位》,《四川图书馆学报》1986年第2期,第92-96页。

不得不设一目以汇收,而书有独裁又不可不列一端以备考。一曰通,通者,流通于四部之内也。事有繁于古而简于今,书有备于前而略于后……一曰互,互者,互见于四部之中也。作者既非一途,立言亦多旁及,有以一时之著述而倏尔谈经倏尔论政。有以一人之成书而或以扳言或以征今,将安所取衷乎? 故同一书也,而于此则为本类朴彼亦为应收;同一类也,收其半于前又不得不归其半于后。①

此论大略涉及两个问题,一为对四部分类法的遵循与调整,表现为"因""益";一为书籍著录方式的规范,表现为"通""互"。随着雕版印刷术的发展及书籍种类、数量的激增,迨至有明,传统的四部分类法已不能很好地适应当时书籍归类之需求,故明代书目相比于前代,其最显著的变化之一就是对传统四部分类法的突破,具体论述见下文"明代书目之特点"。著录方式的变化,乃由于图书所涉内容之扩展,而"通""互"的理论恰能使读者更直观地了解书籍的内容。这与章学诚所提出的"互注""别裁"法非常相似。王重民认为,我国第一次有意识的使用互著法是 14 世纪初期马端临撰的《文献通考·经籍考》,而第一次互著与别裁兼用的是《澹生堂书目》②。随着研究的深入,现在普遍认为早在祁氏之前,《百川书志》《宝文堂书目》《红雨楼书目》已采用了"别裁""互著"之法。

---

① （明）祁承煠:《庚申整书略例》,《澹生堂书目》卷首,见《明代书目题跋丛刊》,书目文献出版社,1994 年,第 926 – 927 页。

② 张玮:《祁承煠澹生堂藏书及文献学思想研究》,南京大学博士学位论文,2014 年。

二、明代书目之特点

1. 分类多有创新

明代书目不论官修、私修,在图书分类上继承传统的同时均多有创新。正统六年(1441)开始编修的《文渊阁书目》就是按照千字文为序著录书籍。此后出现的书目,有些仍据四部分类,但突破四分法者亦不在少数。姚名达曰:"有明一代,除高儒、朱睦㮮、胡应麟、焦竑、徐𤊺、祁承𤊺六家仍沿四部之称而大增其类目外,私家藏书,多援《文渊阁书目》为护符,任意创新部类,不再恪守四部成规。此在分类史中实为一大解放,而冲锋陷阵之功要不能不归《文渊日》也。"[1]姚氏称私家目录在目录学史上有解放之功的观点是否成立,自当别论,然私目承续《文渊阁书目》不按四部分类确是事实。有些书目虽大体秉承四部分类,并非奉四分法为圭臬,而是如姚氏所言,在四分的基础上大增其类。奠定四分法的《隋书·经籍志》分四部四十类,而《百川书志》四部下又细分九十三门。胡应麟在采用四分法编纂《二酉藏书山房书目》的同时,在《经籍会通》中却主张四部之外,佛道二藏、类书及伪书应该另外归入别类,云:"余意(佛道)二藏篇帙既多,且本方外之说,分门另录似无不可。"[2]又如"郑氏以三坟列六籍之首固大可笑,诸家以《阴符》李筌出之而列于唐,则亦不详其体矣。况《阴符》言或类兵、或类道,三坟体或类《易》、或类《书》,尤难定例。余意欲取此类及纬候等书,亢仓、鹖冠等子,总为伪书一类,另附四部之末"。再如"如《初学》、《艺文》,兼载诗词,则近于集;《御览》《元龟》,事实咸备。则邻于史;《通典》《通志》《声韵》《礼仪》之属,又一二间涉于经。专以属

---

① 《中国目录学史》,第 94 页。
② 《少室山房笔丛》卷二《经籍会通二》,第 22 页。

之子部,恐亦未安。余欲别录二藏以赝古书及类书为一部,附四大部之末"①。焦竑《国史经籍志》虽按四部分类,但卷首首列制书类。此外《红雨楼书目》分为四部四十九类,《澹生堂书目》分四部四十六类二百四十目,都对《隋书·经籍志》的分类作了相应改动。不据四分法者,或在四部之外另设门类,或按照藏书架柜编号,或按照千字文顺序排列,互有异同,颇显驳杂。

2. 首列"国朝",注重当代典籍的收录

在目录分类上,明代书目多有异于前代书目之处。在各类书籍的著录次序上,明代书目亦表现出比较统一的别样性,即优先著录国朝典籍。首先,许多书目首列制书,并按制书性质作了分类。《文渊阁书目》"天"字橱列"国朝",收录明朝皇帝祖训、御制诗文集、大明律、实录等。姚名达谈及《文渊阁书目》时,说:"首曰国朝,特录明帝御制、敕撰、政书、实录等项。此例一开,陆深(《江东书目》)、沈节甫(《玩易楼书目》)、叶盛(《菉竹堂书目》)、焦竑(《国史经籍志》)、孙能传(《内阁书目》)皆仿行勿违,几成明代众录之共同特色。"②除却姚氏所列,《新定内阁藏书目录》卷一为圣制部、典制部;《南雍志·经籍考》下篇首列制书类。私家书目的《菉竹堂书目》首列制书;《宝文堂书目》上卷以御制为首。其次,当代典籍的收录数量远大于前代。《百川书志》集部著录"国朝"诗文的数量远高于其他各代:文集共收录 63 部(不含"圣朝文集"3 部),而汉魏六朝、唐、宋、元代则分别为 12、18、30、22部。《行人司书目》文部分为类书类、古文类、古文集类、国朝文类、古诗集类、国朝诗集类,突出明朝文类、诗类。《红雨楼书目》史部专设

---

① 《少室山房笔丛》卷二《经籍会通二》,第 21 页。
② 《中国目录学史》,第 94 页。

"国朝史汇",集部记载明代文集,不仅有"明初诸家姓氏""明集诸家姓氏",还增列"明诗选姓氏",各家均有小传。《澹生堂书目》集部将明代诗文详分为"国朝御制集""国朝阁臣集""国朝分省诸公诗文集"。《世善堂藏书目录》史部中新增"明朝记载"。《澹生堂书目》史部先列明朝史类,再按正史、编年等类著录史籍。至于《千顷堂书目》则专门著录有明一代艺文,只在每类末附录《宋史·艺文志》所阙载及辽、金、元三代艺文。

3. 收录范围扩大

明代戏曲、小说等通俗文学发展迅速,数量多且影响大。于是公私书目著录通俗文学作品的数量,较之以往也大量增加。

《文渊阁书目》卷六"史杂"类收录有《唐小说》《宣和遗事》。《百川书志》史部"野史"收录有《三国志通俗演义》和《忠义水浒传》,且各书均有叙录,如《忠义水浒传》一百卷后题云:"钱塘施耐庵的本,罗贯中编次,宋寇宋江三十六人之事,并从副百有八人,当世尚之。周草窗《癸辛杂志》中具百八人混名。"①"小史"类著录有《剪灯新话》《剪灯余话》《钟情丽集》《娇红记》等。《宝文堂书目》"子杂、乐府二门,所收元明话本小说杂剧传奇至多,为明代书目中所仅见,至可贵也"②。谭正璧在《话本与古剧》中称"其重要性不下于日本人影印的古本宋罗烨所编《醉翁谈录》。使我们在它卷首《舌耕叙引》那篇文章中获知当时话本的分类,以及流行的话本的名目"③。《赵定宇书目》收录有"小说书",著录了部分小说,此外作者还详细著录了《稗统》及其后编、续

① (明)高儒:《百川书志》,上海古籍出版社,2005年,第82页。
② 赵万里:《跋晁氏宝文堂书目》,见(明)晁瑮:《晁氏宝文堂书目》,上海古籍出版社,2005年,第241页。
③ 谭正璧:《话本与古剧》,上海古籍出版社,1985年,第43页。

编的目录,有助于今人了解这一佚失的笔记小说的面貌。《脉望馆书目》史部著录有戏曲,子部收有"小说"。《红雨楼书目》子部有"小说类",著录数量颇丰,"传奇类"收有大量的杂剧、传奇。

自传统目录学创建伊始,到《隋书·经籍志》,小说一直占有一席之地,即所谓九流十家中的"小说家"。然而历代对小说概念及源流的认识均比较模糊,使其在目录中的归属不一,总是游离于子部与史部之间。明代亦是如此。居子部者,如《宝文堂书目》《红雨楼书目》等;居史部者,如《文渊阁书目》《百川书志》《脉望馆书目》等。同时其所收书籍往往较为驳杂,最突出的表现便是与史料笔记混杂一处。如《红雨楼书目》在小说类目下,既有《剪灯新话》这样的文言小说,又有《玉堂丛语》《草木子》《容斋随笔》等史料笔记。究其原因,一方面由于以往对小说概念理解的模糊性,其外延不甚明晰,另一方面也与著录者的动机不无关系。如《百川书志》,虽然周中孚评价说:"以传奇为外史,琐语为小史,俱编入史志,可乎?"①然如温庆新在《〈百川书志〉考辨三则》中所言:"以所录书籍裨风教之强弱为主导,辅以神怪成分之多寡为参考。若神怪成分较多而不失裨益圣道者,不妨归为'文史'、'野史'、'外史'、'小史'等类目。若神怪成分过多者则可录于'子部'之'小说家'等"。② 正是由于抱有此种"教子"之目的,所以在某些作品的归类上与传统目录学家大相径庭。

4. 著述体例较简

余嘉锡将传统目录学分为三种类型:"一曰部类之后有小序,书名之下有解题者……二曰有小序而无解题者;三曰小序解题并无,只著

① (清)周中孚:《郑堂读书记》,上海书店出版社,2009 年。

② 温庆新:《〈百川书志〉考辨三则》,《保定学院学报》2010 年第 6 期,第 87 - 91 页。

书名者。"①其功效在于辨章学术、考镜源流。以此标准来考量明代公私书目，可归于第一类者极少，而大部分则归为第三类，这是从书目的学术价值上来衡量的。明代书目的编纂者却并不遵循此种原则。胡应麟在《经籍会通》中论述："书之有目，体制虽同，详厥品流，实分三种。吴、尤诸氏，但录一家之藏者也；隋、唐诸史，通志一代之有者也；《古今书录》《群书会记》，并收往籍之遗者也。"②明代私家书目多著录自家藏书，这显然是从实用的角度出发，正如高儒在《百川书志·序》中指出的："虽有万轴之储，读可一时乎？此重积书之功，书目所由作也。书无目，犹兵无统驭，政无教令，聚散无稽矣。"③但公家书目，如《文渊阁书目》，也采取了这种著录方式。钱大昕在谈及《文渊阁书目》时就曾说："于撰述人姓名、时代亦多缺略，故秀水朱氏（彝尊）讥其牵率已甚……则此目不过内阁之簿账，初非勒为一书，如《中经簿》《崇文总目》之比，必以撰述之体责之，未免失之苛矣。"④

其实，明代公私书目的著录并非一无是处。有的书名之下虽仅寥寥数语，但已经把该书的基本信息交代清楚，何况有些条目下还著录了书籍的版本、编撰年代、纸张等信息，对后人来说不无裨益。以版本为例，《李蒲汀家藏书目》《宝文堂书目》《赵定宇书目》《澹生堂书目》《红雨楼书目》《得月楼书目》都记录了书籍的版本状况。如《赵定宇书目》中设有"内府板书""宋板书""元板书"。又如《宝文堂书目》记载了同一书的不同版本，如《文献通考》一书有："内府刻一、闽刻一、南监旧刻一、新刻一。"可见一斑。

①　余嘉锡：《目录学发微》，上海古籍出版社，2007 年，第 8 页。
②　《少室山房笔丛》卷二《经籍会通二》，第 25 页。
③　（明）高儒：《百川书志》，上海古籍出版社，2005 年，第 2 页。
④　（清）钱大昕撰，吕友仁校：《潜研堂集》卷二九《跋文渊阁书目》，上海古籍出版社，2009 年，第 529 页。

第二章　千顷堂藏书与《千顷堂书目》

第一节　黄氏父子生平

黄虞稷,字俞邰,号楮园,或载字楮园,祖籍福建晋江,生活于江苏南京,故史传称其"上元(今南京)人"①。《千顷堂书目》自题为"闽人",当是其祖籍,念其本也。

一、黄居中

黄虞稷生于书香门第,深受家学熏陶。其父黄居中,字明立,世称海鹤先生。生于明嘉靖四十一年(1562),万历十三年(1585)中举,初任上海教谕,万历四十年(1612)赴南京任国子监丞,遂举家迁往南京;后授贵州黄平州知州,未赴任,弃官志学,专心读书。黄居中虽以举人身份步入仕途,但钟情于读书治学,所任官职也均为学官。自中举以来,黄居中任职上海教谕达二十三年,后任国子监丞前后亦是十八年;至被授贵州黄平州知州,乃一州县之最高行政长官,则弃官不赴。黄氏虽时年64岁,但相较于其八十高龄仍挑灯夜读达旦不倦,终年83岁高龄而言,当不足为据。当是黄氏更加钟情于读书治学之故。

黄居中一生笃志好学,爱书成癖,致力于藏书,是明代著名的藏书

---

① 王钟翰点校:《清史列传》卷七一《黄虞稷传》,中华书局,2005年,第5790页。

家。明末政局混乱,战事频仍。他更是无心政治,遂辞官于家,潜心读书。黄氏藏书楼名"千顷斋",藏书总量"六万余卷"①,编有《千顷斋藏书目录》。黄居中一生的著作,载于《千顷堂书目》的有:卷三论语类《文庙礼乐志》十卷;卷十传记类《皇明文征论录》□□卷;卷十二小说类《千顷斋杂录》十卷;卷二十五别集类《二酉斋诗》六卷,卷二十五别集类《千顷斋初集》二十五卷,《二集》四十卷,《三集》四卷;卷三十一总集类《明文征》②。黄居中任学官几十年间,收入本就不多,却几乎都用于购书和抄书。这些都深深地影响着黄虞稷及其家人。

黄虞稷的思想和学识,还受其母周氏影响。明崇祯十七年(1644),清兵入京的消息传到南京,83 岁的黄居中愤懑不已,悲戚而亡。此时黄虞稷尚未成年,仅 15 岁。随后黄虞稷由母亲周氏抚养长大,故周氏对其影响很大。周亮工《黄母周宜人七秩·序》:"先生朝露,宜人从伶丁茶苦中抚幼孤。"③虞稷之学"往往多得自宜人。吾意宜人所闻于海鹤先生者,博而有要,故举以训俞邰,数十年如一日耳"④。清顺治十七年(1660),黄虞稷想参加科举,其母劝阻,告诫其应引避,"有先人遗书在,当尽读之,勿躁也。俞邰谨奉命"⑤。可见,周氏并不热衷于让黄虞稷参加科举步入仕途,而是谆谆教诲其当引避政事,潜心读书。周氏的学识和思想在一定程度上来自于黄居中的影响。黄虞稷亦是深受家学熏陶,自幼勤奋好学,在其父藏书的基础上,

---

① (清)钱谦益:《牧斋有学集》卷二十六《黄氏千顷斋藏书记》,上海古籍出版社,1994 年,第 994 页。
② (清)黄虞稷撰,瞿凤起、潘景郑整理:《千顷堂书目》,上海古籍出版社,2011 年,第 78、269、342、269、759 页。
③ (清)周亮工:《赖古堂集》,上海古籍出版社,1979 年,第 628 页。
④ 《赖古堂集》,第 631 页。
⑤ 《赖古堂集》,第 629 页。

增而益之。

二、黄虞稷生平及学识

黄虞稷生于明崇祯二年（1629），为黄居中次子，其兄虞龙去世较早。《清史稿·黄虞稷传》载：

> 黄虞稷，字俞邰，上元人，本籍晋江。七岁能诗。以诸生举鸿博，遭母丧，不与试。左都御史徐元文荐修《明史》，又修一统志，皆与宸英同。家富藏书，著《千顷堂书目》，为《明史·艺文志》所本。①

《清史列传·黄虞稷传》载：

> 黄虞稷，字俞邰，原福建晋江籍。父居中，明季为南京国子监监丞，甲申闻变，不食死。虞稷遂家上元，为上元人。诸生。七岁能诗，号神童，康熙十八年，举博学鸿儒，遭母丧不与试。既，左都御史徐元文荐修明史，召入史馆，食七品俸，分纂列传及艺文志。二十三年，充一统志纂修官。二十八年，总裁徐元文假归，特诏携志稿于家编辑，元文奏言虞稷学问渊博，健文笔，乞随相助，许之。至包山书局，刻苦搜讨，逾年力疾竣事，竟以劳卒，年六十有三。②

可见，黄虞稷天资聪慧，从小便饱读诗书，七岁即可作诗，被称为神童。但直到五十岁才举博学鸿儒，又因母丧而未成，后经左都御史

---

① （清）赵尔巽等：《清史稿》卷四八九《黄虞稷传》，中华书局，1977 年，第 13360 页。

② 王钟翰点校：《清史列传》卷七一《黄虞稷传》，中华书局，2005 年，第 5790 页。

徐元文推荐得以入明史馆,编纂明代之艺文。这一段特殊经历,也为黄虞稷编纂《千顷堂书目》积累了大量的典籍资料,也使《千顷堂书目》与《明史艺文志稿》从一开始就有着千丝万缕的联系。虽然黄虞稷入明史馆得以见到大量的官府藏书,为后续修订《千顷堂书目》积累了大量资料,但是在进入明史馆之前的几十年时间里,黄虞稷潜心读书,搜书购书,并广泛的借书抄书,且其父黄居中已经收藏有图书6万余卷,编成《千顷斋藏书目录》,故黄虞稷在入史馆前已做了大量资料储备工作,待接修史志任务时撰写《千顷堂书目》初稿,为《明史·艺文志》的编纂奠定基础。后康熙二十九年(1690),他又随徐元文至包山书局编纂《大清一统志》,兢兢业业,笔耕不辍,经过一年多的努力,竣事之时,其本人也劳瘁得疾,于康熙三十年(1691)去世。

黄虞稷一生博览群书,勤于著述,编纂了《千顷堂书目》和《明史艺文志稿》两部目录学巨著,为学界留下了重要的财富,是我国重要的目录学家。《清史列传·黄虞稷传》记载:

> 虞稷笃内行,持己矜廉而勇于义,王士祯、毛奇龄、吴雯咸称其诗。家世藏书,凡八万卷,与江左诸名士约为经史会,以资流览。及来京师,辇下士大夫辄就之借阅,无虚日。著《千顷堂书目》三十二卷,自题曰闽人者,不忘本也。所录有明一代之书,最为详备,其史部分十八门,《簿录》一门,用尤袤《遂初堂书目》之例,以收《钱谱》《蟹录》之属,又有《楮园杂志》《我贵轩》《朝爽阁》《蝉窠》诸集。①

---

① 《清史列传》卷七一《黄虞稷传》,第5790页。

三、黄虞稷的藏书思想

黄虞稷自幼受家学影响,酷爱藏书,一生致力于图书的收藏和整理、校勘。

就藏书、守书而言,黄虞稷可谓兢兢业业、尽职尽责,已然成为了一位藏书的管理者和保护者。他不仅对先辈留下的典籍进行分类管理,还定期对这些书籍进行防潮、防蛀等处理,非常注重书籍的长期保存和保护。据周亮工《黄母周宜人七秩·序》记载,黄虞稷为守先世之书,经常进行晒书、除虫等工作,"夏必暴,蠹必简"①,这些对于黄虞稷来说,已经成为一种常态性的工作。正是由于几十年如一日坚持对家藏典籍进行整理和保护,才使得黄氏藏书于战乱年代也完好无损地保存了下来。

黄虞稷在注重书籍保护和收藏的基础上,更加注重书籍的流通和利用,这也正是黄虞稷思想的超前之处。我国古代藏书楼大多坚持精于收藏、历代世守、秘不示人的传统,强调对书籍的拥有,对精本、善本、稀缺本尤其如此。黄虞稷则能够在保护先辈藏书的同时,注重书籍的流通及利用,做到藏与用的兼顾,在明末清初的社会环境下非常难能可贵。这主要体现在两个方面:一是黄虞稷注重书籍的流通和传抄借阅,二是强调书籍的整理、辑佚和校勘。

黄虞稷拥有琳琅满目的家藏图书,却并无私藏、独占之心,而是与同好互通有无,为急需、渴求者提供翻阅、抄录之便。如他与江左诸名士共同建立经史会,互通经史典籍,交流研读;和周在浚一起开展征刻唐宋秘本书的活动,各自拿出家中较为珍贵的唐宋秘本书籍,加以校

---

① 《赖古堂集》,第 627 页。

勘整理,并编成《征刻唐宋秘本书目》一卷,以求号召更多的藏书家贡献出所藏珍本、秘本。此外,与朱彝尊、倪灿、曹溶、徐乾学、徐元文等学者亦交往甚密,互相借阅书籍。《九章算术》流传到明代所存旧本已较为稀少,黄虞稷家中幸藏有宋版一部。据记载,梅文鼎康熙十七年(1678)于南京应试之时,便到黄虞稷家中借阅此书,康熙二十三年(1684)常熟毛晋次子毛扆又于黄氏处借阅并影抄此本。钱谦益可谓明末清初的大藏家,其在编纂《列朝诗集》时,就曾于黄虞稷家中翻阅诗集,其中不乏向来罕见流传的善本秘笈。

黄虞稷与丁雄飞的交游、互动,可谓藏书史上之经典。黄虞稷拥千顷斋藏书,丁雄飞有乌龙潭心太平庵藏书,二者互通有无,定期互相借阅抄录,并以文字形式明确制订了图书流通借阅规则《古欢社约》:"每月十三日丁至黄;二十六日黄至丁。为日已订,先期不约。要务有妨则预辞。不入他友,恐涉应酬,兼妨检阅。到时果核六器,茶不计。午后饭,一荤一蔬,不及酒。逾额者夺异书示罚。舆从每名给钱三十文,不过三人。借书不得逾半月。还书不得托人转致。"[1]二人相约每月固定时间互相拜访,抄借图书、读书论学,并带有舆从。从"舆从每名给钱三十文,不过三人"来看,二者抄借图书数量当不在少数。可见,黄虞稷藏书、惜书的同时,又具有慷慨开阔的胸襟,更加注重书籍的流通、借阅和使用。他所提倡的藏书应外借、互通有无的主张,是早期图书馆学思想的反映。

黄虞稷还精于校雠,极为重视校勘、辑佚、整理等工作。"太仓之米五升,文馆之烛一挺,晓夜孜孜,不废雠勘"[2],"犹时时借人藏录,稽

---

① 《古欢社约》,第39-40页。

② (清)朱彝尊:《静志居诗话》,人民文学出版社,1990年,第463页。

其同异"①。龚佳育乃明末清初著名的藏书家,黄虞稷曾在其家中校勘图书并传授弟子。《鹤征录》卷三记载:"先生(按:即黄虞稷)博雅能文,尤深经学。馆江宁龚方伯署中,与令子侍御蘅圃交最契。龚藏书甲浙右,所刊《授经图》《春秋纂例》诸书,经其校正者为多。"②与此同时,对于自家所藏书籍,更是笔耕不辍,勤加考订。周亮工《黄母周宜人七秩序》记载:"海鹤先生之书至今若鲁灵光。俞邰一一考其篇目次第籍记之。夏必暴,蠹必简,犹时时借人藏录,稽其同异,朝夕伏读。"③

由于黄虞稷自幼便受到家学、家风的熏陶,潜心治学、勤于读书、乐于藏书,以及与众多名流学者交流,使其能够具备这些先进的藏书思想。在明末清初政局混乱的环境下,不仅能够很好地收藏和保护先辈留下的大量书籍,还可以流通、交流的形式增进书籍的借阅和使用,从而进一步通过抄书、购买等形式扩充家藏图书。

第二节　千顷堂藏书

一、千顷堂藏书的来源

黄虞稷藏书是在其父黄居中家藏图书的基础上扩充发展起来的。黄居中一生痴迷读书、酷爱藏书。45 年的学官生涯,使他自身的学识不断提高,同时也可接触到大量典籍,加之对书籍的渴求及着力搜求,故先后收集了许多珍贵的书籍,尤其是历代历史、本朝艺文以及地方

---

① 《赖古堂集》,第 628 页。
② (清)李集等:《鹤征录》,清同治十一年刻本。
③ 《赖古堂集》,第 627 页。

志等文献。而求书遇到困难之时,黄居中则亲自抄录。弃官之后,更是于家中专心读书治学,广泛搜求各类书籍,开辟千顷斋以存藏书。经过几十年的潜心搜集,千顷斋藏书已达六万余卷之多,臻于极盛,为当时学者所称道。

虽然经历了明末清初的战乱,黄居中藏书转到其子黄虞稷手中后,不但没有因战乱和时局的影响而减少,反而不断扩充。明末之江南,战火纷飞,焚烧掠夺不断,人们的生命财产受到了严重威胁,书籍则更是存亡于旦夕之间。如此艰难乱世,黄虞稷依然能够不屈不挠地坚守先辈留下之典籍,实属不易;而在此基础上增而益之,将黄氏藏书增至"八万卷"①,实乃极为不易之事也。这也无怪乎叶昌炽惊讶感叹道:"玉笈珠囊制骆驼,犹仪未较竹居多。晋江父子藏书处,石户分明有鬼河。"②钱谦益《黄氏千顷斋藏书记》亦感叹云:"岂非居福德之地,有神物呵护而能若是与?"③千顷斋藏书自当是没有任何神灵护佑的,能够于乱世屹立不倒,当是与黄氏父子百年如一日地坚持搜求和守书的职业精神分不开的。

黄虞稷能够在短短几年时间内,迅速网罗大量书籍,扩充家藏,自当与其孜孜不倦地搜书购书分不开,但更得益于其先进的藏书思想。他在书籍流通借阅的基础上,又与诸多名家学者交流研读,彼此间互通有无,共阅共享,并大量抄录典籍,充实家藏,可谓广采、抄录并用也。一方面不放过任何搜求的机会,大量从书估及他人手中收购图书,尤其是一些珍本秘本;另一方面则大量抄录文献,以备读书治学、充实家藏之需。正是由于两种方法得力并举,且长期坚持、孜孜不倦,

---

① 《清史列传》卷七一《黄虞稷传》,第 5790 页。
② (清)叶昌炽:《藏书纪事诗》,上海古籍出版社,1989 年,第 36 页。
③ 《牧斋有学集》,第 995 页。

才使黄氏藏书又有增益,经黄虞稷之手扩至八万卷。黄虞稷亦将先父藏书楼"千顷斋"易名为"千顷堂",成为江南屈指可数的大藏书家。朱彝尊《静志居诗话》对黄氏收书、抄书有如是记载:"监丞锐意藏书,手自钞录,仲子虞稷继之,岁增月益。太仓之米五升,文馆之烛一把,晓夜孜孜,不废仇勘。"①黄虞稷自己也坦言:"余小子裒聚而附益之,又不下数千卷。惟夫子之于书有同好也,得一言以记之,庶几劫灰之后,吾父子之名与此书犹在人间也。"②

二、千顷堂藏书的内容及特色

千顷堂藏书在黄居中、黄虞稷父子两代人的不懈努力下,达八万余卷,数量庞大,内容丰富,种类齐全。既有"经史会"重点研讨之经史典籍,又有钱谦益访求之大量诗歌文集,还有毛扆翻抄之影宋钞本《九章算术》,更有大量的地方志文献。这些典籍的收藏,从借阅和传抄者的记载中可略见一般。具体而言,千顷堂藏书的特点主要有:

1. 数量可观

黄居中千顷斋藏书达六万余卷,经黄虞稷几十年辛勤访求,其千顷堂藏书已达八万卷。相较于同一时代范钦天一阁七万余卷藏书、毛晋汲古阁八万余卷藏书、徐𤊹红雨楼五万余卷藏书、曹学佺石仓园五万余卷藏书,黄氏父子于兵荒马乱年代共收集图书八万余卷,数量确实蔚为可观,不愧为江南著名藏书大家。

2. 质量上乘

黄虞稷藏书注重质量。黄虞稷是潜心读书治学之学者,且精通版

① 《静志居诗话》,第463页。
② 《牧斋有学集》,第994页。

本、校勘、辑佚之学，又专门于龚佳育府中授学、校书，校雠之学尤为精深。一位精于版本、善于校勘之学者，断不会收藏一些普通或版刻质量很差的书籍。朱彝尊《授经图序》云："是集黄征君俞邰藏有善本，龚主事蘅圃刊之白下。"①通过其与周在浚共同发起的征刻唐宋秘本书籍运动，可知其当收藏有一定的唐宋秘本。此外，黄虞稷还常常借阅他人所藏善本，用于书籍的校勘；遇到无法购买的珍贵版本，更是亲自抄录。其抄书也甚为认真，一方面，选择抄录之书，本身价值即高，加之黄氏认真抄录且精于校勘，故其所抄之书多质量上乘。谢国桢先生对黄氏抄书就极为推崇，认为"绍兴祁氏澹生堂抄本，和福建谢肇淛小草斋，黄虞稷千顷堂抄本的书，这都是有名的抄本"②。

3. 种类齐全

黄氏藏书不仅数量丰富，且种类齐全，经、史、子、集均有收藏。黄虞稷曾与江左诸名士约为"经史会"，共同资览经史典籍，对经史书籍的研读和收藏都较为重视。此外，还收藏有《九章算术》这样的算学典籍，以及一些外国人撰写的图书和大量的妇女著作等。

4. 明人文集较多

集部文献是黄氏收藏的重点，千顷堂收藏了大量的明人文集。这一点从钱谦益感叹"得尽阅本朝诗文之未见者"③可见一斑。能够得到大藏书家钱谦益的肯定，使其得阅所未见之诗文集，可证黄氏收藏文集的数量和质量都较为突出。

---

① （清）朱彝尊：《曝书亭集》卷三四，《四部丛刊初编》本。
② 谢国桢：《明清时代版本目录学概述（上）》，《齐鲁书刊》1981 年第 3 期，第 42 页。
③ 《牧斋有学集》，第 994 页。

第三节　千顷堂藏书与《千顷堂书目》之关系

千顷堂藏书是黄居中、黄虞稷父子穷其一生所积累之宝贵财富。黄居中一生嗜书成癖，积累 6 万余卷藏书，编《千顷斋藏书目录》。黄虞稷在此基础上，增至 8 万卷，并将"千顷斋"易名为"千顷堂"。在其父收藏的基础上，进一步扩大了收藏的数量和规模。《千顷堂书目》正是黄虞稷在自家藏书的基础上编纂而成的一部断代的著述书目，后黄虞稷入明史馆参与明代艺文之编纂，《千顷堂书目》也顺理成章地成为其编纂《明史艺文志稿》之蓝本，即后人所说以一家一姓之书目得以成一代艺文之蓝本也。

一、《千顷堂书目》依托千顷堂藏书

黄虞稷编纂《千顷堂书目》以家藏典籍为基础，这是常理之必然。黄氏父子穷其一生收藏图书，积累丰厚，成为江南屈指可数之大藏书家。欲编制书目，自当以此为基础，断不会舍弃自家藏书不录。笔者通过考察藏书印章和翻阅史料，辑得部分明确为黄氏所藏之图书，并将其与《千顷堂书目》的著录情况进行对比，具体如下表：

表 2－1　部分可考之黄氏藏书与《千顷堂书目》对照表

黄氏藏书	《千顷堂书目》	备注
金陵新志十五卷　元刊本	张铉金陵新志十五卷	善本书室藏书志卷十一记载
百川书志	古涿高儒百川书志二十卷	善本书室藏书志卷十四记载

续表

黄氏藏书	《千顷堂书目》	备注
归潜志十四卷　刘祁	刘祁归潜志十四卷一本八卷	善本书室藏书志卷二十一记载
芦浦笔记十卷　宋刘昌诗撰	刘昌诗芦浦笔记十卷	仪顾堂题跋卷八记载
授经图写本	周藩宗正睦㮮授经图二十卷	池北偶谈卷十七记载
革书	刘济革书一卷	带经堂集卷七十二蠹尾文八记载
郝文忠公陵川文集三十九卷　明刊本　卷首有温陵黄俞邰氏藏书印朱记	郝经陵川文集三十九卷附录一卷	温陵黄俞邰氏藏书印,铁琴铜剑楼藏书目录卷二十一集部三记载,现藏国家图书馆
简斋诗集十五卷附集外诗一卷　旧钞本	颜晔简斋诗集	善本书室藏书志卷二十九记载
读书管见二卷　元王充耘撰　明初刊本	王充耘读书管见二卷	仪顾堂题跋卷一记载
丛桂毛诗集解三十卷附学诗总说论诗总说	段昌武丛桂毛诗集解三十卷,又诗义指南一卷	爱日精庐藏书志卷三经部记载
宋遗民录	程敏政宋遗民录十五卷	盉山集卷五记载
滏水集	赵秉文滏水集三十卷	池北偶谈卷十六记载
五代史阙文一卷		铁琴铜剑楼藏书目录卷九史部二记载

续表

黄氏藏书	《千顷堂书目》	备注
宋刻孙子算经三卷		黄虞稷印,涝喜斋藏书记卷二子部记载,现藏上海图书馆
张丘建算经三卷		黄虞稷印,涝喜斋藏书记卷二子部记载,现藏上海图书馆
九章算经五卷		黄虞稷印,涝喜斋藏书记卷二子部记载,现藏上海图书馆
贡文靖公云林诗集六卷		黄虞稷印,铁琴铜剑楼藏书目录卷二十二集部四记载,现藏中国社会科学院文学研究所
石门文集二卷 明嘉靖刊本		善本书室藏书志卷三十五记载
柴氏四隐集二卷 吴氏瓶花斋抄本		善本书室藏书志卷三十八记载
西昆酬唱集二卷 旧抄本		铁琴铜剑楼藏书目录卷二十三集部五记载
国朝诸臣奏议一百五十卷		仪顾堂题跋卷十七记载
书说七卷		爱日精庐藏书志卷二经部记载
河南集		带经堂集卷五十渔洋文十二记载
孝诗		拜经楼藏书题跋记卷五别集;缘督庐日记抄卷四记载
北窗炙輠		曝书亭集卷第五十二跋记载

黄氏藏书	《千顷堂书目》	备注
春秋通说十三卷		陶庐杂录卷四记载
笠泽丛书		皕宋楼藏书志卷七十一集部记载
桂洲词		词苑萃编卷七记载
建康集八卷		石林居士建康集卷第八记载

表 2-1 中《百川书志》《授经图》《革书》《简斋诗集》《宋遗民录》等明代典籍,《千顷堂书目》均著录;《金陵新志》《归潜志》《芦浦笔记》《陵川文集》《读书管见》《丛桂毛诗集解》《滏水集》等均为补宋、辽、金、元之著述,《千顷堂书目》亦著录了。而《孙子算经》《张丘建算经》《九章算经》《云林诗集》《石门文集》《柴氏四隐集》《西昆酬唱集》《国朝诸臣奏议》《书说》《河南集》《孝诗》《北窗炙輠》《春秋通说》《笠泽丛书》《桂洲词》《建康集》等则均未收录。究其原因,当是这些典籍并非明人著作,亦不属补录宋、辽、金、元的范围。其中《柴氏四隐集》《西昆酬唱集》《国朝诸臣奏议》《书说》《河南集》《孝诗》《北窗炙輠》《春秋通说》《笠泽丛书》《桂洲词》《建康集》均为宋人著作,而《云林诗集》则为元代贡奎所撰,《石门文集》虽有部分入明以后著作,但并非全为明人著作。可见黄虞稷在编纂《千顷堂书目》时,仅是选取自家藏书中的一部分而并非全部,不符合黄虞稷选编原则的藏书,《千顷堂书目》概不收录。

千顷堂藏书乃黄氏父子两代人积累、访求的结果,内容涉及经、史、子、集各部,所涉及时代至少包括魏晋南北朝、汉、唐、宋、辽、金、元、明等各代典籍;但《千顷堂书目》仅择取其中一部分图书予以著录,这一点从上表中亦可体现。黄虞稷选取的标准和原则,首先当是选择千顷堂藏书中的明人著述,上表中明确考订为黄氏藏书,又为《千顷堂书目》所收录的《百川书志》《授经图》《革书》《简斋诗集》《宋遗民录》,全部是明代著作。这一点主要是由《千顷堂书目》最终的编纂目的和性质所决定。《千顷堂书目》力求纪明一代之著述,则对于自家所藏明人著作自当加以著录。

其次选择宋咸淳以后及辽、金、元各代之著作。由于《宋史·艺文志》未能收录咸淳以后新出之书,辽、金、元各代又无艺文,故而黄氏在《千顷堂书目》中兼补了此四代所缺之艺文。对于千顷堂藏书中,此部分图书,亦当在其选编范围之内,即宋代咸淳以后所出新书,以及元代、辽代和金代仅存之著作;宋咸淳以前之著作,则不在其选编范围之内。上表中《金陵新志》《归潜志》《芦浦笔记》《陵川文集》《读书管见》《丛桂毛诗集解》《滏水集》作为补宋、辽、金、元之著作,《千顷堂书目》均作著录。而上表中千顷堂所藏三部经典算经,《千顷堂书目》均未著录,甚至于对于版本较优的宋刻本同样不予著录。由此也可见,《千顷堂书目》著录中,对千顷堂藏书的选择,主要以著述年代为选取标准,至于版本优劣则不是选取的重点。至于收藏的宋版,甚至于唐代的书,均不予著录。而宋人著作中,《宋志》已收录之图书,则不再重复著录,这一部分图书自然也不在其选取范围内。如上表中《西昆酬唱集》虽为宋人著作,但是宋初杨亿所编,故而不作著录。《国朝诸臣奏议》编者赵汝愚、《书说》编者吕祖谦、《河南集》编者穆修亦是南宋咸淳以前之人,故相应的著作都未予以著录。《柴氏四隐集》作者虽为南宋末四人,但成书于咸淳前,故而亦不做著录。可见,《千顷堂书目》著录千顷堂藏书的主要标准,应是著作的年代,即以时间作为选取的主要标准。

二、《千顷堂书目》不局限于千顷堂藏书

《千顷堂书目》虽依托于黄氏的千顷堂藏书,但并不局限于此。千顷堂藏书之外,又著录了大量所见所闻之图书,甚至抄录了其他书目。就数量而言,黄氏藏书盛时仅为八万卷,而《千顷堂书目》著录明代著作一万五千四百余部,宋、辽、金、元著作二千四百余部,共计一万七千余部,卷数达数十万之多,二者数量上有相当的差距,《千顷堂书目》著录的图书中有相当数量并非来自于自家藏书。

千顷堂藏书之外,《千顷堂书目》还著录了一些黄氏通过其他途径所见所知之书。具体而言,至少还包括黄虞稷与江左诸名士经史会,以及其交友、交游中所见所阅的图书;还包括了黄虞稷入明史馆后所见千顷堂未藏的明人典籍;同时,《千顷堂书目》当还参阅、抄录了一些书目或其他史料记载的图书典籍,李言在《〈千顷堂书目〉新证》中进行了详细考证①;但是对于这一点,亦存在一些可疑之处。

经笔者考订,明代较为著名的《徐氏家藏书目》和《百川书志》两部书目,黄氏当有收藏和翻阅,但两部书目所录大量明人著述,《千顷堂书目》均未著录。其中《徐氏家藏书目》明确标明为明人著作,而《千顷堂书目》不予著录的条目约有五百八十余条;《百川书志》明确标明明人著作,而《千顷堂书目》不予著录的条目约有两百余条(具体考订详见下文及附录)。黄氏对这些书目所载明人著作不予著录,是基于两目已有流传,故不再重复著录;亦或这些内容相对集中,暂且搁置,待后续增补。由于笔者仅对《徐氏家藏书目》《百川书志》两部书目与《千顷堂书目》进行了逐条比照,未对明代其他书目完全进行比

---

① 《〈千顷堂书目〉新证》,2013 年。

较,故不敢妄言,暂且存疑待考。

　　由于目前可明确考订的黄氏千顷堂藏书较少,加之亦无明确的史料记载可资考察,故而《千顷堂书目》所录图书中具体哪些为黄氏藏书,哪些为官府藏书,哪些仅为黄虞稷所见所闻者,暂无法明确考定。但至少可以肯定,《千顷堂书目》的编纂依托黄氏藏书,又并未完全局限于此:一方面《千顷堂书目》仅著录了黄氏藏书的明人著述和宋辽金元未载者,仍有许多黄氏藏书未被收录;另一方面,《千顷堂书目》又著录了大量黄氏藏书之外的典籍。所以,《千顷堂书目》自然也就不能被定义为私家藏书目录。

第三章 《千顷堂书目》的性质

《千顷堂书目》因为著录体例具有鲜明的特色，又与《明史·艺文志》有着密切联系，自问世以来便受到学者的关注，不断有学者为之考订和研究。但对于这样一部重要书目，至今其性质这一基本问题尚无定论，存在诸多不同观点，尤其是近几年，新的研究成果不断涌现。而正是因为对这一基本问题认识不清，导致一些研究和书目的使用亦存在一些问题。比如，有学者试图通过《千顷堂书目》分析黄氏藏书特色以及黄氏图书馆学思想等。故本章通过《千顷堂书目》与明代其他书目的比较，以及书目方法论的考究，对《千顷堂书目》性质问题进行系统考察，予以最终廓清。

第一节 《千顷堂书目》性质之争议

关于《千顷堂书目》的性质问题，许多学者在研究过程中均有涉及。目前不同的观点，主要有私家藏书目录、知见目录、史志目录和明代著述目录等。

一、私家藏书目录

早期学者多将《千顷堂书目》视为私家藏书目录，认为其是黄虞稷在自家藏书基础上编成。现在一些学者也依然会采取这样的观点，或者直接将《千顷堂书目》放在私家目录这一类进行介绍。对于这一观点,笔者认为《千顷堂书目》首先并不是一部藏书目录,其次也不是一部单纯的私家书目。

蒋伯潜《校雠目录学纂要》在谈到明代私家藏书目录时,列有《千顷堂书目》①。程千帆、徐有富《校雠广义·目录编》认为明人得书较易于宋元,私人藏书目录得到了蓬勃发展,现存主要有十二家,《千顷堂书目》位列其中②。胡春年《〈千顷堂书目〉及其学术价值》一文也认为明清时期的著名藏书目录首先即以《千顷堂书目》为代表③。汪辟疆《目录学研究》认为明代的私家目录较多,《千顷堂书目》是其中最有典则可以取法者,同时又指出《千顷堂书目》虽为私家目录,但又兼具史家目录之性质④。魏思玲《论黄虞稷的目录学成就》也明确指出《千顷堂书目》作为私人藏书目录,体例严整且具有创造性,开著录一代著述之先例⑤。

然而,严佐之、昌彼得、李日刚等学者对此则持不同的观点。严佐之指出黄氏藏书虽称宏富,但其收藏不可能悉为明人著述,专收明人著述的《千顷堂书目》不是黄氏藏书目录⑥。李日刚《中国目录学》认为《千顷堂书目》并不是一部藏书目录,而是师法阮孝绪《七录》、郑樵《通志·艺文略》的作法,参取诸家书目而作,不论存佚及是否自藏。

---

① 蒋伯潜:《校雠目录学纂要》,北京大学出版社,1990 年,第 36 页。
② 《校雠广义·目录编》,第 205 – 206 页。
③ 胡春年:《〈千顷堂书目〉及其学术价值》,《河南图书馆学刊》2004 年第 24 期,第 79 – 80 页。
④ 汪辟疆:《目录学研究》,商务印书馆,1934 年,第 47 – 48 页。
⑤ 魏思玲:《论黄虞稷的目录学成就》,《洛阳师范学院学报》2000 年第 3 期,第 135 – 136 页。
⑥ 《近三百年古籍目录举要》,第 10 页。

其编纂目的是使其成为只记录明一代著述的艺文志,因此并不局限于自家所藏①。贺洪斌则直接明确地将其定义为史志目录②。严佐之一方面肯定了长泽规矩也将其归入史志一类的做法,同时又从另外的角度考虑,认为《千顷堂书目》为专纪一代著述的私家专题目录或为综录诸家藏书的知见目录③。上述学者否定《千顷堂书目》是一部私家藏书目录,这一观点正得到越来越多学者的认可。至于此观点,本书在"千顷堂藏书与《千顷堂书目》之关系"一节已从黄氏藏书与《千顷堂书目》关系角度做过详细论述,以为黄氏藏书当是《千顷堂书目》成书的重要来源,但《千顷堂书目》还收录了诸多通过其他途径所知所见之图书,所以自然不能视其为私家藏书目录。

　　千顷堂藏书经过黄居中、黄虞稷两代收藏,逐渐丰富,具备了一定的规模,但是黄虞稷编纂《千顷堂书目》并非仅仅依靠自家藏书,而是又参考了地方志和其他藏书目录等。乔好勤《中国目录学史》在谈到《明史·艺文志》的编纂经过时,认为《千顷堂书目》著录者并非都是现实藏书,有许多是从地方志、史传和私人记载中抄录而来,所以《千顷堂书目》著录与黄氏实际之藏书并不一致④。汪辟疆《目录学研究》认为明代的私家目录较多,《千顷堂书目》是其中最有典则可以取法者,同时又指出其虽为私家目录但又兼具史家目录之性质⑤。可见,二者虽将《千顷堂书目》归入私家书目类进行介绍,但均意识到其不单是黄氏藏书之简单记录。这也是当下目录学界的普遍观点。

① 李日刚:《中国目录学》,明文书局,1983 年,第 173 页。
② 《〈千顷堂书目〉性质新论》,2011 年。
③ 《近三百年古籍目录举要》,第 10 页。
④ 乔好勤:《中国目录学史》,武汉大学出版社,1992 年,第 300 页。
⑤ 《目录学研究》,第 47 – 48 页。

对于此,笔者认为从著录内容以及著录图书的来源来看,《千顷堂书目》并不是黄氏一家之藏书,虽然以黄氏藏书楼"千顷堂"来命名,但仅据此而将其界定为私家书目甚是不妥。目前学界秉持这一观点者,并非对其不合理之处没有清楚的认识,只是在现有目录学之私家、官修、史志、特种目录的分类体系下所采取的一种权宜之举。《千顷堂书目》以自家藏书之命名,在诸多类型中,也只能置于私家目录类,但《千顷堂书目》既不是藏书目录,也不是私家目录,诸多目录学著作将其置于私家书目下进行介绍论述,虽为无奈权宜之举,但实属不当之举,极易产生混淆之感。

二、史志目录

关于《千顷堂书目》的性质,贺洪斌《〈千顷堂书目〉新论》一文认为其是《明史艺文志稿》的底稿,所录各书并非都是黄虞稷实有藏书,而是无论存佚一并兼收,具备史志目录的性质,故明确将其定义为史志目录[①]。日本学者长泽规矩也亦将其归入史志目录类。严佐之先生认为从《千顷堂书目》收录图书的实际情况及其专为修史志而作来看,长泽规矩也将其归入史志一类,也是合适的[②]。

笔者认为,虽然黄虞稷入明史馆参与明代艺文志的编纂,因此《千顷堂书目》在一定意义上成为《明史艺文志稿》的蓝本,但仅依此判定其为史志目录,则甚为不妥。史志目录一般是正史中的一部分,正如姚名达先生所言"史籍中艺文、经籍志"[③],"历代史籍颇有采取书目入

---

① 《〈千顷堂书目〉性质新论》,2011 年。
② 《近三百年古籍目录举要》,第 10 页。
③ 《中国目录学史》,第 166 页。

志者,以其内容繁富,可备为政为学之参考,故得留传千古"①。我国传统目录学认定的史志目录,主要有《汉书·艺文志》《隋书·经籍志》《旧唐书·经籍志》《新唐书·艺文志》《宋史·艺文志》《明史·艺文志》及《清史稿·艺文志》。因此,《千顷堂书目》虽因黄虞稷入明史馆的个人经历,成为《明史艺文志稿》纂修之蓝本,但正如严佐之先生所言,其已别本异出,《明史》中《艺文志》才是专门的史志目录。所以无论从文献学界的普遍认知,还是从我国古代目录学的发展和传统而言,《千顷堂书目》都不应被归入史志一类。

二、知见目录

《千顷堂书目》在黄氏藏书的基础上,广泛采撷官府所藏、地方志记载及其他所见所闻图书,无论存佚一并著录。基于此,不少学者将其定义为综合性的知见书目。严佐之先生在评论日本学者长泽规矩也对《千顷堂书目》的界定观点时,提出考虑到《千顷堂书目》已经单本流传,可以将其视为"专纪一代著述的私家专题目录"或者"综录诸家藏书的知见目录"②。虽然黄氏意欲编制一部综录明人著述的总目,于黄氏藏书之外,又著录大量所见所闻之书,但是否可以直接将其判定为知见书目?笔者认为应当从《千顷堂书目》著录的内容做深入、客观的分析,故将其与明代《红雨楼书目》和《百川书志》进行比较,从而为其是否为知见书目提供客观、严谨的依据。

1.《千顷堂书目》与《红雨楼书目》之比较

《红雨楼书目》为明代著名藏书家徐燉所著,是一部重要的明代私

---

① 《中国目录学史》,第166页。
② 《近三百年古籍目录举要》,第11页。

家目录。徐[火勃]生于明隆庆四年(1570)卒于崇祯十五年(1642),终生不仕,以搜求典籍、读书著述为毕生追求,是明末著名的藏书家和目录学家。他自幼喜读书,乐于藏书,勤于学问,不求功名,不为利禄。所作《笔精·读书乐》载:"人生之乐,莫过闭户读书。得一僻书,识一奇字,遇一异事,见一佳句,不觉踊跃,虽丝竹满前,绮罗盈目,不足逾其快也。"①对徐[火勃]而言,阅读一本书所带来的快乐和享受胜于一切,于是他不惜重金购书、收书、藏书。

万历三十年(1602)徐[火勃]据家藏图书 3000 多种、7 万余卷编制《红雨楼书目》。《红雨楼书目》乃徐氏家藏图书的著录和反映,故著录内容较为可信,均为自家藏书。《红雨楼书目》集部著录的明人文集非常丰富,是整部书目的特色所在,亦是研究明代文集的重要资料,故笔者将《红雨楼书目》和《千顷堂书目》的集部内容进行了比较研究,以具体实证说明《千顷堂书目》对大量明人著作存在"见而不录"的情况。

无论是徐[火勃]其人,还是《红雨楼书目》,黄虞稷都应当非常熟悉且了解。《千顷堂书目》分别于卷一易类著录《易旁通》一卷,卷七地理类著录《榕阴新检》八卷、《客惠纪闻》一卷,卷八地理类著录《巴陵游谱》一卷、《榕城三山志》十二卷,卷九食货类著录《茗笈》三十卷、《荔枝通谱》十六卷、《蜂经疏》二卷等,共著录徐氏著作八部,其中就包括徐[火勃]的著名目录学著作《徐氏家藏书目》。此外,徐[火勃]乃黄虞稷父黄居中好友,《徐氏笔耕》即得黄居中鼎力相助而成。既然黄居中和黄虞稷对书籍万分渴求,得知有此徐氏之书目,且又有如此便利的条件可以获取,黄氏自当及时抄录并收入家藏。所以,黄虞稷曾见《红雨楼书目》当无可疑。

---

① (明)徐[火勃]:《笔精》卷六《读书乐》,影印《文渊阁四库全书》本,第 856 册。

由于《红雨楼书目》完稿后一直没有版刻发行,只是以稿本的形式流传,所以给此书的流传和使用带来了一定困难。现存版本主要有七卷本和四卷本两个系统,习见本为 1957 年古典文学出版社据传抄本排印的四卷本,书名为《徐氏红雨楼书目》,2005 年上海古籍出版社重印此本;七卷本系道光七年刘燕庭味经书屋抄本,书名为《徐氏家藏书目》,二者差异较大。此外,四卷本系统还有缪荃孙的传抄本《徐氏家藏书目》,现藏于日本京都大学人文科学研究所,很少为研究者援引。

经过笔者仔细比较,缪荃孙抄本与当下通行四卷本《红雨楼书目》源自同一底本。两本在卷数、体例上完全相同,只是内容上稍有出入,且互有止误。然两者均与七卷本有较大差异,尤其在集部著录体例、内容等方面。至于孰优孰劣,不少学者对其进行了比较和考证。李丹《〈红雨楼书目〉版本考略》详细比较论述四卷本和七卷本的著录差异及优劣①;马泰来先生通过获取的最新史料考证徐𤊹的生卒年,进而考订《红雨楼书目》的版本问题,认为七卷本远胜四卷本,并呼吁尽早单本刊行以便流传翻阅②。同时,鉴于《千顷堂书目》卷十簿录类著录了七卷本的《徐氏家藏书目》,而未著录四卷本,故本文选择据七卷本《徐氏家藏书目》与《千顷堂书目》进行比较,以期为研究《千顷堂书目》的性质和著录体例提供更为客观、准确的依据。以集部别集类下的"浙江"为例,《徐氏家藏书目》著录,而《千顷堂书目》未著录的明人著作主要有:

吴大三傲素轩诗二卷【字仁仲,钱塘人,万历辛卯乡举官

---

① 李丹:《〈红雨楼书目〉版本考略》,《古典文献研究》2006 年,第 171 – 179 页。

② 马泰来:《明季藏书家徐𤊹丛考》,《文献》2010 年第 4 期,第 135 – 143 页。

中书舍人,贵州按察使。】

张琦白齐集九卷【字君玉,鄞县人,正德辛巳进士,官兴化知府,福建参政。】

周应宾月湖草七卷【字嘉甫,号寅所,鄞县人,万历癸未进士,礼部尚书,谥文穆。】

王锡命葆光阁草二卷【字子卿,号文泉,秀水人,嘉靖壬戌进士,官福建金事,江西恭议。】

唐邦佐北部集三卷【字良父,兰溪人,隆庆戊辰进士,官刑部主事。】

吴稼证北征集一卷【字翁晋,维岳之子,万历中太学生,官通判。】

叶梦斗苾苕国七卷【字叔明,号澹宇,兰溪人,万历中太学生,官滇南通判。】

董谷碧里四存四卷【字实用,号两湖,海盐人,正德丙子乡举,官汉阳知县】。

张铁(鈇)碧溪诗集六卷【字子威,慈溪人,正德中布衣,善草书,其孙尧年登嘉靖乙未进士,令金坛时汇梓其集,云间陆深为序。】

卓明乡光禄集三卷【字徽父,仁和人,万历中以太学生官光禄署正。】

戴暨中丞遗集八卷【字时量,号东石,鄞县人,正德丁丑进士,副都御使,卒年六十七。】

钱薇承启堂集二十八卷【字懋垣,号海石,海盐人,嘉靖壬辰进士,官礼科给事中,卒年五十三。】

谢宏仪乘桴吟一卷和陶诗一卷【字简之,号窊云,会稽

人，万历中武状元，崇祯初官福建都督。】

乌斯道春草集十一卷【字继喜，慈溪人，洪武初荐为永新县令，集久不传。崇祯二年，泰和萧基，为浙江按察使，梓而行之，有宋濂解缙二序。】

黄辉怡春堂集七卷铁庵诗选一卷【字平倩，号慎轩，顺庆府南充县人，万历己丑进士，翰林院中允，《铁庵诗选》者乃晚年遗稿，闽中邵捷春蜀中奉潘时所刻。】

钱文荐翠涛阁集一卷丽晒瞩集卷【字仲举，慈溪人，万历丁未进士，官□。】

余寅农丈人集二十卷【字君房，一字僧杲，号识城，鄞县人，万历庚辰进士，官太常寺卿。】

类似上述明确标识具体明代年号的明人著录，《徐氏家藏书目》中仅仅"浙江"地区著录就有一百四十一种。这些条目不仅著录有作者、书名和卷数等信息，而且条目下都详细加注了作者小传，小传部分更是明确标明了作者年代，或为正德，或为嘉靖，或为万历等。如此明显的信息，当极易判定。比如，"沈彬《兰宣集》五卷，字原质，武康人，正统壬戌进士，官刑部郎中，卒年五十九"①。"陆光祚《湛庵先生遗稿》一卷，字与培，平湖人，嘉靖己未进士，官陕西提学副使"②。这些条目对作者的著录都较为详备，但《千顷堂书目》均未著录。卢文弨曾校补《千顷堂书目》，其中就补录了陆光祚《湛庵先生遗稿》等著作。而这仅仅是集部别集类浙江地区的明人著作，除此之外，《徐氏家藏书目》中已经明确标明作者系明代的著作，《千顷堂书目》至少有五百八十余

---

① （明）徐𤊹：《徐氏家藏书目》，上海古籍出版社，2014 年，第 421 页。
② 《徐氏家藏书目》，第 428 页。

种并未著录。如此庞大的数量,断不会是未见或遗漏所致,当属"见而未录"。详见附录2。

2.《千顷堂书目》与《百川书志》之比较

《百川书志》是明代高儒编纂的一部私家藏书目录。高儒本是一名武将,但却酷爱藏书,收藏了二千余种图书,并据此编成《百川书志》。《百川书志》收录了大量不为大众所重视的戏曲、小说类著作,对于考察和研究明代戏曲及小说类文献具有重要价值。《千顷堂书目》卷十"簿录类"著录有"古涿高儒《百川书志》二十卷"①。《善本书室藏书志》卷十四亦记载萧山王氏手抄本《百川书志》二十卷:"王渔洋《居易录》曰:高儒者,武弁也,家多藏书,有《百川书目》。黄俞邰、周雪客征刻秘本书目,高儒《百川书志》二十卷注云:儒,涿州人,志其家藏书如晁公武之例,其历为名家所称道。"②可见,黄虞稷和周在浚发起征刻秘本书目时曾见到高儒的《百川书志》。但是将高儒《百川书志》与《千顷堂书目》进行比较可以发现,《百川书志》中明确标明作者系明人的著述,《千顷堂书目》仅著录六十余条,而未著录的则至少有两百多条。详见附录3。

《内阁藏书目录》成书于万历三十三年(1605),记录明代官府藏书,共著录图书二千四百四十七种,近两万册,多为正统后典籍。其体例较《文渊阁书目》为善,于每书下多有简单之提要,记述书之作者、卷数,部分略述书之内容,偶记版本信息。据《明内阁藏书目录》跋记载:"以此目与《文渊阁书目》比较,所亡之书,以笔记、诗集为最多。而'地志'一门所储者,皆嘉靖以后新修之本。旧目中之旧志、新志,两目

---

① 《千顷堂书目》,第295页。

② (清)丁丙:《善本书室藏书志》卷一四,清光绪刻本。

乃无一存者。吁！可异已。笔记、诗集之亡，可由窃书者所嗜解之。古地志之亡，盖以当时既收为新志，以旧志为无用，别置他处，遂不见于此目，真可惜也。"①李言在《〈千顷堂书目〉新证》一文中对《内阁藏书目录》与《千顷堂书目》的地理类进行了详细比对，发现《千顷堂书目》引用《内阁藏书目录》达五百八十部之多，故本文不再做详细比勘。此外，《国史经籍志》亦是明代的一部官方书目，但由于整部书目多采撷其他书目拼凑而成，故亦不再与《千顷堂书目》进行比对。

通过将《千顷堂书目》与明代几部重要书目的著录内容进行比较后，可以发现大量的明人著述并未为《千顷堂书目》所著录。究其原因，虽不排除黄虞稷未见之可能，但依然存在颇多可疑之处。如徐𬭎的《徐氏家藏书目》著录了大量明人文集，而文集也是《千顷堂书目》著录之重点，但是将二者集部著录图书进行详细比对后可以发现，《徐氏家藏书目》中明确标注为明人著述的文集，《千顷堂书目》竟有五百八十多部没有著录。就具体的著录内容而言，二目均著录的图书，《徐氏家藏书目》详细记载的作者小传内容，《千顷堂书目》反而阙而未载，如方凤《改亭奏草》一卷，《千顷堂书目》简单著录作者、书名、卷数，而《徐氏家藏书目》则著录为："方凤《改亭奏草》一卷，字时鸣，号改亭，昆山人，鹏之弟，正德戊辰进士，监察御史、提学佥事。"②可见，黄虞稷不仅未著录大量的明人文集，对于一些作者小传内容亦是如此。这一点，通过与《百川书志》的比对也可发现。《百川书志》是黄虞稷、周在浚发起征刻诸秘本书目中的一部，黄氏必曾见此目，但《百川书志》著录的诸多明人著述，《千顷堂书目》仅著录了很少一部分，

---

① 王国维：《观堂别集》卷三《明内阁藏书目录跋》，河北教育出版社，2001年，第673页。

② 《徐氏家藏书目》，第381页。

正由于存在这种"见而不录"的现象,我们自然不能将《千顷堂书目》判定为明代知见目录。

第二节 《千顷堂书目》性质新论

关于《千顷堂书目》的性质能够有如此众多之观点,固然与黄虞稷入明史馆的经历以及《千顷堂书目》本身的著录内容和特色有一定关系,但笔者认为,究其根本原因,乃由于长期以来我国古典文献学界存在"重校雠,轻理论"之传统。我国目录学界界定书目性质的理论与方法尚不完善,一些书目无所归属。要想很好地解决《千顷堂书目》性质的判定问题,需从书目性质界定的原则、方法、依据以及划分标准等方面入手,做深入、具体、客观之研究。

一、书目性质界定的依据

1. 书目性质界定之原则、方法

书目性质的界定应该坚持科学性、客观性、全面性、准确性等原则,绝不能随意、主观而定。所谓科学性原则,是指判定一部书目的性质应该采用科学的方法,对书目及其内容给予科学的研究和评判,要保证评判标准的科学、方法的科学以及内容的科学。科学性原则是书目性质界定的基本原则。客观性原则亦是书目性质界定和书目研究必须坚持之准则。只有符合客观实际,忠实于原始史料,才能保证书目研究及其结果的客观真实。全面性原则是书目性质划分的重要原则,即书目性质的划分、界定应力求覆盖目录学史上的各种书目,保证书目的有类可归。准确性原则亦是书目性质划分和界定的重要原则。

只有在科学研究的基础上,保证书目的各种要素能够客观、准确地符合具体的划分标准,才能对书目的性质作出恰当的界定。比如《千顷堂书目》虽然为史志目录编纂所采用,但这仅是书目性质的一个方面,如果仅据此而判定其为史志目录,则是不够全面和准确的。

书目性质的界定还应该坚持尊重历史实际的原则和方法。所谓尊重历史实际,主要是指从历史的联系和变化发展中来考察具体的书目,即强调从客观的历史实际出发,而不是从某种观念或假设出发去考察书目,不能用当代或现实标准去代替历史事实,应当将具体书目放置于产生和完成的具体历史范围及环境下来考察。同样对《千顷堂书目》是否为史志目录的判定,如果将其置于产生时代的社会状态,黄虞稷编纂《千顷堂书目》以及《明史·艺文志》编纂的特定环境中来看,均不能将其视为史志目录来处理和对待,仅是修史的参考和辅助资料而已。

2. 书目性质考察要素

具体而言,书目性质的界定需要考察书目的编纂者、著录的内容、编纂的最初目的以及具体历史环境四个方面的要素。对书目而言,这四个要素是一个有机的整体,需要综合、全面地分析判断,这样才能客观准确地界定书目的性质。

编纂者是书目性质界定的重要因素,是我国传统目录学界对书目进行划分的第一要素。私家书目由个人编纂,官修书目由官方组织编纂,史志目录一般也由官方成立专门的编史机构并作为史籍的一部分进行编纂。著录的内容亦是书目性质界定的重要因素,具体包括著录图书的来源、所录图书的时间以及著录图书的体例等方面。其中著录图书的来源又可分为个人收藏、官府藏书;所录图书的时间又可分为某代之藏书、历代之藏书;著录图书的体例又可分为有无解题、有无大序和小序等。至于书目编纂的最初目的以及具体历史环境,则是在前两者考察和判断的基础上,作为辅助参考和衡量的重要依据。

二、以藏书为标准的书目分类

自《别录》《七略》以来,《汉书·艺文志》《七录》《七志》《隋书·经籍志》《开元群书四部录》《古今书录》《旧唐书·经籍志》《新唐书·艺文志》《郡斋读书志》等相继问世。有个人撰写之目录,有官府组织撰写之目录;有藏书之目录,有著述之目录;有断代之目录,还有通史之目录。这些不同时代、各种类型的目录,构成了我国古代目录学的基础。面对如此众多的书目,我国传统目录学界多习惯性地以私家书目、官修书目、史志目录之划分体系对其进行归类。尽管姚名达先生在《中国目录学史》中介绍目录种类时,认为对于目录之分类,应从多方面着眼:"由条目的体积大小来判断,有篇目和条目之分;自书籍典藏之有无,可分为藏书目录和非藏书目录;由藏书者划分,又可分为公藏、私藏,公开、非公开,独立、非独立,古今,中外等;自非藏书书目之对象分,又有时代、地方、学术、人格、数量等;自书目结集形式分,有账簿式、活页式;自排列方法分,有序跋式、年表式、类书式等;由目录标题性质分,有著者目录、书名目录、分类目录主题目录;自目录内容之体制分,有纯书目、纯解题、兼书目解题者。"①共从八个方面进行了介绍和分类,但这仅仅是作为考虑、判断书目性质和类别的因素而已,整部《中国目录学史》的章节安排则仍然采用了私家、官府、史志,外加特种书目的划分方式。

私家书目、官修书目、史志书目的分类方式,实则以书目编纂者作

---

① 《中国目录学史》,第12页。

为划分的第一要素。编纂者是个人,多归入私家书目;编纂者是官方,则归入官修或史志。虽不是完全依据编纂者,但也是由此出发,再考虑其他因素。这种划分体系在我国古典目录学史上长期占有主导地位。学界对于一部书目的界定和判断,无形中多受其影响。但是这三种类型并不能涵盖一切书目,也就是说有些书目无论划入其中哪一类都不准确,比如《古今书录》和《千顷堂书目》。

《古今书录》一般题为唐毋煚所撰,虽为个人编纂,但却不能将其划为私家书目。姚名达先生和王重民先生都是将其归入官修书目,与《开元群书四部录》并介绍。然而将《古今书录》归入官修书目,仍不准确。《开元群书四部录》是唐开元初期由政府组织编纂的一部官修书目,毋煚、韦述、余钦等均参与其中。此后,毋煚任集贤院直学士,继续图书整理及目录编纂工作,经过多年的努力,在《群书四部录》的基础上,修订增补而成《古今书录》。因《古今书录》记录唐代官府藏书,故不能视作私家书目;但其又是由毋煚个人,而非唐代官方组织编写,故亦不能视作官修书目。《古今书录》因著录的是唐代官府藏书,故将其归入官修书目尚且可以理解。而黄虞稷以家藏图书为基础,后因入明史馆参与编纂明代艺文而得见大量官府藏书,又广采友人藏书目录以及其他史料之著录,最终编成《千顷堂书目》;同时又因其与《明史艺文志稿》间的特殊关系,使得学界对《千顷堂书目》性质的判定持有截然不同的观点。

对此,笔者认为以藏书为标准的划分体系可以涵盖这些特殊的书目,即根据著录图书是否属于藏书进行划分,具体分为藏书目录、著述目录、史志目录(图书总目)、特种书目四类。藏书目录可以根据藏书的主体再细分为私家藏书目录、官府藏书目录和一代藏书总目。根据个人收藏图书编纂的书目,即为私家藏书目录;根据官府藏书编纂的书目,为官府藏书目录。《古今书录》作为记录唐代官府藏书之书目,自然也就可以准确地划入官府藏书目录。至于一代藏书总目则较为特殊,编纂时间就是具体的时间点,即作者著录其生活时代之总体藏书,如阮孝绪《七录》就是纪南朝梁所有藏书的总目:"凡内外两篇合为《七录》,天下之遗书秘记,庶几穷于是矣。"①

史志目录区别于藏书目录,是史书当中具有书目性质和特点的部分。史志目录根据具体著录内容的不同又可分为:记录藏书的史志目录,如《汉书·艺文志》《旧唐书·经籍志》《宋史·艺文志》等;记录著述的史志目录,如《明史·艺文志》和《清史稿·艺文志》。

著述目录区别于藏书目录和史志目录,其反映的不是藏书,而是著述。凡一朝一代之著述目录中,尚未见有从实际收藏角度编成的。这是著述目录的重要特点,即不拘泥于实际藏书,著录的来源并非单纯的收藏或目见,也不是以收藏或知见为主。著述目录所录图书相当部分并非来自藏书,而是其他书目、史料、见闻等,其中史传尤其是其重要来源,可以说是综合抄录而来。因此,著述目录注定不以藏书或知见为依据,书目之产生就注定了其特殊性。此类目录又可分为一代之著述总目和一地之古今著述总目。《千顷堂书目》正是明一代之著述总目;而各地地方艺文志,如《长洲县艺文志》《温州经籍志》等都是一地之古今著述总目。

比较特殊的则是图书总目,其反映的是所有图书,既有藏书,又有著述,有的是一代,有的并不局限于某一代,以郑樵《通志·艺文略》为代表。从某种意义上来说,《通志·艺文略》又可归入史志目录类,只不过是通史,而非断代史性质的史志目录,或者是图书总目性质的史

---

① (唐)释道宣:《广弘明集》卷三《七录序》,宋刻《碛砂藏》本。

志目录。目前,仅郑樵《通志·艺文略》属图书总目,如若将其归入史志目录,则总目一类可以取消。

除此之外如版本目录、导读目录、书目之书目、引用书目等,可统一划为特种书目。如此则历代书目几乎可以涵盖无遗。

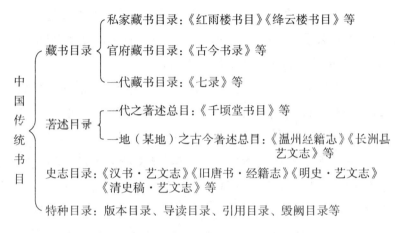

中国传统书目
- 藏书目录
  - 私家藏书目录:《红雨楼书目》《绛云楼书目》等
  - 官府藏书目录:《古今书录》等
  - 一代藏书目录:《七录》等
- 著述目录
  - 一代之著述总目:《千顷堂书目》等
  - 一地(某地)之古今著述总目:《温州经籍志》《长洲县艺文志》等
- 史志目录:《汉书·艺文志》《旧唐书·经籍志》《明史·艺文志》《清史稿·艺文志》等
- 特种目录:版本目录、导读目录、引用目录、毁阙目录等

图3-1 以藏书为标准之书目体系

此种划分标准和方法,有别于传统目录学界惯用的私家、官修、史志之三分体系,而是从书目著录内容的角度区别书目的不同性质。这并非是对传统目录分类法的否定,而是在其基础上从不同的方面或角度对书目的进一步划分,以保证那些相对特殊的书目可以有类可入,而不至于出现无从入类或不能准确入类的情况。这种分类方式,有利于我们更好地把握书目的特性,以期更好地利用这些书目,对整个目录学史具有重要意义。

三、《千顷堂书目》的性质

通过对历代书目性质的探讨分析,以及以藏书为标准的书目划分体系的提出,《千顷堂书目》的性质已然可以被梳理清晰。《千顷堂书目》当属明代著述总目附载宋咸淳后及辽、金、元著述目录（后简称其性质为"明代著述总目"）。正如上文所述，著述目录的重要特点是反映著述而非藏书，其编纂不以实际收藏或知见为标准，著录图书相当一部分不是来自藏书，而是来自其他书目、史料、见闻等。具体而言，著述目录判定的依据主要有：书目来源不是单纯的藏书，多是综合抄录而来；书目著录的内容为某一时间段或某一地方的著述总目。对于这两个划分的依据，《千顷堂书目》完全符合。

首先，《千顷堂书目》所录图书并非黄氏或明代官府的实际藏书。整部《千顷堂书目》著录图书 17000 余种，数十万卷；黄居中一生所藏图书至极盛时不过六万余卷，黄虞稷在此基础上增至八万卷，与《千顷堂书目》所录图书数量仍存在较大差距。《文渊阁书目》反映了明代的官府藏书情况，无论著录数量还是著录内容，均与《千顷堂书目》有较大差异。虽然黄虞稷曾入明史馆得见大量官府藏书，但《千顷堂书目》亦不是对明代官府藏书的客观著录。关于《千顷堂书目》的图书来源，张固也采用"以小见大"的方法，从《千顷堂书目》误收的赵英《五经对诀》、周才《字录》、董慎《续豫章志》、郑景岫《广东四时摄生论》、蔺道《接骨仙方》五部唐代著作分析其著录图书的来源，认为黄氏藏书之外还有明人藏书目录、明人其他书目、明代方志或其他记载。所以《千顷堂书目》不是依据实际藏书而作，乃综合抄录而来。

其次，《千顷堂书目》著录的内容为明人著作，反映的是明代的著述情况。无论是黄氏千顷堂藏书，还是黄氏所见、所闻、所抄图书，《千顷堂书目》选取的标准都是作者的年代，即时间标准。《千顷堂书目》主要收录明人的著作；鉴于宋咸淳后以及辽、金、元均无艺文之特殊考虑，才对此部分内容作了补录。所以《千顷堂书目》反映的是明代及辽、金、元四代之著述总目，兼补《宋史·艺文志》未录之宋代咸淳后著述,其性质当属明代著述总目附载宋咸淳后及辽金元著述目录。

再次,后人对《千顷堂书目》增补之内容,也多是明人著作。《千顷堂书目》初稿完成后,后人不断对其进行校正补录和抄录增补等工作。无论是杭世骏所作校补,还是卢文弨、吴骞等所作校补,所补内容均为明人著作。李言在其博士论文中考证《千顷堂书目》抄录《内阁藏书目录》"地理类"条目五百八十余条,又抄录《[雍正]浙江通志》等地方志中的"地理类""别集类"文献,以及《明诗综》等,并从著录错误的雷同以及杭世骏《千顷堂书目序》记载,推断其中大量内容并非黄虞稷抄录,而是后人补录。这些补录的内容,同样是明人著作①。所以《千顷堂书目》是综录黄氏藏书、友人藏书目录及其他目录、地方志及史传等史料记载的明代著述总目。

对书目性质界定的探讨,不单是为了将具体的书目准确归类,而且是为了更好地认识和使用书目。《千顷堂书目》亦是如此。第一,《千顷堂书目》是明人著述目录,不是明代藏书目录。它所著录的内容不是当时的实际藏书,更不能将《千顷堂书目》著录图书与黄氏藏书相混淆。第二,我们可通过黄氏藏书的规模、特色等情况考察《千顷堂书目》之著录,但是不能由《千顷堂书目》著录的内容和特色来推测黄氏藏书的情况。黄虞稷欲编明人著述总目,乃以自家收藏之明人著作为基础,并综录其他书目及史料记载,所以从逻辑上而言,黄氏藏书中属明人著述者在《千顷堂书目》中有所反映,而《千顷堂书目》著录的一部分必定不是黄氏藏书,这些自然也就不能反映黄氏家藏。所以,类似《黄虞稷图书馆学成就初探》中通过《千顷堂书目》的著录来考察判断黄氏藏书情况之研究,其最初定位和出发点已然偏离,其结论自然

---

① 《〈千顷堂书目〉新证》,2013 年。

也难以成立。同理,在没有明确哪些是黄氏藏书,哪些为黄虞稷抄录,哪些为后人补录的前提下,通过《千顷堂书目》著录图书来探讨黄虞稷的目录思想、藏书思想,所得结论同样也不可信。此外,虽然《千顷堂书目》是明代著述总目,但仅靠黄虞稷个人力量搜寻、抄录,即便有后人的补录,仍会存在很多的遗漏,因此其所录图书不是明人著述的全部。

第四章 《千顷堂书目》与《明史艺文志稿》

史志目录是我国古代目录体系中的一种重要类型,是后人考论古代学术的重要途径。无论是据官府藏书而成的官修书目,还是录私家藏书的私家书目,都于当世当时查阅典籍、交流阅览具有重要意义。随着时移世易,这些书目也或多或少会有所缺损,甚至散佚不存,如《群书四部录》《崇文总目》等。然而,史志目录因为依附于史籍而得以存世,自《汉书·艺文志》至《清史稿·艺文志》皆如此。通过这些史志目录的记载,后人得以考察大量已经亡佚的典籍的流传情况。正如姚名达先生所言:"后人欲考镜古代学术源流,书籍存佚,舍史籍中之艺文、经籍志,殆莫由焉。"①"历代史籍颇有采取书目入志者,以其内容繁富,可备为政为学之参考,故得留传千古。"②王重民先生亦直言:"史志目录据当代官修目录以纪一代藏书之盛,在目录学的方法理论上不可能有什么贡献,但因而保存了官修目录,成为我国目录学史上的一个特点。"③

自《汉书·艺文志》以来,史志目录多据官修书目而作,直到《宋史·艺文志》据所谓"国史艺文志"而编撰。宋代有《崇文总目》《中兴馆阁书目》《中兴馆阁续书目》三部官修目录,以及一些官府的藏书目录,原本都是编纂《宋史·艺文志》的重要参考,不过宋代"国史"的编纂以及"国史"在元代保存仍较为完备,加之"国史"中的艺文志,本就

---

①② 《中国目录学史》,第 166 页。
③ 《中国目录学史论丛》,第 107 页。

是根据官修书目和一些公私藏书目录编纂而成,故"国史艺文志"也就成为编制宋代史志的最直接材料,这也是宋代史志目录编纂的特点之一。此外,文献典籍积累和发展到宋代,数量已较为可观。《宋史·艺文志》著录宋代藏书已达9819部,几乎是《汉志》的十倍。而与此同时,图书的内容和变化也越来越多样,使得书目编纂的难度也越来越大。即便编目技术已有了相应的提高,《宋史·艺文志》面对不足万部藏书之编纂,已是漏洞百出,被《四库全书总目》称为史上最芜杂之史志目录。

此外,史志目录作为纪传体正史的一部分,其编纂必须要保证与整部史书的协调统一,以及各部分之间的平衡兼顾,故其篇幅卷帙受到严重限制。而随着雕版印刷的普及,各类文献急剧丰富,私家藏书也得以大力发展,史志目录原来纪一代藏书之盛的做法越来越难以实行。宋代不足万部图书的著录就已如此,更何况明代著述、刻书之繁盛,纪一代之藏书,恐已不只会有"芜杂"之弊,甚至已到无法完成的程度。故《明史·艺文志》经过多次尝试,最终采用纪一代著述的方式,自有其客观必然性,符合历史发展的实际。此外,明代官修书目和国史艺文志的编纂均不发达,也是促成这一历史性变革的客观条件之一。如官修之《文渊阁书目》,著录简单、讹误较多,且编纂年代较早,其内阁图书多为前朝旧藏,故著录宋元人著作较多,明人著作反而较少,难以作为编纂明代艺文之蓝本,诚如《四库全书总目》之评价:"士奇等承诏编录,不能考订撰次,勒为成书,而徒草率以塞责,较刘向之编《七略》,荀勖之叙中经,诚为有愧。"①至于焦竑《国史经籍志》五卷,因杂抄郑樵《通志·艺文略》等旧目而成,则更不足为据。《四库全书

---

① 《四库全书总目》卷八五《文渊阁书目》,第731页。

总目》评价其"丛钞旧目,无所考核,不论存亡,率尔滥载。古来目录,惟是书最不足凭。世以竑负博物之名,莫之敢诘,往往贻误后生"①。《明史·艺文志》亦指出"明万历中,修撰焦竑修国史,辑《经籍志》,号称详博,然延阁广内之藏,竑亦无从遍览"②。之后虽有傅维鳞所撰《明书》,编成《明书经籍志》三卷,其分类沿袭《文渊阁书目》之旧,所著录亦采自《文渊阁书目》,完全没有参考价值。

故《明史·艺文志》的编纂,没有高质量官修书目可资借鉴参考,而焦竑、傅维鳞两志,质量亦均不高,不足以成为《明史·艺文志》的蓝本。直到黄虞稷撰修艺文,始有较大突破。一方面黄氏自身学识渊博、文献访求积累较为充分;另一方面已初步编成《千顷堂书目》,可作为修书之参考。黄虞稷根据明代刻书、藏书状况,并汲取前代修史的经验,采用纪一代之盛,兼补宋、辽、金、元四代所阙艺文之体例,终成《明史艺文志稿》一部。至于《千顷堂书目》之所以能够成为明代重要书目,以及研究明史之重要工具,在我国目录学史上独树一帜,一方面取决于其纪一代著述的独特体例,另一方面还因为黄氏入明史馆的特殊经历,以及其与《明史·艺文志》《明史艺文志稿》的密切关系。尤其在《明史·艺文志》初稿撰成后几经易手、删削,著录图书仅 4630 余部的情况下,著录宏富又与《明史·艺文志》高度吻合的《千顷堂书目》,自然成为学者关注、研究的重点。《千顷堂书目》与《明史艺文志稿》的关系也成为长期以来学界研究和争论的热点。

---

① 　《四库全书总目》卷八七《国史经籍志》,第 744 页。
② 　(清)张廷玉等:《明史》卷九六《艺文志》,中华书局,1974 年,第 2344 页。

第一节　前人研究之梳理

一、观点之梳理

一直以来,学界对《千顷堂书目》与《明史艺文志稿》的关系存有较大争议。自清杭世骏、卢文弨以来,后代学者论及于此,均各执一词,莫衷一是。

其一认为《千顷堂书目》是《明史艺文志稿》的底本。最早持此观点者为杭世骏。杭世骏于雍正九年(1731)从朱文游处购得《千顷堂书目》抄本一部,也就是后人所说的朱文游藏本。杭世骏所作跋语中明确记载:"《千顷堂书目》,金陵黄俞邰所辑。俞邰征修《明史》,为此书,以备《艺文志》采用。"①后来,此本辗转至吴骞处,吴氏据之校治董浦本《千顷堂书目》,并明确指出"董浦本尚多漏略,疑为俞邰初稿。复借钱塘卢抱经先生金陵新校本勘补,书既加详,且多序目,似是史局增修之本"②。杭世骏、吴骞二人所言,也成为后世持此观点者的重要依据。如张钧衡即在《适园藏书志》卷五"千顷堂书目"条云:"是书所录,皆有明一代之书,为《明史·艺文志》张本。"③朱绪曾《开有益斋读书志》卷三"千顷堂书目"条亦云:"修明史者,取此书明人著作为《艺文志》。"④

近现代学者中,王重民《黄氏〈明史艺文志稿〉与〈千顷堂书目〉》

---

① 《千顷堂书目》,第797页。
② 《千顷堂书目》,第799页。
③ 《千顷堂书目》,第800页。
④ 《千顷堂书目》,第801页。

中明确指出《千顷堂书目》与《明史·艺文志》确实不是一本书,但二者重合度又极高,故一者当为另一者的底本;后又通过考察有些条目《千顷堂书目》未著录,而《明史艺文志稿》则予以著录,从而判定《千顷堂书目》成于《明史艺文志稿》之前①。后代学者多据此论断。与王重民持相同观点的还有汪辟疆,其所作《目录学研究》认为清政府诏修明史,其中艺文志部分就是以《千顷堂书目》为底本,在此基础上增删而成的《明史·艺文志》也更为赅赡②。王欣夫《文献学讲义》亦认为清代张廷玉等撰修《明史》,其中《艺文志》四卷,系据黄虞稷的《千顷堂书目》而成③。

台湾学者周彦文在详考各类史料记载基础上认为《千顷堂书目》为黄虞稷入明史馆前所作,为一初步之底稿。《明史·艺文志》之底本不是《千顷堂书目》,而是俞邰据《千顷堂书目》修订而成《明史艺文志稿》,并有"历来私家目录,能影响史志如此之巨者,仅《千顷目》一家而已"④之感叹。张易《〈千顷堂书目〉与中国传统学术体系的微调机制》认为《明史艺文志稿》当为黄虞稷所作,其在进入明史馆之前就已经在为编撰《明史艺文志稿》准备资料,但《千顷堂书目》与《明史艺文志稿》毕竟不是同一本书,前者当是后者的底本。黄氏编纂《明史艺文志稿》时补充了一些新资料,同时又考虑到私家目录与史志目录的区别,对《千顷堂书目》不断进行修订当是情理中事⑤。

另一种观点认为《明史艺文志稿》成于《千顷堂书目》之前,卢文

---

① 王重民:《中国目录学史论丛》,中华书局,1984 年,第 185－212 页。
② 《目录学研究》,第 47－48 页。
③ 王欣夫:《文献学讲义》,上海古籍出版社,2005 年,第 33 页。
④ 《千顷堂书目》,第 196 页。
⑤ 《〈千顷堂书目〉与中国传统学术体系的微调机制》,第 2009 页。

弨首论及此。卢氏在《题明史艺文志稿》一文中云："外间传有《千顷堂书目》，与此志大致相同，而亦间有移易，堂名千顷，固黄氏所以志也。然今之书，直是书贾所为。"①卢文弨从朱文游处得《明史艺文志稿》一部，并据此校治自藏《千顷堂书目》。卢氏认为《千顷堂书目》与《明史艺文志稿》大体相同，《千顷堂书目》为书贾所为。此外吴寿旸《拜经楼藏书题跋记》又云："又别纸录抱经学士与其弟书云：'黄俞邰有《明史·经籍志》，原稿体例较好，今《千顷堂书目》乃从此出，虽增添甚多，而杂乱无序，是贾客之账簿而已。'"②又因卢文弨所见的《千顷堂书目》"郡县志几于无所不载，别集各就其科第之年，以为先后，取便于检寻耳。宗藩与宗室离而为二，俱失体裁。而小注又为钞胥任意删减，益失黄志之旧"③，故以为《千顷堂书目》是书贾从《明史艺文志稿》中辑出，其成书时间自然也就晚于《明史艺文志稿》了。

今人薛新力、李言和日本学者井上进亦持此观点。井上进于《〈千顷堂书目〉和〈明史艺文志稿〉》一文中提出《明史艺文志稿》成于《千顷堂书目》之前，后者乃据前者而作。薛新力先生所言则更明确："黄虞稷进馆撰《艺文志稿》时，并没有带着一部《千顷堂书目》来作底本，恰恰是他撰《艺文志稿》的过程为他后来编《千顷堂书目》奠定了基础。"④李言《〈千顷堂书目〉新论》通过考订书目著录内容，从而得出《千顷堂书目》当成于《明史艺文志稿》之后，系在《明史艺文志稿》基础上又据《内阁藏书目录》《明诗综》《［雍正］浙江通志》拼凑而成，且其作者并非黄虞稷。

---

①③　《千顷堂书目》，第 798 页。

②　吴寿旸：《拜经楼藏书题跋记》，上海古籍出版社，2002 年，第 416 页。

④　薛新力：《〈明史艺文志〉编撰考》，《北京大学学报（国内访问学者、进修教师论文专刊）》2002 年第 S1 期，第 108 页。

还有一种观点认为二者是以不同名字流传的同一部书。来新夏先生即持此观点。《古典目录学》言："此稿于康熙二十八年修成并上交明史馆后，还以《千顷堂书目》为名行世。"①李雄飞在《〈明史·艺文志〉述评》一文中也提到："以《千目》为基础，又参考了官、私藏书目录及地方文献，以十年之功成稿，一份以《明史艺文志稿》之名呈交明史馆，另一份以《千目》（三十二卷）之名行世。"②此外，龙文真还提出《千顷堂书目》与《明史艺文志稿》处于双向动态的变化之中，二者是相互补充之平行关系。前者为后者的编纂提供了丰富的资料来源，而后者编纂所依据的大量政府藏书又进一步丰富了《千顷堂书目》的内容，因而两者间不存在一者为另一者底本的关系，但仍可肯定前者为后者的最终定本提供了可靠的参考③。

严佐之《近三百年古籍目录举要》在《千顷堂书目》编纂于黄氏入史馆之前还是之后这一问题上，通过对黄虞稷生平及《千顷堂书目》编纂情况的分析，认为虽然黄虞稷在入史馆前有所准备，比如已有编纂一代著述目录的构思和资料，但初稿当是入史馆后才完成的，既而稍作修订成《明史艺文志稿》，存馆付审以供修史采用，初稿则以私家目录名义传录于外④。

还有一种说法认为《千顷堂书目》与《明史艺文志稿》是不同人撰写的两部书目。如卢文弨《题明史艺文志稿》就认为《明史艺文志稿》是康熙时史官倪灿而非黄虞稷所著。也有观点认为黄虞稷、倪灿、尤

---

① 《古典目录学》，第 273 页。

② 《王重民先生百年诞辰纪念文集》，北京图书馆出版社，2003 年，第 400 页。

③ 龙文真：《〈明史艺文志〉研究》，湖北大学，2010 年。

④ 严佐之：《古籍版本学概论》，华北师范大学出版社，1989 年，第 8 - 10 页。

侗都参与了《明史·艺文志》的编纂;或以为王鸿绪进呈稿中的《艺文志》是以黄虞稷为主要编撰者。李庆亦认为两者并非同书异名,而是不同的两部书,更是明确指出《明史艺文志稿》是由多人参与编纂完成。不过,其从分类的差异即判定《千顷堂书目》非《明史艺文志稿》底本,则尚显论据不足。

二、研究方法梳理

以上几种观点论证的依据,主要有史料记载和著录图书考订两种。前者主要集中在杭世骏、卢文弨、吴骞等人对《明史艺文志稿》或《千顷堂书目》查阅、校治过程中所作跋语等;后者则主要是卢文弨用《明史艺文志稿》校治《千顷堂书目》所作校记,卢氏校语也成为一直以来考订《明史艺文志稿》和《千顷堂书目》的重要依据。近年来万斯同本《明史·艺文志》的发现又为此问题的研究提供了最新的第一手文献。通过对万《志》与《千顷堂书目》的著录差异进行考订,可以对两者的关系问题进行更为深入、全面的探讨。然而因为比较、考订、论述方法的差异,各家得出的观点也不尽相同,比如李言认为《千顷堂书目》成于《明史艺文志稿》之后,且作者非黄虞稷①;张云则认为《千顷堂书目》成于《明史艺文志稿》之前,是编纂《明史艺文志稿》的底本②。概括而言,各家研究方法的差别主要有以下两点。

第一,基于《千顷堂书目》与《明史艺文志稿》著录条目及小注的多寡来判断。

吴骞在校治《千顷堂书目》时发现,"堇浦本尚多漏略"③,故认

---

① 《〈千顷堂书目〉新证》,2013 年。
② 《黄虞稷〈千顷堂书目〉与〈明史艺文志稿〉关系考实》,第 245 - 276 页。
③ 《拜经楼藏书题跋记》,第 415 页。

为这是黄虞稷之初稿；而卢文弨借助于《明史艺文志稿》校治《千顷堂书目》，因"书既加详，且多序目"①，故疑其为史局增修本。王重民则依据朱彝尊征引的条目见于《明史艺文志稿》而未见于《千顷堂书目》，即《明史艺文志稿》所录条目多于《千顷堂书目》，显然也是根据著录条目的多寡来判断的。张明华详细考订了卢氏校语，认为《明史艺文志稿》著录条目多于《千顷堂书目》，并具体统计了卢氏校语的条目。

井上进先生从文字正误和小注详略方面分析《明史艺文志稿》和《千顷堂书目》，得出《明史艺文志稿》优于《千顷堂书目》的结论，只是其原因乃书贾之任意删减和文字之形误。与此同时，他又通过列举《明史艺文志稿》著录为"国初"，《千顷堂书目》著录为"明初"等条目，证明《明史艺文志稿》成书在先而《千顷堂书目》成书在后之结论。针对此观点，张云通过不仅《明史艺文志稿》，而且《千顷堂书目》中亦有"国初"字样等证据予以否定，故此不足以成为判断两者成书时间先后的证据。

万斯同本作为新的考察材料被发现之后，李言将其引入《千顷堂书目》与《明史艺文志稿》关系的考察论证中。李言对两书每一部类的条目数进行了统计，并对小注内容的多寡、详简进行详细考察，得出《明史艺文志稿》成于《千顷堂书目》之前的结论；此外还发现《内阁藏书目录》《明诗综》以及《[雍正]浙江通志》中的部分条目与《千顷堂书目》"地理类""别集类"所著录溢出《明史艺文志稿》的部分相重合，认为《千顷堂书目》"地理类"抄录了《[雍正]浙江通志》、"别集类"抄录了《内阁藏书目录》和《明诗综》，即《千顷堂书目》是由《明诗综》《明

---

① 《拜经楼藏书题跋记》，第 415 页。

史艺文志稿》《内阁藏书目录》《[雍正]浙江通志》拼接而成的合成品这一结论①。李言据此进一步断言《千顷堂书目》成书于《明史艺文志稿》之后，其作者并非黄虞稷，而是后人据几家书目拼凑而成，实则欠妥。

张云对此论证方法提出了质疑，认为著录条目的多寡、条目下小注内容的详简不足以成为判断孰先孰后的有力证据，笔者亦认同此观点。正如张云所举证据，卢文弨用《明史艺文志稿》校治《千顷堂书目》，增补条目四百三十二条，而其中有小注者就有三百多条，且同一类目下相同条目的小注内容也多寡不一，尚无绝对的优劣②。故条目的多寡、小注的繁简均不能成为判断两者成书先后的绝对证据。

第二，基于条目的排列次序和条目的所属类目进行比较判断。

张云对王重民、李言和井上进等人关于《千顷堂书目》和《明史艺文志稿》著录条目的考订，进行了详细的分析和论证，否定了基于著录条目多寡及小注详简所作出的判定，并提出了基于相同条目的排列次序和所属类目来判定两者关系的论证方法。首先，论证了《明史艺文志稿》和《千顷堂书目》中部分相同条目分属于不同的类目，就整体而言《明史艺文志稿》优于《千顷堂书目》。具体而言存在如下四类情形：《明史艺文志稿》列于职官类的条目，《千顷堂书目》列于故事类；《明史艺文志稿》列于职官类的条目，《千顷堂书目》列于政刑类；《明史艺文志稿》列于故事类的条目，《千顷堂书目》列于儒家类；《明史艺文志稿》列于故事类的条目，《千顷堂书目》列于地理类。张云认为："从《千目》到《志稿》，这些条目所属类目的调整，是编纂者寻名求实

---

① 《〈千顷堂书目〉新证》，2013 年。

② 《黄虞稷〈千顷堂书目〉与〈明史艺文志稿〉关系考实》，第 245－276 页。

的基础上进一步做的深加工，对《千目》一些复出条目汰择，多数已与后来的殿本《明史·艺文志》归类相同。虽然，这些调整，今天看来还有值得商榷之处。但比起在《千目》中所属的类目，在《志稿》中这些性质相似的条目排列得更为集中，所属类目更优。"①其次，张云还从相同条目的排列顺序详加考证。无论是连续的数十条，还是单个条目的调整，《明史艺文志稿》均优于《千顷堂书目》。由此可知后者之成书在先。这一论证有理有据，令人信服。需要指出的是，张云在论证二书优劣的同时，也顺带考订了《千顷堂书目》著录的错误之处，其结论多数可以成立。

第二节　基于史料之《千顷堂书目》与《明史艺文志稿》关系辨析

《清史稿·黄虞稷传》记载："家富藏书，著《千顷堂书目》，为《明史·艺文志》所本。"②可见，《清史稿》关于黄虞稷之记载明确其撰有《千顷堂书目》且为《明史·艺文志》之底本。《四库全书总目》亦载："焦竑《国史经籍志》，即诞妄不足为凭；傅维鳞《明书经籍志》、尤侗《明史艺文志稿》，尤冗杂无绪。考明一代著作者，终以是书为可据，所以钦定《明史艺文志》颇采录之。"③杭世骏跋《千顷堂书目》云："俞邰征修《明史》，为此书以备艺文志采用。横云山人删去宋、辽、金、元四

---

① 《黄虞稷〈千顷堂书目〉与〈明史艺文志稿〉关系考实》，第 245–276 页。
② 《清史稿》卷四八九，第 13360 页。
③ 《四库全书总目》卷八五，第 732 页。

朝,刺取其中十之六七为史志……"①更是明确记载王鸿绪径删《千顷堂书目》中宋、辽、金、元之著作,只截取部分明人著述。黄丕烈《荛圃藏书题识》多处记载俞邰《明史·艺文志》和《千顷堂书目》,如卷九集类《潜溪先生集》十八卷下载:"……唯《千顷堂书目》及家俞邰《明史艺文志》有之……"②可见两部书目当同时存在于一段时期内,后《明史艺文志稿》失传,世人仅见《千顷堂书目》。

笔者认为,两书成书先后的问题,可通过《明史艺文志稿》的成书时间加以考证。黄虞稷纂修《明史艺文志稿》的起始时间,当追溯到其入明史馆参与编修《明史》。《东华录》记载:"(康熙十九年二月丁亥)吏部遵旨议覆:内阁学士兼修《明史》徐元文疏:纂修《明史》,宜举遗献,原任付使道曹溶,布衣黄虞稷,现在丁忧,俟服阕后咨送到馆,告成日一并甄叙。从之。"③可见,黄虞稷得徐元文举荐,于康熙十九年(1680)入明史馆。虞稷入史馆后首先分纂的并不是艺文部分,而是列传部分。此时尤侗已经在编纂《明史·艺文志》。《西堂余集》记载:"(康熙十八年)三月朔日,太和殿御试……特授翰林院检讨,纂修《明史》。"④"是冬,史局开,总裁为……予列第五班,分纂弘、正诸臣列传。"④"康熙二十一年壬戌,年六十五岁……予三载史局,纂《列朝诸臣传》《外国传》,共三百余篇,《艺文志》五卷。"⑤"康熙二十二年癸亥,年六十六岁……四月,告假,越两月,乃得请。"⑥可见,康熙十八年史馆开,尤侗纂修列传;后在康熙二十一年时,完成《诸臣传》《外国

① 《千顷堂书目》,第 797 页。
② 《善本书室藏书志》卷三十五,清光绪刻本。
③ 《东华录》康熙二十五,清光绪十年长沙王氏刻本。
④④ (明)尤侗:《尤侗集》,上海古籍出版社,2015 年,第 1713 页。
⑤⑥ 《尤侗集》,第 1714 页。

传》和《艺文志》部分。即康熙二十二年（1683）之前，艺文部分当由尤侗编纂。故黄虞稷入明史馆后着手纂修《艺文志》的时间最早也当在康熙二十二年之后。

脱稿时间，据徐乾学康熙二十八年（1689）上书《备陈修书事宜疏》记载："现在纂修《一统志》《明史》，支七品俸臣姜宸英、臣黄虞稷，学问渊博，文章雅健，并以寒士蒙恩，俾与纂修，在馆十年，尚未授职。分辑一统志已有成绪，若得随往相助，一如在馆供职，庶编辑易成。事竣之日，仍赴史局，似为两便……臣所辑明史，正德、嘉靖两朝列传及地理志、职官志、艺文志，今已脱稿，其河渠志、儒林、文苑等传，容臣一并带回编辑，缴送史馆……"可知在康熙二十八年（1689），《明史艺文志稿》亦修完成。

此外，据《清史列传》《清国史馆传稿》及《碑传集》记载，俞邰于康熙二十三年（1684）时前往纂修《一统志》。对此，王重民《千顷堂书目考》曰："……陈寿祺又说：'（康熙）二十三年（1684）虞稷充一统志馆纂修（按见《碑传集》卷四十五）'，是不对的。我觉得各个与一统志馆有关学者的传记，所记年月都不一致，好像没有一处是对的。所以我专为这个问题又去查《清圣祖实录》，《实录》卷一百二十四页：'康熙二十五年（1686）春正月，江南道御史严曾矩疏言：近体部奉命开馆纂修一统志书。'又三月己未命陈廷敬、徐乾学专理一统志馆的馆务，更任命了二十个纂修官，有'见修《明史》七品俸'姜宸英和万言，没有特别举出虞稷的名字。所以我推想虞稷兼一统志馆的纂修，至早是康熙二十五年的三月，但恐怕稍后一点。"①

详考《清实录》康熙二十三年（1684）之记载，并未有开一统志馆

---

① 《中国目录学史论丛》，第 193－194 页。

事宜,故王重民之考论更为可信。徐乾学于康熙二十五年(1686)入一统志馆主持修撰事宜,因曾与俞邰共修《明史》,关系甚密,故举荐其入一统志馆。所以俞邰入一统志馆亦应在康熙二十五年之后;则《明史艺文志稿》于康熙二十五年基本完成。在此之后,黄虞稷当亦对其进行了修改和增补等工作,于康熙二十八年最终脱稿。

至此,基本可以确定黄虞稷编纂《明史艺文志稿》的主要时间在康熙二十二年至二十五年之间,故张明华所谓黄虞稷花近十年时间编成《明史艺文志稿》之论断有误。在三五年时间内,如果没有充足的前期准备工作,在明代官修书目不足为凭的状况下,又试图改换前代史志目录之体例,并面对明代极为繁盛之出版事业,欲编纂有明一代之史志艺文,几乎是不可能完成之工作。故笔者大胆判定黄虞稷编纂《明史艺文志稿》必有其底本。这一论断亦可为我们的研究提供重要的辅助依据。

第三节　基于书目内容之《千顷堂书目》与
《明史艺文志稿》关系辨析

除史料直接记载之外,对两部书目内容的考订是判断两者关系的最有力证据。正如上文所梳理,《明史艺文志稿》的著录内容主要是通过卢文弨校记以及后来发现的万斯同本《明史·艺文志》来考察,将其与《千顷堂书目》进行比较,可知两者著录条目数量以及排序、内容等方面的差异。根据这些差异之处,不同学者分析的角度和方法不同,得出的结论也有较大差异。这也正是长期以来学界在此问题上观点不一、分歧不断的主要原因。

笔者以为,"著录条目及小注的多寡"是不具有说服力的证据,尤其是对于《千顷堂书目》这样一部流传过程中不断添改的书目。卢文弨据《明史艺文志稿》校治《千顷堂书目》,增补了大量条目;而李言比较二书,发现《千顷堂书目》多出《明史艺文志稿》诸多条目。诚然,后出之书目往往较之前底本会有所增补、修订,但是能够基于某种考虑增补一些内容,同样也可因此而删减一些内容。正如张云所分析:"考虑到史体尚简、私目尚繁的原则,联系到整个《明史·艺文志》的编纂过程,呈现的都是不断精简的趋势。《明史艺文志稿》中所附的四朝艺文被删去,王鸿绪《明史·艺文志》、殿本《明史·艺文志》均减少很多,小注更是几乎全无。"①所以,笔者以为根据"著录条目的数量以及小注内容的详简"来判断二者先后,不可贸然判断。

至于两部书目中"条目的排列次序和条目的所属类目"之差异,虽然能说明一定的问题,能够比较出相对的优劣,但是"优劣"本身有观念之差异,也存在"仁者见仁,智者见智"之嫌疑。所以,笔者认为无论是排序之优劣、分类之优劣,还是增补的情况,都只能作为判定的辅助依据,而非绝对依据。

对于两者先后关系的判定,最关键的证据应该是"绝对之错误",如年代、书名、作者、小传等著录之误。只有年代的混乱,著录的错误,最能说明问题。所据底本的错误,可于后出书目中加以改正;即便未被发现、未被改正,也至多是传抄了底本之错误;但是极少会有底本正确,而据底本后出者将正确的著录改错的。如果一定要找到这样的极特殊的例子,一万多种的浩繁书目和作者的著录,难免偶有遇及,但应仅是极个别问题而已。整体而言,大量的错误条目得以改正,还是足

---

① 《〈千顷堂书目〉与〈明史艺文志稿〉关系考实》,第 245-276 页。

以说明问题，也完全可以作为判定的依据。笔者将《千顷堂书目》与《明史艺文志稿》（万斯同本《明史·艺文志》）著录条目进行比较，发现诸多《千顷堂书目》中著录之错误，在万本《明史·艺文志》中得以改正，即《明史艺文志稿》抄录底本《千顷堂书目》时，校正了其错误著录。

一、卢氏校记与《明史艺文志稿》之比勘

卢文弨据黄虞稷《明史艺文志稿》校所藏《千顷堂书目》之校记中，增补大量书目的同时，还校正了不少错误，其中一些条目明确提到黄《志》。笔者据此一一与万斯同《明史·艺文志》进行核对、考订，发现《千顷堂书目》著录不当、错误之处，卢文弨均据黄虞稷的《明史艺文志稿》加以校订。具体以经部和史部为例，略作检讨（详见表4-1、4-2）：

二、《千顷堂书目》重复、错误著录与《明史艺文志稿》著录之比勘

自《千顷堂书目》问世以来，二百多年间均以钞本形式流传，继有杭世骏、卢文弨、吴骞等人对其进行增补、校正。今日通行者乃瞿凤起、潘景郑整理本，所据为《适园丛书》本和高震川、韩振刚访得的1920年增订本，虽进行了一些校勘和补正工作，但仍存在较多错误和缺陷。比如诸多条目的重复著录且前后不一等问题，以及书名、卷数、断代、图书作者和作者小传等著录错误。而将这些重复著录、错误著录的条目与万斯同本《明史·艺文志》进行比较、核查，这些错误著录或被改正，或不予著录。可见，《千顷堂书目》在前，《明史艺文志稿》在后，《明史艺文志稿》校正了《千顷堂书目》重复、错误的著录。今略举数例以证之。

表4－1 卢氏校记中明确标注黄《志》条目（经部）

序号	《千顷堂书目》	《明史艺文志稿》	卢校（点校本）	备注
		经 部		
1	《周易传义大全》二十四卷，永乐十二年十一月命翰林院学士胡广、侍读杨荣、金幼孜等纂修《五经四书大全》，《周易》则取程朱子本义，博采二程遗书、外书、朱子语类、文集羽翼之说之论易者，与诸家之说及羽翼之。明年九月书成颁行六部并两京国子监行及天下郡县学①	《周易传义大全》二十四卷，永乐十二年十一月命翰林院学士胡广、杨荣、金幼孜等纂修《五经四书性理大全》，《周易》则主程朱本义，博采遗书、外书、语类、文集之说之论易者，与诸家之说翼之。明年九月书成颁行六部并两京国子监及天下郡县学②	（一）卢校书下有性理二字。（二）卢校有"黄"字。《志》简约而文义不异，亦不取彼以易此"十七字。吴次有"后又称《志》者，俱俞部《艺文志》"十一字	诚如卢校所言，黄《志》语句简约，但所述内容与《千目》无异。《五经四书性理大全》是程朱理学之重要著作，《皇明书》卷三记载："永乐十二年"十一月命儒臣纂修《五经四书性理大全》……永乐四年十五年四月丁巳朔日食颁《五经四书性理大全》。"③《志稿》校补了《千目》著录之脱文

① 《千顷堂书目》，第1页。
② （清）万斯同：《明史·艺文志》，第246页。
③ （清）邓元锡：《皇明书》卷三，明万历刻本。

续表

序号	《千顷堂书目》	《明史艺文志稿》	卢校（点校本）	备注
2	梁寅《周易参义》十二卷，经文上下二卷，十翼十卷，黄以程朱二家释义殊，乃融洽二家，合以为一①	梁寅《周易参义》十二卷，黄以程朱二家释经意义殊，会而一之，凡为经文上下二卷，十翼十卷②	卢校改合字为会。卢校一下有之凡为经文上下二卷十翼十卷十三字。卢校云，此与黄志次序亦有参错者，然大段相同	诚如卢校所言，《志稿》与《千目》次序略异，文意相同
3	季本《易学四同》八卷，嘉靖三十八年己未序。又《图文余辩》一卷，又《蓍法别传》一卷，又《古易辩》一卷，字明德，会稽丁丑进士，别号彭山，正德，长沙知府，于五经皆有著述③	季本《易学四同》八卷，又《图文馀辩》一卷，又《蓍法别传》一卷，又《古易辩》一卷，字明德，会稽丁丑人，别号彭山，正德，长沙知府，于五经皆有著述④	卢校云，黄《志》多不载某年己未序。卢校云，黄《蓍法别传》一目，又见子部五行类	《志稿》末载"嘉靖三十八年己未序"。卢校某年己未序。《志》多不载某年序，盖系黄《志》著录黄《志》之特点

① 《千顷堂书目》，第 1 页。
② （清）万斯同：《明史·艺文志》，第 246 页。
③ 《千顷堂书目》，第 4 页。
④ （清）万斯同：《明史·艺文志》，第 248 页。

续表

序号	《千顷堂书目》	《明史艺文志稿》	卢校（点校本）	备注
4	许诰《易参》，又《图书管见》，又《太极论》①	许诰《易参》，又《图书管见》②	卢校云，《志》又《太极论》上，黄《志》似此等书不载，疑避祖本朝太祖庙讳，然世祖先用清讳，而以汉字对音，故未尝避讳也	《志稿》未载《太极论》，是否避讳，暂且不论，但已印证卢校所言，也印证丁万斯同本《明史·艺文志》即为卢文弨所用之《明史艺文志稿》
5	来知德《周易集注》十六卷。知德客万县求溪深山中读易三十年，于序卦离卦中悟错综之说，深悟卦变之妙，而为是书，万历二十六年戊戌自序。又《易注图说略》一卷，又《河图洛书论》一卷③	来知德《周易集注》十六卷，又《易注图说略》一卷，又《河图洛书论》一卷④	卢校云，注爻，黄作易注	来知德作《易注图说略》，《明史》和《传是楼书目》均有著录，《明文海》亦记载有"来氏《易注图说略》序"⑤。故《志稿》之错误著录

① 《千顷堂书目》，第5页。
② （清）万斯同：《明史·艺文志》，第249页。
③ 《千顷堂书目》，第8页。
④ （清）万斯同：《明史·艺文志》，第251页。
⑤ 黄宗羲：《明文海》卷二百二十八《序十九》，清涵芬楼抄本。

续表

序号	《千顷堂书目》	《明史艺文志稿》	卢校（点校本）	备注
6	秦镛《易序图说》二卷，字太音，无锡人，崇祯丁丑进士，河南道御史①	秦镛《易象图说》二卷，字太音，无锡人，崇祯丁丑进士，河南道御史②	卢校云，黄《志》此下家人衍义五条，此条又姚麟等十一条，此本咸置元人后，应改正	"序"当系"象"字之形误，《志稿》校《千目》之误。《志稿》于秦镛《易象图说》条目后，著录《家人衍义》二卷、《乾坤二卦集解》三卷、《易象鉴》二卷、《周易宗孔篇》三册、黄宗炎《忧患学易》二十四卷、后又著录《周易经或问》十卷……方《学易记》三卷，后复"姚麟《易经或问》三卷……许文"十二条，共11条。对于这些条目，《志稿》置于元人后，《志》稿置于明人后，应《志》稿改《千目》排序之误也

---

① 《千顷堂书目》，第 13 页。

② （清）万斯同：《明史·艺文志》，第 254 页。

续表

序号	《千顷堂书目》	《明史艺文志稿》	卢校（点校本）	备注
7	舒芬《诗艳说》三十篇①	舒芬《诗禅说》三十篇②	卢校云，《诗艳》作禅。卢校云，《经义考》作禅	查考多处之记载，包括《国朝名臣实录》《国朝献征录》等均为《诗禅说》，笔者亦认为"禅"当系"禅"之形误。《志稿》抄录《千目》时之形误也
8	张元祀《诗经汇解》③	唐汝谔《毛诗微言》二十卷，字士雅，松江人。张元祀《诗经汇解》④	卢校云，志在唐汝谔后	此处系排序问题，不涉及明显错误，只是更好地印证了万斯同本《明史·艺文志》即为卢文弨所用之《明史艺文志稿》

① 《千顷堂书目》，第28页。
② （清）万斯同：《明史·艺文志》，第259页。
③ 《千顷堂书目》，第31页。
④ （清）万斯同：《明史·艺文志》，第261页。

续表

序号	《千顷堂书目》	《明史艺文志稿》	卢校（点校本）	备注
9	汪克宽《春秋胡传附录纂疏》三十卷，书撰于顺帝后元，至元中汪泽民、虞集皆有叙，春秋大全多袭用其书。又《左传分纪》，又《春秋作义要诀》一卷，又《春秋尊王发微》八卷①	张以宁《春秋王正月考》一卷，又《辨疑》一卷，以宁使安南时著，其嗣孙隆宣德元年辑刊，又《春秋尊王发微》三卷，又《春秋尊王发微》八卷。汪克宽《春秋胡传附录纂疏》三十卷，又《左传提要》，又《左传分纪》②	卢校云，《春秋尊王发微》，张以宁所著，当据以改正在论断后。	《春秋尊王发微》作者系张以宁，而非胡克宽。《志稿》校治《千目》之误
10	郝敬《春秋直解》十二卷③，又《春秋非左》二卷③	郝敬《春秋直解》十二卷，又《春秋非左》二卷④	卢校云，《志稿》作十五卷	据卢校，《志稿》作十五卷，但考万斯同本《明史·艺文志》仍作十二卷。存疑，待考

① 《千顷堂书目》，第60页。
② （清）万斯同：《明史·艺文志》，第262页。
③ 《千顷堂书目》，第66页。
④ （清）万斯同：《明史·艺文志》，第265页。

续表

序号	《千顷堂书目》	《明史艺文志稿》	卢校、点校本	备注
11	胡文焕《文会堂琴谱》六卷①	《文会堂琴谱》六卷②	卢校云,《志》在不知撰人下,无姓名	《志稿》置于不知撰人下,盖因《文会堂琴谱》系胡文焕还是文会堂辑刊之作。存疑,待考

① 《千顷堂书目》,第 58 页。

② (清)万斯同:《明史·艺文志》,第 280 页。

表4-2 卢氏校记中明确标注黄《志》条目（史部）

序号	《千顷堂书目》	史 部		备注
		《明史艺文志稿》	卢校（点校本）	
1	《熹宗哲皇帝实录》八十四卷，缺天启四年□月及七年□月①	《熹宗哲皇帝实录》八十七卷，崇祯□年编，监修成国公朱纯臣，监修大学士温体仁、张至发，贺逢圣、黄士达，孔贞运，副总裁礼部尚书姜逢元，左侍郎刘宇亮，右侍郎掌翰林院事兼詹事府傅冠，久未成编。九年十月礼科给事中冯元飚疏请竣。至□年□月始成，今缺四年□月及七年□月②	（一）卢校云，八十四卷与《明史》同，黄《志》八十七卷。（二）卢校云，崇祯□年成国公朱纯臣编，监修大学士温体仁、张至发，孔贞运、贺逢圣、黄士达，副总裁礼部尚书姜逢元，左侍郎刘宇亮，右侍郎掌翰林院事兼詹事府傅冠，久未成编。九年□月中冯元飚疏请竣。至□年□月告成	明代《熹宗哲皇帝实录》共八十七卷，《志稿》校《千目》之错误

① 《千顷堂书目》，第110页。

② （清）万斯同：《明史·艺文志》，第299页。

续表

序号	《千顷堂书目》	《明史艺文志稿》	卢校（点校本）	备注
2	朱右《三史钩元》，又《历代统记要览》①	史部编年类：朱右《历代统记要览》一卷。②　史部史抄类：朱右《三史钩元》③	（一）卢校改列此目入编年类王行行后，《志》在王行行前	朱右《历代统记要览》置于编年类更为合适，《志稿》之入类，较《千目》更优
3	《太常寺外备录》一卷，不知撰人。汪宗元《南京太常寺志》十三卷，崇阳人，副都御史。《太常寺考》五卷，不知撰人④	《太常寺考》五卷，不知撰人。《南京太常寺志》十三卷。《太常寺志外备录》一卷，不知撰人⑤	（一）卢校云，此三条序次与《志》异，此列三、下二、一条为二与一	此三条之著录，相较于《千目》之排序，《志稿》排序更优

① 《千顷堂书目》，第 148 页。
② （清）万斯同：《明史·艺文志》，第 306 页。
③ （清）万斯同：《明史·艺文志》，第 322 页。
④ 以上三条均引自：《千顷堂书目》，第 236 页。
⑤ 以上三条均引自：（清）万斯同：《明史·艺文志》，第 326 页。

续表

序号	《千顷堂书目》①	《明史艺文志稿》②	卢校（点校本）	备注
4	王常《印薮》六卷①	顾□《印薮》六卷②	卢校云，《志》作顾□□六卷	《印薮》系顾氏所作，《志稿》校治《千目》之错误
5	卞壶《忠贞集四》卷③	谢应芳《怀古录》三卷，为顾雍作，未存理续编《怀古录》④	卢校云，《志》在谢应芳前，又云，《志》此下接陈稿以下	此处系排序之差异
6	《逊国臣纪》三十卷⑤	《逊国臣纪》三十卷。张芹《备遗录》一卷⑥	卢校云，《志》接张芹以下	据《志稿》所录，《逊国臣纪》列张芹之前，即以上，盖卢校时笔误
7	蒋一葵《长安客话》八卷⑦	蒋一聪《长安客话》八卷⑧	卢校改蒋作聪，并云《志》作聪《明志》同	他书及史料均作"葵"，《明志》当误

① 《千顷堂书目》，第 250 页。
② （清）万斯同:《明史·艺文志》，第 336 页。
③ 《千顷堂书目》，第 277 页。
④ （清）万斯同:《明史·艺文志》，第 352 页。
⑤ 《千顷堂书目》，第 283 页。
⑥ （清）万斯同:《明史·艺文志》，第 256 页。
⑦ 《千顷堂书目》，第 153 页。
⑧ （清）万斯同:《明史·艺文志》，第 360 页。

续表

序号	《千顷堂书目》	《明史艺文志稿》	卢校（点校本）	备注
8	刘崧《北平人府志》三十卷，又北平平事迹一帙①	刘崧《北平八府志》三十帙，又北平平事迹一帙②	卢校云，《志》此上有《洪武京城图志》，误。此置《南畿志》是也。卢校改卷为帙	《志稿》于《北平人府志》条目之上23条，著录有：《洪武京城图志》一卷，存疑，待考。关于《北平八府志》卷数之记载，《本朝分省人物考》记载"粲亦不复问，平生手笔子、史、医、卜、地理等书六十帙，《北平人府志》书三十帙，《北平事迹》一帙，《诗文》三十余帙，惟职方诗集行于世"③。《国朝献征录》《国朝列卿纪》《明史》《国朝名臣言行录》《明名臣言行录》等均作如是记载

① 《千顷堂书目》，第153页。
② （清）万斯同：《明史·艺文志》，第360页。
③ 《本朝分省人物考》卷六十三，明天启刻本。

续表

序号	《千顷堂书目》	《明史艺文志稿》	卢校（点校本）	备注
9	杨循吉《吴邑志》十六卷，又《吴中故语》一卷，又《吴谈》一卷，又《续吴中故实记》一卷，又《补遗》一卷，又《苏州府纂修识略》五卷①	杨循吉《苏州府纂修职略》六卷②	卢校改识为职。卢校改五为六	卢文弨当依《志稿》改《千目》
10	杨循吉《长洲县志》十卷③	史部地理类共著录有：杨循吉《庐阳客记》一卷④。杨循吉《苏州府纂修职略》六卷⑤。杨循吉《吴邑志》十六卷⑥。杨循吉《章丘县志》四卷⑦。杨循吉《金山小志》一卷⑧	卢校改长洲县为吴邑，并云，依《志》改。卢校改十为十六。吴校云。吴校《志》已见前，不应复出，疑《志》误	《志稿》地理类著录共著录杨循吉五卷著作，只有《吴邑志》，未见《长洲县志》。故卢文弨据《吴邑志》十六卷《千目》改《长洲县志》十卷"章志"之条目，而吴蓴所云"不应复复

①③《千顷堂书目》，第 161 页。
②④⑤（清）万斯同：《明史·艺文志》，第 361 页。
⑥（清）万斯同：《明史·艺文志》，第 362 页。
⑦（清）万斯同：《明史·艺文志》，第 363 页。
⑧（清）万斯同：《明史·艺文志》，第 373 页。

续表

序号	《千顷堂书目》	《明史艺文志稿》	卢校（点校本）	备注
10	黄瓒《齐鲁通志》一百卷①			出，疑《志》误"，系吴氏推断错误。《志稿》未误，而是《千目》重复著录
11		陆钺《山东通志》四十卷，鄞县人。黄瓒《齐鲁通志》一百卷②	（一）卢校云，《志》黄陆后，《明志》同	此处系排序之差异
12	樊维城《海盐县图经》十六卷，天启壬戌修，邑令③	胡震亨《海盐县图经》十六卷④	（一）卢校支樊维城为胡震亨，并云志作胡震亨，无注	《海盐县图经》作者胡震亨，《志稿》改《千目》之误
13	戚雄《金华县志》四卷，嘉靖庚子修，邑人⑤	戚雄《金华县志》四卷，万历间修⑥	（一）卢校云，《志》云万历间修	史料多记戚雄正德辛未进士，嘉靖六年上疏劾李福，以风宪官安走遭间落职，后潜心著述，但未有明

① 《千顷堂书目》，第 169 页。

② （清）万斯同:《明史·艺文志》，第 363 页。

③ 《千顷堂书目》，第 180 页。

④⑥ （清）万斯同《明史·艺文志》，第 365 页。

⑤ 《千顷堂书目》，第 184 页。

续表

序号	《千顷堂书目》	《明史艺文志稿》	卢校（点校本）	备注
13				确修《金华县志》之时间。《南京都察院志》万历年下，记载"戚雄，字世雄，浙江金华人，由进士。"① 正德十二年丁丑"戚雄，浙江金华人，由进士。"② 《金华县志》记载"《内阁藏书目录》四册全，万历庚子邑人，戚雄修。"③ 存疑，待考
14	郭子章《豫章大记》一百六十卷，又《注豫章古今记》一卷，又《豫章杂记》八卷，又《广豫章次祥记》六卷④	郭子章《注豫章古今记》一卷，又《豫章杂记》八卷，又《广豫章次祥记》六卷⑤	卢校云，《志》无《豫章大记》，明史上只载下三书	考史料，未见《豫章大记》之记载，故盖《志稿》亦未见其书，而改《千目》之著录

①② 《南京都察院志》卷六《职官四》，明天启刻本。
③ 《内阁藏书目录》卷六，清沢云楼抄本。
④ 《千顷堂书目》，第187页。
⑤ （清）万斯同：《明史·艺文志》，第366页。

续表

序号	《千顷堂书目》	《明史艺文志稿》	卢校（点校本）	备注
15	虞守愚《度合志》十二卷①	虞愚《度合志》十二卷②	卢校云,《志》无守字,《明史》同	盖系《志稿》抄录《千目》时误脱"守"字
16	杨慎《新都县志》,嘉靖间修,邑人③	杨慎《新都县志》四册,嘉靖中修④	卢校《志》下有四册二字	《志稿》考订册数的基础上,增补了《千目》
17	余承勋《西眉郡县志》十卷,嘉靖乙卯修,郡人⑤	余承勋《西眉郡县志》五册,嘉靖乙卯修⑥	卢校《志》下有五册二字	"卷"与"册"是书籍之不同的计量形式,故此处不具有对错之比较,只是更好地印证了万斯同本《明史·艺文志》即为卢斯同《明史艺文志稿》所用之《明史艺文志稿》

① 《千顷堂书目》,第189页。
② （清）万斯同:《明史·艺文志》,第366页。
③ 《千顷堂书目》,第201页。
④⑥ （清）万斯同:《明史·艺文志》,第368页。
⑤ 《千顷堂书目》,第203页。

续表

序号	《千顷堂书目》	《明史艺文志稿》	卢校(点校本)	备注
18	徐师曾《吴江县志》二十八卷,嘉靖辛酉修,邑人①	徐师曾《吴江县志》十册,嘉靖辛酉修②	卢校《志》下有十册二字	同上

① 《千顷堂书目》,第162页。
② (清)万斯同:《明史·艺文志》,第362页。

1.《大竹集》

《千顷堂书目》卷二〇集部《别集类》著录"陈鼎《大竹集》,字邦器,嘉兴人"①。卷二一集部《别集类》亦著录"陈鼎《大竹集》三卷,字大器,登州卫人,应天府尹"②。

《志稿》集部《别集类》著录"陈鼎《大竹集》三卷,登州卫人,弘治乙丑进士,应天府尹"③。

按:据《本朝分省人物考》,载名"陈鼎"者两人:一为登州人,字文相,弘治乙丑登第授礼科给事,升应天府尹,未任卒;一为新兴人,字重器,永乐乙未进士,擢山西道监察御史,升都察院右金都御史,正统元年升刑部左侍郎④。《皇明名臣言行录》载:"陈鼎,字文相,山东登州人,弘治乙丑进士,仕至浙江按察使升应天府尹卒……"其中记载陈芹山撰《文集序》:"公名鼎,别号大竹者,志节也,故今集仍从大竹云。"⑤又《皇明贡举考》在"乙丑弘治十八年会试,第三甲二百五名赐同进士出身"下载有"陈鼎,山东登州卫"⑥。可知,山东登州陈鼎于弘治乙丑登科,这与《皇明名臣言行录》记载相吻合。故作《大竹集》之陈鼎系山东登州人,字文相,弘治乙丑进士。至于《万姓统谱》卷一八载陈鼎字文相,宣城人,盖宣城是其祖籍,登州是其现籍。至于其字是文相抑或大鼎,其人或曾改字,当均不误。而嘉兴陈鼎所撰则当是《太(大)行集》,见《万卷堂书目》卷四、《[雍正]浙江通志》卷二四九。故《千顷堂书目》卷二〇涉形近而误"行"为"竹"。

---

①　《千顷堂书目》,第 526 页。

②　《千顷堂书目》,第 540 页。

③　万本《明史·艺文志》,第 512 页。

④　分别见(明)过庭训:《本朝分省人物考》卷一一二、九八,明天启刻本。

⑤　(明)徐咸辑:《皇明名臣言行录·续集》卷七,明嘉靖刻本。

⑥　(明)张朝瑞:《皇明贡举考》卷六,明万历刻本。

《千目》于集部《别集类》重复著录,且两处著录内容不一。经考订,《大竹集》作者陈鼎,系山东登州人,字文相,弘治乙丑进士。故《志稿》对《千目》中著录正确之条目,予以抄录。

2.《啸馀谱》

《千顷堂书目》卷三二集部《词曲类》著录"程明善《啸馀谱》十一卷。新安人,号玉川"①。同书卷二经部《礼乐类》补元代部分亦著录此书即作"十卷"。

《志稿》经部《礼乐书类》著录"程明善《啸馀谱》十卷。歙县太学生"②。

按:"十一"当系"十"之误衍。考其他书目及记载,《啸馀谱》的卷数均著录为十卷。明代的史志目录《明史·艺文志》著录有"程明善《啸馀谱》十卷,歙县太学生"③。《八千卷楼书目》集部著录"《啸馀谱》十卷,明程明善撰,刊本"④。《四库全书总目》收录有副都御史黄登贤家藏本《啸馀谱》,卷数亦是著录为十卷,"明程明善撰,明善字若水,歙县人,天启中监生,其书总载词曲之式,以歌之源出于啸,故名曰啸馀。首列啸旨声音度数律吕乐府原题一卷,次诗余谱三卷,致语附焉,次北曲谱一卷,中原音韵及务头一卷,次南曲谱三卷,中州音韵及切韵一卷"⑤。详细记载十卷之具体内容,可谓强证。此外,《南屏山房集》还记载:"《啸馀谱》十卷,明程明善撰,按:明善,新安人,天启中太学生。是书首啸(上日)次律吕次乐府次诗余乐语曲谱,而终之以切

---

① 《千顷堂书目》,第 788 页。
②③ (清)万斯同:《明史·艺文志》,第 279 页。
④ (清)丁仁:《八千卷楼书目》卷二〇《集部》,民国本。
⑤ 《四库全书总目》卷二〇〇《词曲类存目》,第 1835 页。

韵云。"①《志稿》不仅卷数著录正确,而且程明善之籍贯亦加以考订。卢校《千目》时,据此加以校正。

3.《白雪遗音》

《千顷堂书目》卷三二集部《词曲类》著录"陈德武《白雪遗音》一卷,三山陈德武,不知何人"②。同卷补宋代部分亦著录"陈德武《白雪遗音》一卷,三山人"③。

《志稿》集部《词曲类》著录"陈德武《白雪遗音》一卷,三山陈德武,不知何人"④。

按:《百川书志》著录"《白雪遗音》一卷,皇明三山陈德武著,六十七首"⑤。《八千卷楼书目》著录"《白云词》一卷,宋陈德武撰,何梦华抄本"⑥。《[乾隆]福州府志》著录"宋陈德武《白云遗音》一卷"⑦。《[雍正]浙江通志》著录"《水龙吟》西湖怀古,元陈德武"⑧。《历代诗余》卷一百七"宋代"下记载:"陈德武,三山人,有《白雪遗音》一卷。"⑨可见,对于陈德武生活时代的判定出入较大,宋代、元代、明代

---

① (清)陈昌图:《南屏山房集》卷一九,清乾隆五十六年陈宝元刻本。

② 《千顷堂书目》,第787页。

③ 《千顷堂书目》,第790页。

④ (清)万斯同:《明史·艺文志》,第571页。

⑤ (明)高儒:《百川书志》,上海古籍出版社,2005年,第270页。

⑥ (清)丁仁:《八千卷楼书目》卷二〇集部,民国本。

⑦ (清)鲁曾煜:《[乾隆]福州府志》卷七二,清乾隆十九年刊本。

⑧ (清)嵇曾筠:《[雍正]浙江通志》卷二七八,影印《文渊阁四库全书》本,第526册。

⑨ (清)沈辰垣:《历代诗余》卷一〇七,影印《文渊阁四库全书》本,第1493册。

均有著录。据记载,陈德武作《木兰花慢》寄桂林通判叶夷仲①,而叶夷仲为元末明初之人,故可以肯定陈德武《白雪遗音》断代为宋代,系错误断代。

《千目》于集部《词曲类》重复著录,且于陈德武生活的时代判定不一。《志稿》则从《千目》之正确著录,未将其置于宋代。

4.《世美堂稿》

《千顷堂书目》卷二三集部《别集类》著录"丁以忠《世美堂稿》字□□,新建人,南京兵部右侍郎"②。另卷二五集部《别集类》还著录"丁此吕《世美堂稿》字右武,新建人,湖广参政③。

《志稿》集部《别集类》仅著录"丁以忠《世美堂稿》,新建人,嘉靖戊戌进士,南京兵部右侍郎"。

按:丁以忠、丁此吕貌似龃龉,实则均不误。以忠、此吕盖祖孙关系,二人文集均名"世美堂稿"。《续文献通考·经籍考》著录"《世美堂集》丁以忠著,新建人,官兵部侍郎"④。《本朝分省人物考》和《明一统志》"丁以忠"条目下均记载:"丁以忠,新建人,由进士授刑部主事,诸疑难大狱多裁决。出为河间知府,发粟赈饥,却贿明法,历闽、广藩臬,所在尸祀。巡抚山东,汰冗兵,简浮食。晋南京兵部侍郎,定噪卒之变。既考绩,乡贵当国,感时事,遂恳疏致仕归。卒,祀乡贤,所著有《世美堂稿》。"⑤证以忠撰《世美堂稿》。

---

① (清)汪森:《粤西诗文载》之《诗载卷二十五》,影印《文渊阁四库全书》本,第1465册。

② 《千顷堂书目》,第583页。

③ 《千顷堂书目》,第624页。

④ (明)王圻:《续文献通考》卷一八二《经籍考》,明万历三十年松江府刻本。

⑤ 分别见《本朝分省人物考》卷五十八、《明一统志》卷四十九。

《明诗综》卷五八载:"(丁)此吕,字右武,新建人。万历丁丑进士。历官湖广布政司参政,有《世美堂稿》。"(《天禄琳琅书目》卷一〇、《江西诗征》卷六〇引同)《[康熙])江西通志》卷六九引丁氏《世美集》云:"丁此吕,字右武,新建人。万历进士。自漳州推官历湖广参政。所至皆著政绩,权贵以计典修怨,谪戍粤东,寻以荐起天津海防赞画,未赴卒。"可证此吕亦撰有《世美堂稿》。又据《明正议大夫资治尹南京兵部右侍郎进阶中奉大夫南溪丁公神道碑》云:"丁公之葬也……其介孙太仆丞此吕始以请曰……公讳以忠,字崇义……遂举乡荐,擢进士高等,授刑部广东司主事……而吏部才之,举知河间府……移山东左布政使……公遂以都察院右副都御史代其人巡抚……亡何,公迁南京兵部右侍郎。"知二人为祖孙关系,亦可为证。据李言考证,此重复著录系后人据《明诗综》增补所致。

5.《俟后编》

《千顷堂书目》卷一一子部《儒家类》著录"王敬宗《俟后编》四卷,一作八卷"[1]。校曰:"《明史·艺文志》'宗'作'臣'。"卷二六集部《别集类》另著录有"王敬臣《俟后编》,又《游武夷纪》,字以道,长洲人,参政庭子,讲学于吴,授国子监博士,学者称少湖先生"[2]。

《志稿》子部《儒家类》著录"王敬臣《俟后编》四卷,一作六卷";集部《别集类》著录"王敬臣《游武夷纪》"[3]。

按:当作"敬臣"。

《澹生堂藏书目》著录:"《王氏女教》二卷,一册,王敬臣,见《俟后

---

①　《千顷堂书目》,第 306 页。

②　《千顷堂书目》,第 652 页。

③　(清)万斯同:《明史·艺文志》,第 545 页。

编》。"①"《俟后编》四卷,四册,王敬臣。"②《[乾隆]江南通志》载:
"《俟后编》昆山王敬臣。"③《续文献通考·经籍考》载:"王敬臣《俟后
编》六卷,补录一卷,附录二卷。敬臣,字以道,长洲人,岁贡生,万历丙
戌南京礼部尚书,袁洪愈荐为国子监博士。"④《四库全书总目·〈俟后
编〉提要》亦载:"《俟后编》六卷、补录一卷、附录二卷(江苏巡抚采进
本),明王敬臣撰。敬臣,字以道,长洲人,岁贡生,万历丙戌南京礼部
尚书。"⑤均可证。

　　《千目》分别于子部和集部重复著录《俟后编》,姑且考虑同一作
者之著作集中著录,但两处作者名称却不相同。《志稿》加以改正,且
将《俟后编》和《游武夷纪》分别归入正确类目。

　　6.《食物本草》

　　《千顷堂书目》卷九史部《食货类》著录"江颖《食物本草》二卷,江
陵人,时官九江知府,本东阳卢和所著"⑥。校曰:"别本'江'作
'汪'。"同书卷一四子部《医家类》另著录有"汪颖《食物本草》二卷,江
陵人,正德中官九江知府,本卢和所为,书而成之"⑦。

　　《志稿》子部《医家类》著录"汪颖《食物本草》二卷,江陵人,正德
中官九江知府,本卢和所为,书而成之"⑧。

---

　　①　(明)祁承爜:《澹生堂藏书目》,清宋氏漫堂钞本。

　　②　《澹生堂藏书目》,清宋氏漫堂钞本。

　　③　(清)赵宏恩:《[乾隆]江南通志》卷一九二《艺文志》,影印《文渊阁四库
全书》本,第512册。

　　④　(明)王圻:《续文献通考·经籍考》,明万历三十年松江府刻本。

　　⑤　(明)王敬臣:《四库全书总目》卷一二八《俟后编》,中华书局,1965年,第
1102页。

　　⑥　《千顷堂书目》,第251页。

　　⑦　《千顷堂书目》,第378页。

　　⑧　(清)万斯同:《明史·艺文志》,第430页。

按:作"汪"是。《本草纲目》载:"汪颖《食物本草》一十七种,谷部三种,菜部二种,果部一种,禽部十种,兽部一种。"①《农政全书》"种植"下载:"汪颖《食物本草》曰:楮子生江南,皮树如栗,冬月不凋,子小于橡子。"②《烟草谱》"返魂香"下载:"汪颖《食物本草》作返魂烟。"③《毛诗稽古编》:"《食物本草》正德间汪颖著。"④均可证。《千目》分别于史部《食货类》和子部《医家类》重复著录,两处作者名称却不相同。《志稿》择《千目》正确条目而抄录。

7.《守斋类稿》

《千顷堂书目》卷二九集部《别集类》著录:"顾渊《守斋类稿》三十卷,字德辉,鄞人。"⑤卷一七集部《别集类》亦著录:"顾辉《守斋类稿》前后外三集,共三十卷,字德润,鄞人,宋濂序。"⑥

《志稿》集部《别集类》著录"顾辉《守斋类稿》三十卷,字德润,鄞人,十岁善属文,博士俞希鲁以神童举,辞不就,与桂彦良为外兄弟,一名渊,字德辉"⑦。

按:《元史·艺文志》著录"顾辉《守斋类稿》三十卷,字德润,鄞人"⑧。《元史新编·列传》"顾辉"条目下记载:"顾辉字德润,鄞县人。其大父应春乡贡进士,父学海字叔川,皆名士。辉幼承家学……自是

① (明)李时珍:《本草纲目》卷一,影印《文渊阁四库全书》本,第772册。
② 《本草纲目》卷一上,影印《文渊阁四库全书》本,第772册。
③ (明)徐光启:《农政全书》卷三八《种植》,明崇祯平露堂本。
④ (清)陈启源:《毛诗稽古编》卷二八,影印《文渊阁四库全书》本,第85册。
⑤ 《千顷堂书目》,第721页。
⑥ 《千顷堂书目》,第464页。
⑦ (清)万斯同:《明史·艺文志》,第473页。
⑧ (清)钱大昕:《元史艺文志》卷四,清《潜研堂全书》本。

默索精思,昼夜孜孜垂三十年著:释图一、说约六十三、图徽二十一、希言二十四、事剡六十二、治要十八、体卦八、解八、辩十二、议二十四、传七、记论序文铭各三、杂著十八、赋六、骚十九、杂诗三百二十一,合三十卷,分为前后外三集,通谓之《守斋类稿》,宋濂为之序。"①《[乾隆]鄞县志》卷十三人物,亦记录有:"顾辉,字德润,大父……书名《守斋类稿》,金华人,宋濂为之序。"②似卷二九所载名、字俱误。然"渊""辉"二字间、"辉""润"二字间均无互讹痕迹。

《千顷堂书目》卷一七"宋濂序"下有卢文弨之批校:"十岁,善属文,博士俞希鲁将以神童举,辞不就,竟以布衣终,于桂彦良为外兄弟,一名渊,字德辉。"③"一名"云云,可知其人或曾改名与字,如此则《千顷堂书目》所载均不误。姑存疑,俟更考。

因作者顾渊、顾辉之不同,致《千目》于集部《别集类》重复著录《守斋类稿》。《志稿》之详细著录,当可解决关于此条目考订存疑之问题,即"辉""润"二字均不讹。

8.《进德斋稿》

《千顷堂书目》卷一七集部《别集类》著录"郑柏《进德斋稿》,字叔端,浦江人,蜀王赐号清逸处士"④。卷一八集部《别集类》亦著录"郑柏《进德斋稿》,字叔瑞,楷弟"⑤。载郑柏字分别作"端""瑞"。

《志稿》集部《别集类》著录"郑柏《进德斋稿》,字叔端,浦江人,蜀

---

① (清)魏源:《元史新编》卷四七《列传三十一》,清光绪三十一年邵阳魏氏慎微堂刻本。

② (清)钱维乔:《[乾隆]鄞县志》卷一三,清乾隆五十三年刻本。

③ 《千顷堂书目》,第464页。

④ 《千顷堂书目》,第462页。

⑤ 《千顷堂书目》,第493页。

王赐号清逸处士."①。

按:《[雍正]浙江通志》卷二四九《道山集》条载:"金华先民传郑棠著,字叔美,蒲江人。弟楷字叔度,有《凤鸣集》,柏字叔瑞,有《进德斋稿》。"②而卷一八一"郑棠、郑柏"条却载:"金华先民传,棠字叔美,蒲江人,与弟柏俱受业宋濂之门,以文词知名,棠尤善驰骋,永乐初与纂修大典除翰林院典籍升翰林检讨,以疾归,所著《金史评》《元史评》及《道山集》二十卷。柏字叔端,隐居著书或以其名达之蜀王,王曰可谓清逸之士,人因以清逸处士称之,著有《圣朝文纂》《文章正原》《续文章正宗》《金华贤达传》《进德斋稿》。"③亦一作"端"一作"瑞",当作"端"。

《四库全书总目》卷一九四著录江西巡抚采进本《义门郑氏奕叶集》卷十载:"国朝郑尔垣编,尔垣既续郑昺之书为七卷,又编次遗文得十五种,曰元郑大和《贞和集》、曰元郑钦《青榑居士文》、曰元郑涛《药房集》、曰元郑泳《半轩集》、曰明郑渊《遂初斋集》、曰明郑幹《恕斋集》、曰明郑楷《凤鸣集》、曰明郑棠《道山集》、曰明郑柏《进德斋稿》,凡仅存三首者亦列于中,其全佚者八十种,则附存其目。大和一名又融,字顺卿,官至建康龙湾务提领大使;钦字子敬;涛字仲舒,官至太常博士;泳字仲潜,官温州路经历;渊字仲涵;幹字叔恭,官至监察御史;楷字叔度,官至蜀府长史;棠字叔美,官至翰林检讨;柏字叔端。"④卷六一著录"浙江范懋柱家天一阁藏本",《金华贤达传》亦载:"明郑柏撰,柏字叔端,浦江人,宋濂之门人也。是书辑金华一郡人物,各为小

① (清)万斯同:《明史·艺文志》,第 479 页。
② 《[雍正]浙江通志》卷二四九,第 526 册。
③ 《[雍正]浙江通志》卷一八一,第 526 册。
④ 《四库全书总目》卷一九四《总集类存目四》,第 1775–1776 页。

传系之以赞,凡三百六十余人,分忠义、孝友、政事、儒学、卓行五门。"①均作"叔端",可证。作"瑞"者,当涉"端""瑞"二字形近而误。

《千目》于集部《别集类》重复著录,两处关于作者"郑柏"之介绍不同。《志稿》择《千目》之正确者而抄录。

9.《愚庄集》

《千顷堂书目》卷一九集部《别集类》著录"潘文奎《愚庄集》一卷,字景昭,永嘉人"②。卷一八集部《别集类》亦著录"潘文奎《愚庄集》一卷,字景明,永嘉人"③。注云:"卢校改昭为明。""卢校人下有宣德初官春坊司直郎,预修太宗,仁宗实录,后官福建参议。"载文奎字分别作"景昭""景明"。

《志稿》集部《别集类》著录"潘文奎《愚庄集》一卷,字景明,永嘉人,宣德初官春坊司直郎预修太宗仁宗实录,后官福建参议"④。

按:《明史艺文志稿》著录"潘文奎《愚庄集》一卷,字景明,永嘉人,宣德初官春坊司直郎预修太宗仁宗实录,后官福建参议"⑤。卢文弨盖据此校改,当误。《[嘉靖]汉阳府志》卷六载:"潘文奎,字景昭,浙江人。宣德初由左春坊司直郎修国史,秉文衡升本府同知,清慎宽厚,有岂弟之德,升福建布政司参议,遗有《愚庄集》,今子孙家汉阳,多业儒。"⑥《[雍正]浙江通志》卷二四九载:"《愚庄集》一卷,万历温州府志,潘文奎著,东瓯诗集,字景昭,永嘉人。"⑦《万姓统谱》编纂于万历年间,其卷二五亦载:"潘文奎,字景昭,浙江永嘉人。宣德初由左春

---

① 《四库全书总目》卷六一《传记类存目三》,第 548 – 549 页。

② 《千顷堂书目》,第 497 页。

③ 《千顷堂书目》,第 480 页。

④⑤ (清)万斯同:《明史·艺文志》,第 489 页。

⑥ (明)朱衣:《[嘉靖]汉阳府志》卷六,明嘉靖刻本。

⑦ 《[雍正]浙江通志》卷二四九,第 526 册。

坊司直郎升府同知,清慎宽厚,有岂弟之德,其文章词翰为当时所重,修国史七秉文衡升福建布政司参议。"①均作"景昭",可证。

《千目》集部《别集类》重复著录《愚庄集》,作者潘文奎字景明、景昭,著录不一。《志稿》此条目,关于作者之介绍较为详细,亦著录为"字景明"。卢文弨校《千目》时,盖据此加以校正。然据笔者详加考订,《[嘉靖]汉阳府志》《[雍正]浙江通志》《万历统谱》均记载,潘文奎字景昭。故笔者推测,《千目》"字景明"之著录,系错误著录;《志稿》据《千目》抄录时未发现,继续沿用。而《千目》重复著录此条目,并正确著录其"字景昭",当系后人据《[雍正]浙江通志》抄录、增补之内容,从而与《千顷堂书目》原有之著录重复。

10.《广舆图》

《千顷堂书目》卷六史部《地理类上》著录"朱思本《广舆图》二卷,临川人,吴宽集云,临川道士朱本初从吴全节祀名山,所至考求地理,作舆地考"②。卷八《地理类下》补元代部分亦著录有"朱思本《广舆图》二卷,临川人"③。

按:此书当撰于元代。朱思本《舆地图自序》即载:"自至大辛亥迄延祐庚申而功始成。"④至大到延祐,即1308年至1320年,而元朝约亡于1368年,可证。又《皇明职方地图大序》载:"元人朱思本,计里画方山川悉矣,而郡县则非,罗念菴先生因其图,更以当代之省府州县增以卫所,注以前代郡县之名。"⑤《跋九边图》载:"元朱思本、李泽民舆

---

① （明）凌迪知:《万姓统谱》卷二五,影印《文渊阁四库全书》本,第956册。
② 《千顷堂书目》,第153页。
③ 《千顷堂书目》,第230页。
④ （元）朱思本:《贞一稿》卷一《齐文》,《宛委别藏》本。
⑤ （明）陈子龙:《明经世文编》卷五〇四,明崇祯平露堂刻本。

地图许西峪九边小图。"①亦可为证。《善本书室藏书志》卷十一记载有:《广舆图》二卷,明嘉靖刊本,条目下详细记载:"孙渊如观察《平津馆鉴藏记》有《广舆图》一册,前有朱思本《舆图旧序》,次《广舆图序》,称偶得元人朱思本图。其图有计里画方之法,于是增其未备,因广其图至于数十云云,不题撰人姓氏,据漕运图下载岁运额数自洪武年世至嘉靖元年止。《明史·艺文志》有罗洪先《增补朱思本〈广舆图〉》二卷,当即此书。"②可见,朱思本当为元人无误。

《千目》于明代和元代部分重复著录。据笔者上文考订,朱思本当系元人。《志稿》抄录《千目》之正确著录,于明人部分仅著录有"罗洪先《增补朱思本〈广舆图〉》二卷"③。

11.《凤山诗集》

《千顷堂书目》集部《别集类》"弘治己酉科"著录"秦金《凤山诗集》十卷,字国声,无锡人,太子太保,南京兵部尚书,赠少保,谥端敏"④。别集类杭补"嘉靖壬午科"亦著录"秦金《凤山诗集》十卷,字□□,慈溪人,太子太保,南京兵部尚书,赠少保,谥端敏"⑤。

《志稿》集部别集类著录"秦金《凤山诗集》十卷,太子太保,南京兵部尚书,赠少保,谥端敏"⑥。

按:《明诗综》记载"金,字国声,无锡人,弘治癸丑进士,累官太子

---

① (明)罗洪先:《念菴文集》卷一〇,影印《文渊阁四库全书》本,第1275册。
② (清)丁丙:《善本书室藏书志》卷十一,清光绪刻本。
③ (清)万斯同:《明史·艺文志》,第359页。
④ 《千顷堂书目》,第533页。
⑤ 《千顷堂书目》,第567页。
⑥ (清)万斯同:《明史·艺文志》,第510页。

太保、南京吏部尚书,赠少保,谥端敏,有《凤山诗集》"①。此外,考秦金其人,尚有墓志行状记载其为无锡人,言是秦观之后②,则祖籍当是高邮,"慈溪人"及"嘉靖壬午科"之记载,皆误。

《千目》于别集类重复著录,但作者籍贯著录不一。《志稿》亦著录此条目,但未标明作者及籍贯。

12.《续豫章志》

《千顷堂书目》卷七《地理类中》著录"赵迎山《续豫章志》十二卷"③。同书卷八《地理类下》补元代部分亦著录此书,而作"十三卷"。

按:《万卷堂书目》、清人均作"十三卷",作"十二卷"者疑字误。《千目》两处之著录,卷数不一;且明代与元代部分,均著录有该书。考《志稿》地理类未见"赵迎山《续豫章志》"之著录,当视为元人著作而删之。

13.《存斋杂稿》

《千顷堂书目》卷三〇集部《别集类》著录"唐怀《存斋杂稿》"④。同书卷一七集部《别集类》还著录有"唐怀德《存斋杂稿》,字思诚,金华人,受业许谦,明初为木邑教谕"⑤。

按:"怀"下当脱"德"字,《存斋杂稿》作者为明代唐怀德。《[雍正]浙江通志》著录有"《存斋杂稿》,金华唐怀德思诚著,见宋濂《唐思成墓铭》"⑥,可证。又《金华理学粹编》卷七《理传正传》载:"思诚,讳怀德,金华人,仲友七世孙也。幼而颖悟,既长,受业于白云不出户者

① (明)朱彝尊:《明诗综》卷三十一,清《文渊阁四库全书》本,第1459册。
② (明)张衮:《张水南文集》卷九《墓表行状》,明隆庆刻本。
③ 《千顷堂书目》,第187页。
④ 《千顷堂书目》,第732页。
⑤ 《千顷堂书目》,第461页。
⑥ 《[雍正]浙江通志》卷二四九,第526册。

十余年……又有《六经问答》若干卷、《钩玄集》若干卷、《书学指南》若干卷、《存斋杂稿》若干卷，藏于家。"①《金华征献略·文学传》亦载："唐怀德，字思诚，金华人，仲友七世孙也。幼而颖悟……又有《六经问答》若干卷、《钩玄集》若干卷、《书学指南》若干卷、《存斋杂稿》若干卷，皆藏于家。"②亦可为证。考《志稿》别集类未见"《存斋杂稿》"之著录。

14.《西岳华山志》

《千顷堂书目》卷八史部《地理类下》补元代部分著录"李处一《西岳华山志》一卷"③，另著录有"王处一《西岳华山志》一卷"④。

按："李"当系"王"之误。《澹生堂藏书目》《八千卷楼书目》《天一阁书目》均著录有《西岳华山志》，作者为王处一。但《八千卷楼书目》史部著录"《西岳华山志》一卷，金王处一撰，抄本"⑤。《天一阁书目》著录"《西岳华山志》一册，刊本，明王处一撰，谢少南序"⑥。《皕宋楼藏书志》亦著录"《西岳华山志》一卷，旧抄本。（金）莲峰逸士王处一编"，即对于《西岳华山志》作者王处一之时代亦有不同看法。

据《长春道教源流》记载："《西岳华山志》一卷，莲峰逸士王处一编。按《四库存目》有此书，云前有大定癸卯泥阳刘大用序，其书皆载华山神仙故事，盖道藏之余文。"⑦刘大用所作《西岳华山志序》中记

① （清）戴殿江：《金华理学粹编》卷七《理传正传》，清光绪刻本。
② （清）王崇炳：《金华征献略》卷一二《文学传》，清雍正十年刻本。
③ 《千顷堂书目》，第231页。
④ 《千顷堂书目》，第214页。
⑤ （清）丁仁：《八千卷楼书目》卷八《史部》，民国本。
⑥ （清）范邦甸：《天一阁书目》卷二之二《史部》，清嘉庆文选楼刻本。
⑦ （清）陈铭珪：《长春道教源流》卷二，民国东莞陈氏刻《聚德堂丛书》本。

载:"吾友王公子渊先觉而守道,独立而全和,每语人曰:我欲曳杖云林举觞霞岭斯志积有年矣。"①此处"王公子"即为王处一。可见,《西岳华山志》作者当为金代王处一。考《志稿》地理类未见"《西岳华山志》"之著录,当是考定为金人而删之。

15.《田家五行》

《千顷堂书目》卷一二子部《农家类》补宋代部分著录"娄元善《田家五行》二卷"②。校曰:"别本善作礼。"卷一五子部《类书类》著录"四十九卷《时令》,《田家五行》娄元礼"③。

按:当作"礼"。《万卷堂书目》卷三著录有"《田家五行》二卷,娄元礼"④。《钱遵王述古堂藏书目录》亦著录有"娄元礼《田家五行》二卷一本"⑤。《协纪辨方书》"日游神"条目下记载:"载于娄元礼所作《田家五行》,其说云鹤神已酉日下地东北方……"⑥《一斑录》记载:"象鱼,其鼻卷舒如象,见则大水。载娄元礼《田家五行》。"⑦均可证。"禮"字或先坏左半作"豊",又涉形近而误作"善"。据考,明代有诗人娄元善,《石仓历代诗选》载有《中秋娄元善家赏月限韵》二首、《雪夜送娄元善分得发字》⑧。储罐有《寄娄元善》一文,可知与《千顷堂书

---

① (清)张金吾:《金文最》卷一九《序》,清光绪二十一年重刻本。

② 《千顷堂书目》,第 332 页。

③ 《千顷堂书目》,第 402 页。

④ (明)朱睦㮮:《万卷堂书目》卷三,清光绪至民国间《观古堂书目丛刊》本。

⑤ (清)钱曾:《钱遵王述古堂藏书目录》卷六,清钱氏述古堂钞本。

⑥ (清)张照:《协纪辨方书》卷三《义例一》,影印《文渊阁四库全书》本,第811 册。

⑦ (清)郑光祖:《一斑录》卷三,清道光《舟车所至丛书》本。

⑧ (明)曹学佺:《石仓历代诗选》卷四一五《明诗次集四十九》,清文渊阁《四库全书》补配清文津阁《四库全书》本。

目》载撰《田家五行》者非同一人①。考《志稿》农家类、类书类均未见"《田家五行》"之著录。

16.《留省焚余》

《千顷堂书目》卷三〇集部《表奏类》著录"陈尧年《留省焚余》一卷,永嘉人,万历己未进士,陕西参议"②。卷二六集部《别集类》另著录"陈尧言《留省焚余》,字令则,永嘉人"③。

按:"年"当系"言"之误。《[雍正]浙江通志》记载:"《留省焚余》,《永嘉县志》陈尧言著,字今则。"④《温州经籍志》亦载:"陈氏尧言《留垣草》,《[乾隆]温州府志》二十七,《[雍正]浙江通志》二百五十二作《留垣谏草》。佚。案:陈参议《留省焚余》卷八《诏令奏议类》已著录《留垣草》,《通志》作《留垣谏草》,《[乾隆]温州府志》名臣传又作《焚余草》,疑《留垣草》与《留省焚余》,本系一书,记载偶异耳,然《通志》经籍门,亦以《留省焚余》及《留垣谏草》并收,今姑仍之。"⑤并可证。"年""言"二字形、音俱近,有互讹之迹。考《志稿》集部未见"《留省焚余》"之著录。

对于以上12—16所列《志稿》未著录之情况,盖系《志稿》删《千目》之重复著录且不易考订差异者。

由此可见,卢文弨据《明史艺文志稿》校《千顷堂书目》的内容,与万斯同本《明史·艺文志》中著录内容几乎完全吻合,进一步印证了万本即《明史艺文志稿》明人著述部分的观点。以此为基础,将其与《千

---

① (明)储巏:《柴墟文集》卷一三,明嘉靖四年刻本。
② 《千顷堂书目》,第749页。
③ 《千顷堂书目》,第651页。
④ 《[雍正]浙江通志》卷二五一,第526册。
⑤ (清)孙诒让:《温州经籍志》卷二九《集部》,民国十年刻本。

顷堂书目》进行比照,除个别条目之外,《千顷堂书目》中重复著录以及错误著录等情况,于后出的《明史艺文志稿》和《明史·艺文志》中得以校正。笔者对《千顷堂书目》《明史艺文志稿》《明史·艺文志》经部、史部著录内容进行了逐条比较,亦可论证上述观点。

至此,围绕《千顷堂书目》与《明史艺文志稿》的一系列问题,也可得以解决。首先,《千顷堂书目》当是黄虞稷入史馆前著作,是修《明史艺文志稿》的底本。其次,今所见《千顷堂书目》,已非最初的本子,而是后人不断增补后的合成品。李言详细考证,《千顷堂书目》地理类、别集类抄录《(雍正)浙江通志》和《明诗综》,所以今所见《千顷堂书目》至少是由最初撰写《明史艺文志稿》所依据的部分和后人增补抄录地理类、别集类部分著作拼接而成。这也从另一角度更好地说明了《千顷堂书目》的性质,以及成书之特殊情况。

第五章 《千顷堂书目》的体例和分类

第一节 传录体例考

对作者的介绍向来是我国传统书目解题的重要内容。自孟子提出"知人论世",就已强调"诵其诗,读其书,不知其人,可乎"①。这一主张不仅成为我国古代文学批评的重要方法,还对我国学术的发展产生了深远影响。司马迁在《太史公自序》中更是把述作者旨意与叙作者家世结合起来,既详述自己一生之本末,又总括了整部《史记》的核心思想。

刘向、刘歆父子奉旨整理群书,条其篇目,撮其旨意,作《别录》和《七略》;班固删《七略》而成《汉书·艺文志》。三部书目均有作者介绍的相关内容,《汉志》更是 223 条简要注释中,有 141 条涉及作者问题,约占 63.2% 。即便如此,此类作者介绍往往比较简略,只是叙录体解题内容的一部分。直到南朝王俭《七志》"不述作者之意,但于书名之下,每立一传"②,才开传录体之先河。《七志》解题注重为作者立传,而非阐释书籍的学术源流,于我国传统目录学史上另辟蹊径,创立传录体。

《隋书·经籍志》总序云:"俭又别撰《七志》……然亦不述作者之

---

① 《尚书详解》卷四十五,清《武英殿聚珍版丛书》本。
② 《隋书》卷三二《经籍志》,第 907 页。

意,但于书名之下,每立一传,而又作九篇条例,编乎首卷之中。文义浅近,未为典则。"①这也成为多数学者探讨《七志》编纂体例以及传录体体例的重要依据。余嘉锡先生亦认为《七志》"盖详于撰人事迹,于指归讹谬,少所发明"②。而姚名达先生指出:"所谓传者,非专指作者之传记,乃称书名之解题也。其体制当与《郡斋读书志》及《直斋书录解题》略似,重在说明书之内容而不述作者之思想,故其文字当稍简耳。"③可见,他认为"传"为书名之解题,传录体当为叙录体之简略。来新夏先生亦持此观点,认为:"这是比叙录体内容简略的一种体例……刘宋王俭的《七志》,《隋志》也说它'不述作者之意,但于书名之下每立一传'。此'传'字不是传记,而是传注,即解释说明。那么它与《中经新簿》似为一体。由于《七志》的'每立一传',所以一般说这种体例是传录体,即注录体。后世一般藏书的典藏登录仅写一简要内容提要,当属此体。"④王重民先生亦认为《七志》体例就是传录体。

关于传录体"传"字所指,学界观点不一。传录体之"传"字即指撰人"传记",有的认为当是"传注、解释"。不同的解释导致对传录体判断出现差异。取后一解释者,乃视其为书目及作者的注释或解释,是叙录体的简略形式;而取前一解释者,则认为传录体是区别于叙录体的特殊解题书目,其特点在于述作者小传,而非书之内容和作者创作之意。《隋书·经籍志》总序云:"俭又别撰《七志》……然亦不述作者之意,但于书名之下,每立一传,而又作九篇条例,编乎首卷之中。

---

① 《隋书》卷三二《经籍志》,第907页。

② 余嘉锡:《余嘉锡讲目录学》,凤凰出版社,2009年,第4页。

③ 《中国目录学史》,第148页。

④ 来新夏:《古典目录学浅说》,中华书局,2003年,第49-50页。

文义浅近,未为典则。"①这是多数学者探讨《七志》编纂体例以及传录体例的重要依据。细读《隋书·经籍志》之记载,可见其秉持的当是前一种"传记"的解释,否则无须特别强调《七志》体例之特殊。

传录之特点是我国传统目录固有的特点,在南北朝时期得以逐渐发展演变为一种独立、特殊的书目体例。这与当时的社会环境有着密切的关系。南北朝时期政局动荡,战争不断。政局的动荡在一定程度上促进了思想、文化、学术的交融和发展。另外,曹魏始设的九品中正制,在隋唐科举制确立之前,一直是最主要的官吏选拔制度。九品中正制的核心内容之一,就是品第人物,而依据则主要包括:家世,即家庭出身和背景;行状,即个人品行才能。这两者中,又以家世为主,晋以后几乎完全以此来定人物品级。所以门阀等级、人物品评之风,至南北朝时尤盛,在文学领域的突出表现就是传记文学和传记史学的迅速发展。史家多注重传记之经营。人物传记的撰写被认为最能反映作者的史学观和处世观,其水平的高低也成为判定、评价史学水平和文学水平的重要依据。目录学家自然会受此影响,同样注重作者的传注和品评,于每书之下列作者小传,将"知其人读其书"发挥到了极致。明代亦是如此,大量传记文学的创作,更为目录的编制提供了极为丰富的资料,如专记某地人物的《南雍志列传》《明代金陵人物志》《畿辅人物考》,以及专记某类人物的《东林列传》《皇明开国功臣录》等。可以说,传录体是我国传统目录发展到一定时期,受当时社会环境影响而逐渐演变和产生的,是顺应时代发展需求的书目体例。

---

① 《隋书》卷三二《经籍志一》,第907页。

一、传录体之创立

1. 传录体溯源

王俭《七志》是传录体的代表。不过,《七志》之前已出现传录体。有学者认为,西晋挚虞的《文章志》为传录体之肇端。笔者以为,传录体追溯至《文章叙录》更为准确。首先,就成书时间而言,《文章叙录》更早。《文章叙录》系西晋荀勖所作。《晋书·荀勖传》:"荀勖,字公曾,颍川颍阴人,汉司空爽曾孙也。祖棐射声校尉。父肸早亡。勖依于舅氏。岐嶷夙成,年十余岁能属文。从外祖魏太傅钟繇曰:'此儿当及其曾祖'……太康十年卒。"①由此可知,荀勖卒于 289 年,而据《晋书·挚虞传》记载:"时怀帝亲郊。自元康以来,不亲郊祀,礼仪弛废。虞考正旧典,法物粲然。及洛京荒乱,盗窃纵横,人饥相食。虞素清贫,遂以馁卒。"②虽未明确具体卒年,但基本可推断挚虞较荀勖至少晚十几年。另外,《晋书·荀勖传》载荀勖"整理记籍"在"掌乐事、修律吕"之后、"咸宁初"之前,考《晋书·乐志》"修律吕"在泰始九年(273),则荀勖"领秘书监"当在泰始十年(274)左右,《文章叙录》成书当在此后几年。而挚虞执掌中秘约始于元康后期(约 296—299),至永兴元年(304)迁卫尉卿"从惠帝迁长安"止,其《文章志》成于此时期可能性最大。可见,虽同为西晋人,荀勖当早于挚虞;荀勖作《文章叙录》亦当早于《文章志》。虽然有学者认为《文章叙录》影响不及挚虞《文章志》,《文章志》创文学目录之成法③,但《文章叙录》却早于《文

---

① （唐）房玄龄等:《晋书》卷三九《荀勖传》,中华书局,1974 年,第 1152 页。
② 《晋书》卷五一《挚虞传》,第 1426－1427 页。
③ 谢灼华、王子舟:《古代文学目录〈文章志〉探微》,《图书情报知识》1995年第 4 期,第 6－9 页。

章志》问世。

其次,就成书体例而言,挚虞《文章志》仅为《文章流别集》集、志、论三部分之一,并非作为一部目而成书。其中"集"是文章、文集部分;"志"即《文章志》,是作者小传部分,具有总集目录的性质;"论"是评论部分,探讨各体文章的起源、发展、性质、功用,评论著名作家作品,三者为一相辅相成的整体。而荀勖《文章叙录》则是一部完备的文学专科目录,其解题性质当属传录体。今据《三国志》《世说新语》辑出佚文亦可见其传人之详细。

> 《文章叙录》曰:"惠字稚权,幼以才学见称,善属奏议。历散骑黄门侍郎,与钟毓数有辩驳,事多见从。迁燕相、乐安太守。年三十七卒。"①

> 荀勖《文章叙录》曰:"纬字公高。少喜文学。建安中,召署军谋掾、魏太子庶子,稍迁至散骑常侍、越骑校尉。年四十二,黄初四年卒。"②

> 《文章叙录》曰:"璩字休琏,博学好属文,善为书记。文、明帝世,历官散骑常侍。齐王即位,稍迁侍中、大将军长史。曹爽秉政,多违法度,璩为诗以讽焉。其言虽颇谐合,多切时要,世共传之。复为侍中,典著作。嘉平四年卒,追赠卫尉。"③

> 《文章叙录》曰:"贞字吉甫,少以才闻,能谈论。正始中,夏侯玄盛有名势,贞尝在玄坐作五言诗,玄嘉玩之。举高第,历显位。晋武帝为抚军大将军,以贞参军事。晋室践阼,

---

① (晋)陈寿撰,(宋)裴松之注:《三国志》卷九《魏书·夏侯渊传》裴松之注,中华书局,1982年,第273页。

②③ 《三国志》卷二一《魏书·荀纬传》裴松之注,第604页。

迁太子中庶子、散骑常侍。又以儒学与太尉荀颛撰定新礼，事未施行。泰始五年卒。贞弟纯。纯子绍，永嘉中为黄门侍郎，为司马越所杀。纯弟秀。秀子詹，镇南大将军、江州刺史。"①

《文章叙录》曰："诞字仲将，太仆端之子。有文才，善属辞章。建安中，为郡上计吏，特拜郎中，稍迁侍中中书监，以光禄大夫逊位，年七十五卒于家。初，邯郸淳、卫觊及诞并善书，有名。"②

《文章叙录》曰："该字公达。强志好学。年二十，上计掾，召为郎中。著魏书。迁博士司徒右长史，复还入著作。景元二年卒官。"③

《文章叙录》曰："挚字德鲁。初上笳赋，署司徒军谋吏。后举孝廉，除郎中，转补校书。挚与毌丘俭乡里相亲，故为诗与俭，求仙人药一丸，欲以感切俭求助也。其诗曰："骐骥马不试，婆娑槽枥间。壮士志未伸，坎轲多辛酸。伊挚为媵臣，吕望身操竿；夷吾困商贩，宵戚对牛叹；食其处监门，淮阴饥不餐；买臣老负薪，妻畔呼不还，释之宦十年，位不增故官。才非八子伦，而与齐其患。无知不在此，袁盎未有言。被此笃病久，荣卫动不安，闻有韩众药，信来给一丸。"俭答曰："凤鸟翔京邑，哀鸣有所思。才为圣世出，德音何不怡！八子未遭遇，今者遭明时。胡康出奎亩，杨伟无根基，飞腾冲云天，奋迅协光熙。骏骥骨法异，伯乐观知之，但当养羽翮，鸿举必

---

① 《三国志》卷二一《魏书·应贞传》裴松之注，第604页。
② 《三国志》卷二一《魏书·韦诞传》裴松之注，第621页。
③ 《三国志》卷二一《魏书·孙该传》裴松之注，第622页。

有期。体无纤微疾，安用问良医？联翩轻栖集，还为燕雀嗤。韩众药虽良，或更不能治。悠悠千里情，薄言答嘉诗。信心感诸中，中实不在辞。”挚竟不得迁，卒于秘书。①

《文章叙录》曰：“秀字季彦。弘通博济，八岁能属文，遂知名。大将军曹爽辟。丧父服终，推财与兄弟。年二十五，迁黄门侍郎。爽诛，以故吏免。迁卫国相，累迁散骑常侍、尚书仆射令、光禄大夫。咸熙中，晋文王始建五等，命秀典为制度，封广川侯。晋室受禅，进左光禄大夫，改封巨鹿公，迁司空。著《易》及《乐论》，又画《地域图》十八篇，传行于世。《盟会图》及《典治官制》皆未成。年四十八，泰始七年薨，谥元公，配食宗庙。少子頠，字逸民，袭封。”②

《文章叙录》曰：“袭字熙伯，东海兰陵人。有才学，累迁侍中光禄勋。”③

《文章叙录》曰：“康以魏长乐亭主婿，迁郎中，拜中散大夫。”④

《文章叙录》曰：“晏能清言，而当时权势，天下谈士多宗尚之。”⑤

《文章叙录》曰：“自儒者论以老子非圣人，绝礼弃学，晏说与圣人同，著论行于世也。”⑥

---

① 《三国志》卷二一《魏书·杜挚传》裴松之注，第622页。

② 《三国志》卷二三《魏书·子秀传》裴松之注，第673页。

③④ （南朝宋）刘义庆著，（南朝梁）刘孝标注：《世说新语》卷上之上，《四部丛刊初编》景明袁氏嘉趣堂本。

⑤⑥ 《世说新语》卷上之下，《四部丛刊初编》景明袁氏嘉趣堂本。

2.《七志》与传录体

南朝王俭《七志》"不述作者之意,但于书名之下,每立一传"①,为传录体之代表。由于《七志》早已亡佚,今人考察此书只能通过他书论及或引用之文字。如《隋书·经籍志》总序载:"元徽元年,秘书丞王俭又造目录,大凡一万五千七百四卷。俭又别撰《七志》,一曰经典志,纪六艺、小学、史记、杂传;二曰诸子志,纪今古诸子;三曰文翰志,纪诗赋;四曰军书志,纪兵书;五曰阴阳志,纪阴阳图纬;六曰术艺志,纪方技;七曰图谱志,纪地域及图书,其道佛附见,合九条。然亦不述作者之意,但于书名之下,每立一传,而又作九篇条例,编乎首卷之中。"②

此外,陆德明《经典释文》可辑《七志》佚文五条."《录》一卷。"(《经典释文》卷一"陆绩《述》十三卷"条下注引);"注《易》十卷。"(《经典释文》卷一"王弼《注》七卷"条下注引);"十卷。"(《经典释文》卷一"张璠《集解》十二卷"条下注引);"注《易》十卷。"(《经典释文》卷一"张璠《集解》十二卷"条下注引);"是王弼后人。"案:《蜀李书》云:"姓范,名长生,一名贤。隐居青城山,自号蜀才。李雄以为丞相。"(《经典释文》卷一"蜀才《注》十卷"条下注引)③。前四条《经典释文》所引《七志》内容只涉及书名和卷数,第五条"王弼后人",是关于作者身世的介绍。《文选》李善注中辑出佚文则更能说明问题。

《今书七志》曰:"木华,字玄虚。"④

宋书《七志》曰:"谢瞻,字宣远,东郡人也。幼能属文。

---

① ② 《隋书》卷三二《经籍志一》,第 907 页。

③ (唐)陆德明:《经典释文》卷一,《四部丛刊初编》本。

④ (南朝梁)萧统编,(唐)李善注:《文选》卷一二"木玄虚"条下注引,清胡克家刻本。

宋黄门郎。以弟晦权贵,求为豫章太守,卒。高祖游戏马台,命僚佐赋诗,瞻之所作冠于时。"①

王俭《七志》曰:"高祖游张良庙,并命僚佐赋诗,瞻之所造,冠于一时。"②

《今书七志》曰:"《应璩集》谓之'新诗',以百言为一篇,或谓之'百一诗'。"③

《今书七志》曰:"枣据,字道彦,颍川人。弱冠辟大将军府,迁尚书郎。太尉贾充为伐吴都督,请为从事中郎。迁中庶子,卒。"④

《今书七志》曰:"张翰,字季鹰,吴郡人也。文藻新丽。齐王冏辟为东曹掾。睹天下乱,东归,卒于家。"⑤

《文选》所引《七志》,除"《应璩集》"一条外,其余均为作者介绍,包括字号、籍贯、出身、家世、官职及生平等。寥寥数语即勾勒出作者生平,具有典型的传录体特征。

虽然《七志》之前已有《文章叙录》《文章志》等目录采用传录体方式,但也仅限于特定意义下的文学专科目录。又如这一时期佛经目录之代表《出三藏记集》,虽全书后三卷均为释家传记,但仅是佛教领域内的专科目录,未涉及佛教以外典籍。只有王俭《七志》首次将传录体引入综合性目录,扩大了传录体的应用范围,于目录学界独树一帜,有开创之功,对后世目录学尤其传录体例影响深远,为同期其他书目所

---

① 《文选》卷二〇"谢宣远"条下注引。
② 《文选》卷二一"谢宣远"条下注引。
③ 《文选》卷二一"百一诗一首"条下注引。
④ 《文选》卷二九"枣道彦"条下注引。
⑤ 《文选》卷二九"张季鹰"条下注引。

无法企及。

二、传录体在隋唐的发展

目录学经魏晋南北朝发展至隋唐,迎来繁荣发展阶段。《隋书·经籍志》首次正式确立了经史子集四部分类。此外,《旧唐书·经籍志》《新唐书·艺文志》《群书四部录》《古今书录》相继问世,其中《古今书录》的著录体例当为传录体。

1. 毋煚的《古今书录》

《古今书录》乃毋煚在《开元群书四部录》基础上编撰而成的唐代重要目录,可考南齐以来文献典籍和历史资料。但遗憾的是,《群书四部录》和《古今书录》均已亡佚。今人只能通过《旧唐书·经籍志》《新唐书·艺文志》关于《群书四部录》和《古今书录》之记载来综合考辨《古今书录》的著录体例。

据《旧唐志·序》记载:"煚等四部目及释道目,并有小序及注撰人姓氏,卷轴繁多,今并略之,但纪篇部,以表我朝文物之大。其《释道录目》附本书,今亦不取。据开元经籍为之志。天宝已后,名公各著文章,儒者多有撰述……臣以后出之书,在开元四部之外,不欲杂其本部。今据所闻,附撰人等传;其诸公文集,亦见本传,此并不录。"[①]其中"注撰人姓氏",即给作者所做的传记或小传。"今并略之",说明作者小传部分被删略了,故《旧唐志》未见作者小传。另外《旧唐志》中没有关于图书内容的部分,而在删略的内容里也没有提及到这部分,故而可断定《古今书录》中书目下附有作者小传。至于其有无图书内

---

① (后晋)刘昫等:《旧唐书》卷四六《经籍志一》,中华书局,1975 年,第1966 页。

容介绍,笔者以为有待更充分的考察论证。

《旧唐志》总序引《古今书录序》亦记载:"纰缪咸正,混杂必刊。改旧传之失者,三百余条;加新书之目者,六千余卷。"①"改旧传之失",即改《古今书录》中作者传记之内容。此亦可证,"作者传记"乃《古今书录》著录的必备内容,是毋煚修正《群书四部录》重要环节之一。而《旧唐志》删《古今书录》各类小序、释道录目和作者传记简介,只录书名、篇部及著者姓名,其所删去者,正是《古今书录》之传录部分。

毋煚《古今书录》乃其对《群书四部录》不甚满意情况下所做的修正和补录。唐开元年间,玄宗钦定马怀素、褚无量组织大批学者对当时的图书典籍进行大规模收集和整理,并在此基础上编纂官修书目《开元群书四部录》。马怀素出任秘书监,褚无量出任修图书使,但目录编纂工作尚未全面展开,二人便相继去世,后由元行冲代继其任,直到整部书目编纂完成。期间,毋煚作为当时目录学家、藏书家,一直负责子部图书的收集、整理和编目工作。书成之后,毋煚一并列出自己对《群书四部录》不甚满意之处五:

> 于时秘书省经书,实多亡阙,诸司坟籍,不暇讨论。此则事有未周,一也。其后周览人间,颇睹阙文,新集记贞观之前,永徽已来不取,近书采长安之上,神龙已来未录。此则理有未弘,二也。书阅不遍,事复未周,或不详名氏,或未知部伍。此则体有未通,三也。书多阙目,空张第数,既无篇题,实乖标榜。此则例有所亏,四也。所用书序,咸取魏文贞,所分书类,皆据《隋·经籍志》。理有未允,体有不通。此则事

---

① 《旧唐书》卷四六《经籍志一》,第 1965 页。

实未安,五也。①

其中第五条便是指责《群书四部录》分类仿《隋书·经籍志》。其实《群书四部录》编撰之初,马怀素和褚无量二人本欲仿《七志》之体而作,将《七志》至开元间典籍加以编次整理:"望括检近书篇目,并前志所遗者,续王俭《七志》,藏之秘府。"②后马、褚二人相继去世,元行冲接其任,改组了修纂成员,分经、史、子、集、序例五大类,由不同人员负责:"经库是殷践猷、王恢编;史库韦述、余钦;子库毋煚、刘彦直;集库王湾、刘仲。其序例,韦述撰。"③故《群书四部录》仿《隋书·经籍志》体例,当在元行冲领修撰事之时,而作为子部负责人的毋煚指责其体例,更倾向于《七志》之传录体。

毋煚作《古今书录》,意欲仿《七志》传录体,著录唐代官府藏书,亦是我国传统"知人论世"思想之体现。毋煚是我国历史上重要的目录学家,具有扎实的目录学功底,且深受我国传统影响,"将使书千帙于掌眸,披万函于年祀;览录而知旨,观目而悉词,经坟之精术尽探;贤哲之睿思咸识。不见古人之面,而见古人之心,以传后来,不其愈己"④。

2. 道宣《大唐内典录》和智昇《开元释教录》

佛经目录是我国目录学史上较为特殊的一种类型。梁启超对佛经目录给予了极高的评价,认为"吾侪试一读僧祐、法经、费长房、道宣诸作,不能不叹刘《略》、班《志》、荀《簿》、阮《录》之太简单,太朴素,且

①　《旧唐书》卷四六《经籍志一》,第 1964 页。

②　《旧唐书》卷一〇二《马怀素传》,第 3164 页。

③　(宋)王溥:《唐会要》卷三六《修撰》,中华书局,1955 年,第 658 页。

④　《旧唐书》卷四六《经籍志一》,第 1965 页。

痛惜于后此踵作者之无进步也。郑渔仲、章实斋治校雠之学，精思独辟，恨其于佛录未一涉览焉；否则其所发。"①其《佛家经录在中国目录学之位置》一文中更是明确指出佛经目录所用方法中优胜于普通目录有五点，第一点即为历史观念发达，凡一书之传译渊源、译人小传、译时、译地，靡不详叙②。可见，译人小传正是佛经目录著录特点之一。

佛经目录经过梁魏齐隋的积累，发展至唐代已经具备一定的基础，加之唐初玄奘译经之盛，佛经及译本众多，更是为唐代佛经目录发展提供了大量的藏书。道宣《大唐内典录》和智昇《开元释教录》正是这样繁盛基础上的集大成之作。两部佛经目录体例完备，著录精详，均采用传录体进行著录。

道宣《大唐内典录》按类划分为十部：历代众经传译所从录第一、历代翻本单重人代存亡录第二、历代众经总撮入藏录第三、历代众经举要转读录第四、历代众经有目阙本录第五、历代道俗述作注解录第六、历代诸经支流陈化录第七、历代所出疑伪经论录第八、历代众经录目始序第九、历代众经应感兴敬录第十。其中历代众经传译所从录部分，采用按代记人的方式，先记译者小传，再详尽汇列所译所撰。如：

> 右戒本一卷。中天竺国沙门昙柯迦罗魏言法时，幼而才
> 聪质像瑰伟。读书一览文义悉通，善四围陀，风云星月图谶
> 运变靡所不该，自谓世间毕己心目。年二十五入一僧坊，遇
> 见法胜阿毗昙心，聊取观之，茫然不解。殷勤重省更增惛漠
> 乃叹曰："佛法钩深备论三世"。乃弃俗出家，诵大小乘经及
> 诸律藏。游化至洛。于时魏境虽有佛法。而道风讹替。亦

---

①② 梁启超：《梁启超集》之《佛经目录在中国目录学之位置》，中国社会科学出版社，1995年，第83页。

有众僧未禀归戒。止以剪落为殊俗耳。设复斋忏事同祠祀。
迦罗既至。大行佛法。诸僧请出毗尼。迦罗以律藏曲制文
言。繁广佛教未昌必不承用。以嘉平年于白马寺出此戒本
一卷。且备朝夕。中夏戒法始自此焉。①

右一卷昙无德者。魏云法藏，藏师地梨荼由，是阿蹻阇
第九世弟子。藏承其后，即四分律主也。自斯异部兴焉。此
当佛灭后二百年中。后安息国沙门昙谛，以高贵乡公正元二
年届于洛阳，妙善律学，于白马寺众请译出：首楞严经二卷
(第二出与汉世支谶所出本同文少异见竺道祖晋世杂录及三
藏记)无量清净平等觉经二卷(第二出与世高康僧铠等所出
无量寿经本同文名少异见竺道祖晋世杂录)又须赖经一卷
(一本无又字见竺道祖及僧佑等录)除灾患经一卷(见三藏
记)平等觉经一卷(见竺道祖魏吴录)菩萨修行经一卷(一名
长者威施所问菩萨修行经一名长者修行经见始兴及宝唱等
二录)。②

右二部六卷。庐山东林寺沙门释昙诜撰。诜即慧远弟
子,甚有才学。③

右四录经目合四卷。庐山东林寺远公弟子释道流创撰,
未就而卒。同学竺道祖成之行世。④

历代翻本单重人代存亡录部分著录较为简单,仅著录译者和经

---

① (唐)释道宣:《大唐内典录》,上海古籍出版社,2002 年,第 1289 册,第 14
页。

② 《大唐内典录》,第 14 - 15 页。

③ 《大唐内典录》,第 42 页。

④ 《大唐内典录》,第 42 - 43 页。

卷。即便如此,亦记述译者的存亡时代。"西晋竺法护译 四不可得经(四纸)","西晋竺法护译 福田经(六纸一名诸德福田经)","西晋法炬共法立等译 出家功德经(四纸)"等。历代众经总撮入藏录、历代众经举要转读录、历代众经有目阙本录、历代道俗述作注解录、历代诸经支流陈化录、历代所出疑伪经论录、历代众经录目始序七个部分,虽划分较为细致、明晰,但著录均较为简单。有的仅著录经卷名称,如历代众经总撮入藏录部分仅著录大小乘经卷;有的经卷之外,仍著录有译者时代及具体译经地等内容,如历代众经举要转读录、历代众经有目阙本录等其他几个部分之著录:"陈时外国王子月婆首那于九江郡译 金光明经(六卷或八卷一百一十五纸)";"北凉昙无谶译。前四卷陈真谛译 宝云经(七卷一百纸)";"梁天监年曼陀罗于杨都译 法集经(六卷或七卷一百二十二纸)";"后魏延昌四年菩提留支于洛都译 菩萨处胎经(五卷一百一十三纸)";"前秦建元年竺佛念于长安译 大悲经(五卷八十八纸)。"

历代众经应感兴敬录部分,则直接为小传部分,详述人物传记。如:

> 释道积,贞观初,住益州福成寺。诵通涅盘,净衣澡沐日为恒度,慈爱兼济固其深心。终于五月,炎气赫然,而尸不腐臭,百有余日跏坐如初。道俗莫不嘉赏。①

> 时蜀川又有释宝琼者,绵竹人。出家贞素读诵大品,两日一遍,无他方术,唯劝信佛为先。本邑连比什邡,并是米族,初不奉佛,沙门不入其乡,故老人女妇不识者众。琼思拔济待其会众,便往赴之不礼而坐,道党咸曰:"不礼天尊非沙

---

① 《大唐内典录》,第 205 页。

门也。"琼曰:"邪正道殊所奉各异天尚礼我,我何得礼老君乎?"众议纷纭。琼曰:"吾若下礼必贻辱也。"即礼一拜,道像连座动摇不安;又礼一拜,连座反倒狼籍在地,遂合众礼琼。一时回信。乃召成都大德,就而陶化,以贞观八年终于所住。①

释空藏者,贞观时住京师会昌寺,诵经三百余卷,说化为业,游浪川原,有缘斯赴。昔往蓝田负儿山诵经,赍面六斗拟为月调,乃经三周,日啖二升,犹不得尽,又感神鼎,不知何来,晚至玉泉,以为终焉之地。时经亢旱泉竭,合寺将散,藏乃至心祈请,泉即应时涌溢,道俗动色惊嗟不已。贞观十六年终于京寺,还葬山所。②

整部《大唐内典录》虽然八个部分的著录较为简单,经卷之外简述译者;只有第一和第十两个部分著录较为详备,经卷之外,详述译者小传。但是这两部分正是道宣著录之重点,所占比例亦达全书之半,且小传著录更是全面丰富,具有典型的传录体特征。总体而言,道宣《大唐内典录》采用按人记经的著录体例,即传录体体例。经卷之外,更著译者介绍,具体包括籍贯、身世、学识、经历、生卒等各种详尽信息。传录体例的采用,一方面保存了大量佛经和译者的详细资料,另一方面,将传录体例更全面地应用于佛经目录。

唐代另一部重要佛经目录《开元释教录》著录体例亦为传录体。智昇《开元释教录》在著录体例方面,亦是或简或繁。简者寥寥数字,仅录经卷名称和卷数,如"比丘诸禁律一卷"③"优婆塞五戒威仪经一

---

① ② 《大唐内典录》,第205页。
③ (唐)释智昇:《开元释教录》卷一,《高丽大藏经》本。

卷"①"摩调王经"②。繁者则于经卷之外,详著作者小传,内容涉及籍贯、身世、品行、学识、经历和生卒等情况,较为全面完备,具有典型的传录体特征。如:

> 沙门竺法兰亦中印度人。自言诵经论数万章,为天竺学者之师。时蔡愔既至彼国,兰与摩腾共契游化,遂相随而来会,彼学徒留碍,兰乃间行而至,既达洛阳与腾同止。少时便善汉言,初共腾译四十二章经。腾卒。兰自译十地断结经等四部。昔前汉武帝穿昆明池底得黑灰,问东方朔,朔云:"非臣所知,可问西域胡人。"法兰既至,追以问之,兰云:"此是劫烧时灰。"朔言有征,信者甚众。又秦景使还于月支国得释迦佛像,是优填王栴檀像师第四作也。来至洛阳,帝即敕令图写,置清凉台及显节陵上供养。自尔丹素流演迄今。兰后终于洛阳,时年六十余矣。③

三、传录体在元明两代的延续发展

1. 元代《录鬼簿》

宋代私家解题书目《郡斋读书志》和陈振孙《直斋书录解题》,均为叙录体解题书目。直到元代《录鬼簿》出现,才再次于特定环境下,将传录体例应用于文学专科目录之编纂。而文学专科目录的发展和勃兴,尤其是戏曲文学专科目录的独立发展,也正是我国传统目录学发展到元代的重要特征之一。

传统意义而言,元代钟嗣成所撰《录鬼簿》未被历代目录学视为专业著作,但就其内容而言,其系统著录了不为官修、史志书目所重视的

---

①②③ 《开元释教录》卷一,《高丽大藏经》本。

元代杂剧、散曲类作家作品,是我国第一部专为戏曲作家作品所作之目录。全书共著录已故和在世的作者151人,作品450余种。其中卷上为"前辈名公乐章传于世者",著录作者100人,详列作者传记58人,无传记42人;卷下为"方今才人相知者为之作传以凌波曲吊之",51人中49人均作详细之传记,只有2人未做详细之传记。即便此二人,亦是列出其著作,"屈英甫,编《一百二十行》《打看钱奴》院本等"①,"高安道,有《御史归庄》(南吕)、《破布衫》(哨遍)等曲行于世"②。《录鬼簿》以人类书,以剧作家为次,采用"传其本末,吊以乐章"③的方式,依次列出作者及剧作。

整部《录鬼簿》在著录体例方面,采用较为醒目、简略的传录体例,先列著者,再列作品,即"以人类书"的著录方式。作者之后,先附作者传记,部分再作相关介绍和评论,然后列其著作。如宫大用,先附其简单传记,"名天挺,大名人,钓台书院山长。为权豪所中,卒不见用。先君与之莫逆,故余常得侍坐,见其吟咏文笔,人莫能敌,乐府歌曲,特余事耳"④,后评论之,"豁然胸次扫尘埃,久矣声名播省台。先生志在乾坤外,敢嫌他,天地窄。辞章压倒元、白。凭心地,据手策,是无此英才"⑤。再附其著作:《宋仁宗御览托公书》《宋上皇御赏凤凰楼》《严子陵钓鱼台》……这些元代杂剧家和散曲家的著录,内容丰富,某种意义上而言相当于一部戏曲家列传。可见,无论是从作者的创作初衷,还是具体的著录内容以及著录体例而言,《录鬼簿》均可谓文艺戏曲领域的传录体专科目录,是传录体于元代之延续。

①　(元)钟嗣成:《录鬼簿》,上海古籍出版社,1978年,第43页。
②　《录鬼簿》,第43页。
③　《录鬼簿》,第2页。
④⑤　《录鬼簿》,第31页。

2. 明代传录体之发展

明代是私家书目繁盛的一代,亦是传录体例得以发展的一代。明代科举制度的发展和完善,使得明代登科录的数量和著录内容,较前代均有明显发展和进步。同时,明代更是我国地方志空前发展的重要时期,形成了政府倡导、学者参与和有效组织的完整体系,以至于出现了皇帝参与编修的盛况,这也使得明代地方志数量和规模均超越宋元,这些都为传录体书目的发展奠定了特定的社会基础和文化基础。也正是在此基础上,《红雨楼书目》和《千顷堂书目》才得以相继采用传录体例进行编纂。

《红雨楼书目》是明代较为重要的私家藏书目录。《红雨楼书目》集部不仅著录了丰富的明人文集,而且著录较为详备,在采用传录体例著录明人文集的同时,还著录了大量明人的传记。古典文学出版社于 1957 年出版《徐氏红雨楼书目》四卷,附于《晁氏宝文堂书目》后,并在出版说明中言《红雨楼书目》收录明代集部书籍较多,明诗选部分更详注作者履历,是有关明代艺文的宝贵资料。其与《千顷堂书目》集部明代之著录可互为补充。七卷本《徐氏家藏书目》的集部著录则更为详备,可谓典型的传录书目。

刘氏七卷抄本《徐氏家藏书目》①虽分经、史、子、集四部,但总卷

---

① 现存《红雨楼书目》四卷本之外,还有七卷本。七卷本系清道光七年刘燕庭味经书屋抄本,题名作《徐氏家藏书目》,现藏于国家图书馆。书首为刘燕庭于味经书屋所作序言,"家藏书目序"下有朱文长方印"东武刘氏味经书屋藏书章";经部卷首有刘氏藏书印。书目文献出版社 1994 年《明代书目题跋丛刊》、中华书局 2006 年《宋元明清书目题跋丛刊》均据此本影印。此本在著录体例上与四卷本差异较大。笔者认为,马泰来先生通过获取的最新史料考证徐㶿的生卒年,进而考订《红雨楼书目》的版本问题所得结论更为可信。马泰来先生认为七卷本远胜四卷本,并呼吁尽早单本刊行以便流传翻阅。同时,鉴于《千顷堂书目》卷十簿录类著录了七卷本的《徐氏家藏书目》,而未著录四卷本,故本文选择据七卷本《红雨楼书目》与《千顷堂书目》进行比较,以期为研究《千顷堂书目》的性质和著录体例提供更为客观、准确的依据。

数为七卷,其中卷一经部,卷二史部,卷三、四子部,卷五、六、七集部。可见,集部所占比重很大,是其著录最为丰富的部类。在著录体例上,卷五总集类和卷六别集类著录较为简单,仅有作者、作品及卷数;卷七别集类著录则较为详细,作者、作品、卷数之外,更详细著录了作者情况。其按照区域省府进行划分,专门著录明人别集,共1011部,并全部附有作者小传,对字号、籍贯、科第、履历、别集刊刻流传等情况均作了详细著录,体例统一完善,具有典型的传录体特征。同一作家之传,七卷本著录明显详于四卷本。如四卷本集部"明诗选姓氏"载:"杨基,孟载,吴郡人。洪武间历官山西按察史。有《眉庵集》。"①七卷本于"南京苏州府"类则载:"杨基《眉庵集》十二卷。字孟载,本蜀嘉州人。父仕江左,遂家吴中。国初以荐累官山西按察史。平日之诗甚富,盛年稿已散失,今流传人间十无二三。天顺间,郡人郑教授刊行,万历中,浙江参政陈邦瞻合高、杨、张、徐为国初四大家。太学生汪汝淳重梓之。"②"江盈科"一条则更是如此,"江盈科《雪涛阁集》十四卷,字进之,号渌萝,桃源人。万历壬辰进士,长洲知县、吏部主事、大理评事。予以……"③这一提要对作者生平、得书经过、别集卷数等言之甚详。但四卷本仅在卷二史部著录有江盈科的《皇明十六小传》,集部却未著录《雪涛阁集》,徐氏提要中已明言藏有该书,四卷本却不载。

即便是著录简略,为学者所质疑的四卷本,集部"元诸家姓氏"著录作者258位,亦有73条注有作者、籍贯、字号等内容。"明诗选姓氏"部分著录315位明代诗人,其中271条均详细著录作者小传,包括作者字号、籍贯、科第、品行、家世、作品,只有"方孝儒""董良史""曾

① (明)徐㶿:《徐氏红雨楼书目》,上海古籍出版社,2005年,第388页。
② 《徐氏家藏书目》,第373页。
③ 《徐氏家藏书目》,第454页。

是修""曾棨""周玄""谢士元"等44条仅著录姓名。可见《红雨楼书目》远绍王俭《七志》之法，集部采用传录体的著录方式详细记载作者生平、著述等内容。这是其鲜明特色和重要价值所在，也是传录体于明代之延续。

第二节　《千顷堂书目》的传录体例

一般观点认为，传录体始于《七志》，南北朝时期迅速发展，后随着门阀等级观念和人物品评风气的逐渐淡化，传录体目录的数量也急速减少，且再无璀璨之作。其实不然。明代《千顷堂书目》相较于前代诸多专科目录，无论是作者小传的著录方式还是数量方面，都更加完整、详实，是继《七志》之后又一部综合性、完全意义的传录体书目。

一、著录内容及方式

关于《千顷堂书目》的体例，来新夏认为其载明代著作15400余部，宋、辽、金、元著作2400余部，共17800余部。书名下注作者爵里、字号、科第等，间及作者生平。其中不少内容为正史所无，弥足珍贵。集部别集类以朝代科分为先后，无科分者则酌附各朝之末，另附有外国、土司、中官等七门，所录明代著作最为赅备。

考订一部书目之体例，书目内容自是考察的重要方面，而内容的特点和数量则是主要判断点。具体而言，《千顷堂书目》不重书之内容、学之渊源，而重立传，注重对作者的介绍；甚至于书目、卷数之外，只注作者小传，只字不提书之内容。书名卷数之外的小注内容虽然有繁有简，但无论繁简大都以作者小传为主。繁者，几十到数百字不等，如开篇"易类"即有"鲍恂《大易钩元》三卷,字仲孚,嘉兴人,领元乡荐,明初以明经老儒召为文华殿大学士,固辞归。恂受易于吴草庐"①;简者,寥寥两三字,但亦标注作者籍贯或字号,如:"戴埴《鼠璞》一卷,桃源人"②;"张九韶《理学类编》八卷,字九韶。"③再者,《千顷堂书目》作者小传并非集部或其他某一部类所特有,而是经史子集四部均有大量作者小传。四部当中集部小传著录详备,数量巨大,最为厚重。如:经部著录"周聪《周易讲义》二十四卷,字敬之,江西乐平人,嘉靖中贡士,英山教谕"④,介绍了周聪的字号、籍贯和官职;史部著录"杨寅冬《历代史汇》二百四十卷,泰兴人,杨寅秋弟,有孝行称"⑤,不但介绍了杨寅冬是泰兴人,是杨寅秋的弟弟,还指出了其孝行之品性;子部著录"郎瑛《七修类稿》五十一卷,又续稿□卷,字仁宝,杭州人,性孝,两刲股愈母疾,内行尤至"⑥,不但指出郎瑛孝行之品行,更是举其"两刲股愈母疾"之例;集部著录"胡俨《颐庵集》三十卷,字若思,南昌人,洪武末会试乙未科,授华亭教谕,永乐初擢翰林检讨,同解缙等直内阁,寻迁国子监祭酒,洪熙元年加太子宾客,致仕"⑦,详细介绍了胡颐庵的历任官职。只是四部当中集部小传著录最为详备。

《千顷堂书目》着力于对作者的记载,这与我国目录学史上大多数书目注重书籍本身的著录方式有较大不同。姚名达《中国目录学史》评价《千顷堂书目》曰:"书目卷数之外,更注撰人略历,较其他各志,

① 《千顷堂书目》,第 1 页。
② 《千顷堂书目》,第 329 页。
③ 《千顷堂书目》,第 297 页。
④ 《千顷堂书目》,第 6 页。
⑤ 《千顷堂书目》,第 117 页。
⑥ 《千顷堂书目》,第 339 页。
⑦ 《千顷堂书目》,第 487 页。

特为详明。"①其著录采用书名卷数下加小注的方式,小注内容或仅为"作者小传",或"作者小传"及书目撰写缘起、时间等内容。相较而言,"作者小传"反而是主体部分,其他内容仅为辅助而已。著录详备者,包括字号、籍贯、官职、仕途变迁、学术情况等作者传记相关内容,以及书籍的撰写缘起、时间等。只是著录了书籍撰写缘起、时间等内容的条目不足整部书目的十分之一,作者字号、籍贯等传记内容仍为著录之核心。一般情况下,著录最多者乃作者字号、籍贯和官职等,即使最为简单者,也会著有籍贯或字号。如"李渭《先行录》十卷,字湜之,思南府人,举人,官云南参政,从耿定向学,人称同野先生"②,著录字、籍贯、官职、学术情况,较为齐全;而"戴埴《鼠璞》一卷,桃源人"③,"张九韶《理学类编》八卷,字九韶"④,则属较为简单者。虽详简不一,但"立传"之意昭然可见。不求详尽记载一书细节内容或学术之源流,而是详细考究作者生平、官职、籍贯、学术等状况。

　　随着社会文化及学术的发展繁荣,尤其是雕版印刷术的普及应用,图书事业得到了极大的发展。至明代,仅仅采用记录藏书的传统做法编制书目,已不能适应新的社会现状和编纂需求。《千顷堂书目》摒弃著录藏书的传统做法,采用纪明一代著作并兼附四朝的著录方式,在中国目录学史上具有重大的开创意义。然而整部书目之编纂一旦从时间上做断代处理,相应的历史脉络、学术承递源流则在无形中被弱化,作者仅关注明一代人物和著作的繁盛。同时,作者编纂书目意在从"知人论世"的角度记录作者情况,而不求从学术上考证书目之

---

① 《千顷堂书目》,第 181 页。
② 《千顷堂书目》,第 307 页。
③ 《千顷堂书目》,第 329 页。
④ 《千顷堂书目》,第 297 页。

源流。这与明以来治流略之学风不无关系。明代治流略者整体不重书目、特别是属意于学术流变之解题,《百川书志》外,再无提要体目录。黄虞稷自不免受此风气影响。但是黄虞稷并不拘泥于明代书目只录书名之体例,溯源《七志》,力求创新,采用传录体著录方法。

此外,明代著述宏富,黄虞稷以一人之力,在自家藏书基础上,编成专纪明代著作之《千顷堂书目》,实非易事。如若再要细考每书之授受源流、每人之仕履出处,则更是难以企及。作者又力求将《千顷堂书目》编纂为一代著述性目录,故取材不限于自家藏书。由于大量条目来源于别家书目或通过其他渠道了解,并未见其书,故无法为其撰写解题也在情理之中。如此,作者自不必把撰述重心置于学术之穷源竟委、辨章考镜,相较而言更重于立传。如此既无学术考校之难,又合专纪明代之意,不但可以让读者知其人而读其书,而且还能在需要的情况下兼及学术。

黄虞稷在编纂《千顷堂书目》的过程中,选择著录大量作者小传,究其根本原因,当是受我国"知人论世"传统的影响。自孟子提出此主张以来,很快便延伸到了文学批评、人物品评、升官进爵等社会生活的诸多方面,成为影响士人升迁的重要因素,亦是仕子们信奉之教条。加之以黄氏家学及藏书之传统,以及其交游之广泛,作者小传资料自极便于获取。因此,在世隔数朝数代之后,黄虞稷延用王俭《七志》所创传录体例编纂《千顷堂书目》,再次将此体应用于综合性目录的编纂之中,可谓继往开来之举。

二、著录作者小传的数量

就著录数量而言,整部《千顷堂书目》共著录:经部十二类,收书2400余部;史部十八类,收书5060余部;子部十三类,收书2980余部;

集部八类,收书 7370 余部。"计明代著作一万五千四百余部,宋、辽、金、元著作二千四百余部,共一万七千八百余部"①。其小注内容,著有作者小传者占其大部。据笔者统计,书名卷数之外,只述作者小传者达 8240 多条,约占整部书目半数以上;只录书名或卷数,无任何其他内容者 6820 多条,两者合计占全部书目之大部。其余两类:既有作者小传又有其他内容者、著录作者之外其他内容者,合计仅约 2000 余条,相较只述作者小传者,足足差了 6000 余条。无论是著录数量,还是所占整部书目比例,作者小传均可谓《千顷堂书目》小注内容的主体。

《千顷堂书目》作者小传并非集部或其他某一部类所特有,而是遍及四部。如经部易类"周聪《周易讲义》二十四卷,字敬之,江西乐平人,嘉靖中贡士,英山教论"②;史部通史类"杨寅冬《历代史汇》二百四十卷,泰兴人,杨寅秋弟,有孝行称"③;子部儒家类"朱廉《理学纂言》,义乌人,预修明史,取朱子语类,摘其精义"④;子部小说类"郎瑛《七修类稿》五十一卷,又续稿□卷,字仁宝,杭州人,性孝,两刲股愈母疾,内行尤至"⑤;集部别集类"陈叔刚《绸斋集》十卷,名栻,以字行,闽县人。以监察御史预修永乐、洪熙实录,改翰林修撰,复纂修宣宗实录,升侍读,遭父丧卒"⑥。小注内容涉及作者姓名、字号、官职、籍贯、著述、学术、德行等各个方面,且多数小注的内容仅涉及作者小传,别无其他。相较于《文章叙录》集部书和《出三藏记集》后三卷等魏晋南北朝时期

① 来新夏:《清代目录提要》,齐鲁书社,1997 年,第 29 页。

② 《千顷堂书目》,第 6 页。

③ 《千顷堂书目》,第 117 页。

④ 《千顷堂书目》,第 297 页。

⑤ 《千顷堂书目》,第 339 页。

⑥ 《千顷堂书目》,第 486 页。

传录体目录,《千顷堂书目》则是更加完整的综合性传录体书目。传录一体于王俭《七志》后,世隔数代再次被应用于综合性目录的编纂,故《千顷堂书目》可谓继往开来之作。

这一点通过后世学者对《千顷堂书目》的增补亦可见一斑。最早杭世骏增补293条,后卢文弨又补入363条,今存吴骞校本又补入239条,且广集朱彝尊、杭世骏、卢文弨等学者的增补考订。以瞿凤起、潘景郑整理本为底本进行整理统计,其中"卢补""吴补""别本有注文"者,共计500多条,即增补500多条。其中全部增补内容均包含作者小传,且大量内容是仅增补作者小传而无其他内容。由此可见,几位考订学者都非常注重《千顷堂书目》的作者小传,认为此乃其重要特色。绝大多数的增补只做作者小传,实则已将其视为传录体以做考订增补。换言之,亦仅有如此考订增补,方能确保与原书体例之相得益彰。

三、著录作者小传的特点

笔者对《千顷堂书目》和《徐氏家藏书目》集部共同著录的明人文集进行了详细比对。两部书目集部均著录的图书244部,其中均著录有作者小传者190部,仅著录书名者二十部;余下图书中有16部《千顷堂书目》只录书名作者,17部图书《徐氏家藏书目》只著录书名作者。就著录内容而言,《徐氏家藏书目》较《千顷堂书目》对作者小传之著录更为详备。比如,同为对《苍谷集》作者王尚䌹的著录,《千顷堂书目》著录为"字锦夫,郏县人,浙江布政使"①,《徐氏家藏书目》著录为"字锦夫,号苍谷,汝州郏县人。弘治壬戌进士,历官浙江右布政使,

---

① 《千顷堂书目》,第538页。

私谥贞孝,尚书王崇庆序"①。对于《抚闽奏疏文移》的作者熊文灿,《千顷堂书目》仅著录其书名及作者,未附作者小传;而《徐氏家藏书目》著录为"字□,号心开,泸州人。万历丁未进士,福建巡抚都御史"②。可见,《徐氏家藏书目》之著录较《千顷堂书目》要详细丰富。这也从另外一个方面论证了《千顷堂书目》著录过程中,并未抄录《徐氏家藏书目》,对其当为"见而不录"。

就著录体例而言,两部书目对传录体例的采用均较为完备,且著录的格式较为统一。两者均首言字号,后注明籍贯,较为强调地域。字号、籍贯之外,亦多详明科第官职。比如:《西行集》作者孙昭,《千顷堂书目》小字著录"字明德,永嘉人,御史,巡按陕西"③,《徐氏家藏书目》著录"字明德,号斗城。永嘉人。嘉靖甲辰进士官陕西巡按御史。一号省庵"④。《沂川集》作者杨光溥,《千顷堂书目》著录"字文卿,沂水人,江西副使"⑤,《徐氏家藏书目》著录"字文卿,青州府沂水县人。成化乙丑进士,山西按察司副使"⑥,《永州集》作者钱芹,《千顷堂书目》著录"字懋文,海盐人,琦次子,永州知府"⑦;《徐氏家藏书目》著录"字懋文,海盐人,号泮泉。嘉靖丙戌进士,官永州知府"⑧。此著录体例及特色,也成明代传录体之统一范式,即明代传录体之特色。两部书目对集部作者的传记,详简完备之外,著录的内容和体例均差

---

① 《徐氏家藏书目》,第 459 页。
② 《徐氏家藏书目》,第 473 页。
③ 《千顷堂书目》,第 589 页。
④ 《徐氏家藏书目》,第 429 页。
⑤ 《千顷堂书目》,第 517 页。
⑥ 《徐氏家藏书目》,第 461 页。
⑦ 《千顷堂书目》,第 582 页。
⑧ 《徐氏家藏书目》,第 427 页。

异不大。细究其差异,仅有《千顷堂书目》不注明序言作者,而《徐氏家藏书目》则对这一情况进行著录。比如:"张元凯《伐檀斋集》十二卷,字左虞,苏州卫指挥使,王世贞序。"[①]"吴国伦《甀甄洞稿》五十四卷,《续稿》二十七卷,字明卿,号川楼,兴国州人,嘉靖庚戌进士,河南参政。前集王世贞、许国序,续集李维祯、邓原岳序。"[②]"王格《少泉集》十卷,字汝化,京山人。嘉靖丙戌进士,河南金事。崔铣(铣)、顾璘为序"[③]。这些条目于《千顷堂书目》中均未言明序言情况,而这也是《千顷堂书目》小注之特点。

明代社会的学术发展和特点,使得明代书目传录的特点、目的、意义与南北朝时期不尽相同。明代传录体例较为强调地域性,以及注重科第官职的特点,与明代地方志和登科录的兴盛密不可分。明代地方志的编纂规模蔚为大观,臻于鼎盛,就连皇帝都参与其中,如明成祖朱棣曾两次钦定并颁布纂修志书的凡例,钦定方志篇目为二十一类。据不完全统计,明代志书多达1000余种。此种风气在《千顷堂书目》的传录中留下了深深的烙印,即对作者的著录重出身重籍贯,甚至不排除有些小传直接录自当时的登科录或地方志。这也正是《千顷堂书目》《徐氏家藏书目》与南北朝时期书目传录内容最大区别所在,虽然都是对作者的介绍,但侧重点却不尽相同。

南北朝时期的传录体目录受当时谱系之学大兴的影响,传录的内容侧重于追叙先世显位,详述其仕履官阶,旁及其子孙后代等方面,带

---

① 《徐氏家藏书目》,第382页。

② 《徐氏家藏书目》,第450页。

③ 《徐氏家藏书目》,第452页。

有浓厚的家谱、家传色彩①。例如《世说新语·文学篇》注东汉崔烈引挚虞《文章志》曰："(崔)烈字威考,高阳安平人,骃之孙,瑗之兄子也。灵帝时官至司徒、太尉,封阳平亭侯。"②又如王俭《七志》载范长生为"王弼后人"③。而《千顷堂书目》的传录内容则与当时登科录、地方志盛行有着一定的关联,即登科录或地方志中的列传多为黄虞稷采用。登科录中人物之传记多述其科名官爵,地方志则多述其字号里籍,这与《千顷堂书目》中作者小传记述的主要内容是十分吻合的,即注重作者字号里籍、科名官爵,即使寥寥数字,也要著录作者的籍贯或字号。如"李如玉《周礼会注》十五卷,如玉,同安县儒士,嘉靖十八年令其子诣阙奏进,帝嘉其究心礼书,令给冠带荣身"④;"顾谅《仪礼注》,字季友,吴江人,王行为作传"⑤;"吴昂《周礼音释》,号南溪,海监人,进士,官福建布政使"⑥;"王磐王西楼《野菜谱》一卷,高邮州人"⑦;"史弼《省己录》一卷,字君佐"⑧。最简单的仅有两三字,也多是"××人""字××"等内容。这一方面说明《千顷堂书目》中作者小传的著录当大量参照了当时盛行的登科录和地方志的记载;另一方面也体现了明代学术和文化在传录体目录中的反应,是传录体目录延续到明代才发生的符合当时社会特色的演变。

---

① 李国新:《品评人物之风大盛与传录体目录的勃兴:魏晋南北朝目录学研究》,《山东图书馆季刊》1990 年第 4 期,第 13 页。

② (南朝宋)刘义庆:《世说新语》卷上之下《文学四》注引挚虞《文章志》,《四部丛刊初编》本。

③ (唐)陆德明:《经典释文》卷一《七志》注引,《四部丛刊初编》本。

④⑤⑥ 《千顷堂书目》,第 36 页。

⑦ 《千顷堂书目》,第 331 页。

⑧ 《千顷堂书目》,第 330 页。

第三节 《千顷堂书目》的分类

分类著录图书是我国图书馆学和目录学的重要思想,是揭示图书、学术的重要途径和方法。郑樵《编次必谨类例论》六篇,充分体现了图书分类的重要特性:"学之不专者,为书之不明也;书之不明者,为类例之不分也。有专门之书则有专门之学;有专门之学,则有世守之能。人守其学,学守其书,书守其类。人有存没而学不息,世有变故而书不亡。"①

刘向、刘歆父子进行了我国古代第一次全国范围的图书整校工作,并编写了《别录》和《七略》两部目录学开篇之作。《别录》是一部分类编排的叙录体书目,其目的是向皇帝汇报校书的目的、过程和结果。《七略》则是我国历史上第一部综合性的分类编排的目录,具有严密的分类体系,共分七略、三十八种、六百零三家,七略包括六艺、诸子、诗赋、兵书、术数、方技,以及有略无书、综合概括六艺等所收文献的辑略,是我国目录学史上最早的分类体系。之后的《汉书·艺文志》则是在《七略》的基础上增删而成,亦分六艺、诸子、诗赋、兵书、术数、方技六类,大体沿用刘歆之分类法。

魏晋南北朝是我国目录学大变革的重要时期,目录分类完成了由六分向四分的过渡。晋荀勖在整理皇家典籍的基础上编成《晋中经簿》,分甲、乙、丙、丁四部,以适应《七略》之后三百年间学术的变迁及图书庋藏的增减,是目前所知最早明确采用四分法的目录。《隋书·

---

① (宋)郑樵:《通志》卷七十一《校雠略第一》,中华书局,1995年,第1804页。

经籍志》则在四分法的基础上吸收王俭、阮孝绪七分法的优点,使四部分类法更为完善,并以经、史、子、集定名四部,明确开创了经、史、子、集四部分类体系。其二级类目共分 40 部,分类体系更加系统、完善。至此,四部分类法确立了在我国目录分类体系中的正统地位,此后目录多采用四部分类法著录图书。

目录分类法发展到明代,主要有两种情况:一种仍然延续经、史、子、集四部分类,但对其二级类目、三级类目等子目进行必要的合并或细分调整,如高儒《百川书志》四部之下又分 93 门,四部中每部都有新增类目。一种是根据实际藏书情况或自己的意图进行分类,而不遵循传统六分、七分、四分之法。如明代的官修书目《文渊阁书目》就是按照书橱的排列序次逐一登录;《晁氏宝文堂书目》共上中下三卷,上卷12 类、中卷 6 类、下卷 15 类,全书没有总的大类,直接设立了 33 个具体类目。明代书目的类目设置,无论是否在四部分类体系下,都进行了一定的创新和突破。明代可谓整个目录学史上分类方式最为多样的一代。《千顷堂书目》的分类正是受到了同时代书目以及当时书目编纂风气影响,在继承前代目录分类特征的基础上,又有所创新和发展。严佐之认为《千顷堂书目》的分类在明末清初私家目录中尚属良善,与《澹生堂书目》之分类相近,但不及其有三级类目,稍显粗疏①。

一、分类概况

《千顷堂书目》的分类采用传统经、史、子、集四部分类法,与《明史·艺文志》分类大体相似。自《隋书·经籍志》以来,史志多采用经、史、子、集四部分类法。《千顷堂书目》虽不是史志目录,但由于

---

① 《近三百年古籍目录举要》,第 12 页。

黄虞稷入史馆参与纂修明代艺文,故其与《明史·艺文志》间有着不可分割之联系,其自身体例及内容都无形中受到史志艺文编纂之影响。

《千顷堂书目》在大类设置上遵循了四部分类法,对四部之下的二级类目则进行了大胆的创新和改革,共设51个,具体如下:

表5－1 《千顷堂书目》分类表

经部(十二类)	易、书、诗、三礼、礼乐(乐)、春秋、孝经、论语、孟子、经解、四书、小学(附算学、小学)
史部(十八类)	国史、正史、通史、编年、别史、霸史、史学、史钞、地理、职官、典故、时令、食货、仪注、政刑、传记、谱系、簿录
子部(十三类)	儒家、杂家、农家、小说、兵家、天文、历数、五行、医家、艺术、类书、释家、道家
集部(八类)	别集、制诏、表奏、骚赋、总集、文史、制举、词曲

以集部为例,《千顷堂书目》共设别集、制诏、表奏、骚赋、总集、文史、制举、词曲八类,较之《宋史·艺文志》楚辞、别集、总集、文史四类,《明史·艺文志》别集、总集、文史三类,甚为详备。词曲类的设置,也被后世《四库全书总目》所沿用。此外,《千顷堂书目》还根据典籍的实际情况,对类目的设置及名称进行了适当的调整。如子部"杂家类",名、墨、法、纵横诸家除了在先秦时期有所发展外,后世几乎没有流派传承,各家著述也寥寥无几,《千顷堂书目》因综合各家而统立杂家类。这一创举得到《明史·艺文志》《四库全书总目》的认可和延续。《四库全书总目提要·凡例》曰:"名家、墨家、纵横家,历代著录各不过一二种,难以成恢,今从黄虞稷《千顷堂书目》例并入杂家为一门。"

二、分类特色

1. 集部最有特色

明代雕版印刷术的繁盛推动了刻书业的极大发展,许多文献得以大批量印刷出版,这在很大程度上刺激和鼓励了文人学者的创作激情和学术氛围。明人文集的数量和规模都达到了前所未有的高水平。这一点从明代书目中集部著作所占比重的上升也可得到印证。《千顷堂书目》集部共著录图书七千三百七十余部,相当于经、史、子三部图书的总和,占整部书目半数之多,是整部书目最为浓墨重彩之处。在类目设置上,作者也较为用心,共设别集、制诰、表奏、骚赋、总集、文史、制举、词典八大类,既有政论文章的表奏类、政府诏令的制诰类,还有科举考试的制举类,相较于《宋史·艺文志》楚辞、别集、总集、文史四类和《明史·艺文志》别集、总集、文史三类要更为合理、周祥。

我国科举制度始于隋唐,经过宋元的发展、完善和规范,至明代无论内容、体制,还是相关书籍的编纂都达到了很高的水平和规模。"八股取士"成为明朝统治阶级加强皇权、管制思想的工具,更是万千学子科举升迁之主要途径。诏、诰、表是八股考试必考的科目。《千顷堂书目》将此前书目多归于史部的制诰、表奏归入集部,设立"制举类",当是作者从此类文献多为参加考试的举子所研读、临摹的角度来考量,相较于政治作用外,更看重其文学价值。虽《四库全书总目》对此并不认同:"惟制举一门可以不立。明以八比取士,工是技者,隶首不能穷其数,即一日之中,伸纸搦管而作者,不知其几亿万篇,其不久而化为故纸败烬者,又不知其几亿万篇。其生其灭,如烟云之变现,泡沫之聚散。虞稷乃徒据所见而列之,不亦慎耶?"①这是从制举的文艺价值而谈,但从学术氛围来看,制举文无疑是有明一代学术的一大特点,自朱明王朝建立之始,统治者便想借科举的渠道钳制读书人的思想,而迨至弘治以后,随着社会经济的发展,印刷业的兴盛,则进一步扩大了这种钳制的范围。与科举相适应的制举之文广为流传,士子们甚至出现了"非举业不览"的现象。基于此种学术氛围,黄氏在总结有明一代著作时,将之列为一类,也无可厚非。从明代社会科举繁盛及学子的切实需求而言,黄虞稷独创制举一类更是符合时代发展之需。

《千顷堂书目》集部别集类先按作者科第时间的先后顺序进行分类著录,后附未及科第的作者,即以作者科第时间进行分类,此亦为黄虞稷之首创。《千顷堂书目》采用纪明一代著述的断代体例,为此排序法的实行提供了可行性,且明朝科举已达极盛,大多数图书的作者都曾参加科举并且登第。因此按照科第先后排列著录的图书,既符合时代的发展,又便于后人检索,充分体现了黄虞稷对典籍类分及排列的匠心独具。《四库全书总目》即称赞:"其别集以朝代科分为先后,无科分者,则酌附于各朝之末,视唐、宋二《志》之糅乱,特为清晰,体例可云最善。"②甚是。

2. 史部类目较为详备

《千顷堂书目》史部共设国史、正史、通史、编年、别史、霸史、史学、史钞、地理、职官、典故、时令、食货、仪注、政刑、传记、谱系、簿录十八类。而《明史·艺文志》史部仅分正史、杂史、史钞、故事、职官、仪注、刑法、传记、地理、谱牒十类。在具体的类目设置上,《千顷堂书目》相较于《明史·艺文志》也更为详备合理。《千顷堂书目》"国史类"列明

---

① ② 《四库全书总目》卷八五《千顷堂书目》,第732页。

代历朝实录、实训、年表等,"通史类"列唐顺之、穆空晖等人所撰通史,"编年类"列《龙飞纪略》《历年图》《历代帝王世统》等书,类别详备,条理清晰。《明史·艺文志》则直接将国史、通史、编年三类并入正史一类,不加细分。

3. 子部设立"杂家类"

先秦诸子百家争鸣,刘歆《七略》专设诸子类,《汉书·艺文志》沿用之;至四部分类法流行后,多于子部下设名、墨、法、纵横诸家。但是名、墨、法、纵横诸家学派除在先秦有所发展外,后世逐渐地分化和传承,各家之著述也减至消亡。鉴于此,《千顷堂书目》不再单列名、墨、法诸家,而是创立杂家类,兼收各家。此即黄氏所谓:"前代艺文志列名、法诸家,后代沿之。然寥寥无几,备数而已,今削之,总名之曰杂家。"①杂家类的设置,乃顺应典籍实际状况而为,对后代目录学演进之影响极为深远,《四库全书总目》即延续使用,并在《千顷堂书目》解题下强调:"其墨家、名家、法家、纵横家并为一类,总名杂家,虽亦简括,然名家、墨家、纵横家传述者稀,遗编无几,并之可也。"②

4. 类书类后附丛书

丛书,有时也称作"丛刊""丛刻"或"汇刻书",是文献增长到一定数量的产物,对于文献的保存、传播和利用都有重要意义。张之洞曰:"丛书最便学者,为其一部之中可该群籍,搜残存佚,为功尤巨。欲多读古书,非买丛书不可。"③在我国目录学史上,虽然直到清代才有专

---

① 《千顷堂书目》,第 323 页。
② 《四库全书总目》卷八五《千顷堂书目》,第 732 页。
③ 张之洞编撰,范希曾补正,孙文泱增订:《增订书目答问补正》,中华书局,2011 年,第 547 页。

门的丛书目录出现,但"丛书"作为一个类目,在明代已然产生。如《澹生堂藏书目》子部设"丛书类",不但对丛书做综合性的著录,还将丛书的子目据其性质分别著录于不同类目中,并附注标明其所属之丛书。《千顷堂书目》虽未明确设立丛书类,但仍将丛书附录于类书之后,并详细列出子目各书的书名、卷数和作者等,以方便读者查找。

　　《千顷堂书目》的分类虽然较为详备,且特色鲜明,但某些类目的设置略显重复繁琐,甚至错乱不当,尚有待商榷。其一,经、史、子、集四部下,分列五十一个二级类目,虽较为详备,但有些类目的设置确过于繁琐,甚至有交叉、重复之弊,如史部的划分就过于详细。其二,只设二级类目,没有三级类目,以致某些二级类目下著录的图书略显杂乱无序,不够细化明确。如三礼类下列有仪礼、周礼、礼记、檀弓、深衣、中庸、大学、学庸、三礼等著作,加之每小类后又补有宋、金、元著作,则更为杂乱;礼乐类也同样存在这一问题。其三,个别小类的设置有待商榷。如"数"原为孔门"六艺"之一,是自然科学之基础。黄虞稷却将其列入经部,与易、诗、书、礼等并列。这样安排或许是因为黄氏认识到"数"作为一切科学之基础的重要性,但将其与诸经及四书等儒家经典并列于经部则稍显不妥,二者当不属一类。

　　对于《千顷堂书目》的分类,《四库全书总目》在肯定分类方法和类目设置的同时,也有诸多不认可。但是《四库全书总目》毕竟成于《千顷堂书目》之后,以后人的眼光审视前人之成果,或多或少总会发现一些不足之处,且不同的人对同一事物、观点的把握也不尽相同。所以,各种指责也仅是代表不同之意见,言之有理即可。

　　此外,《千顷堂书目》还将《古今印史》《香乘》《石谱》《砚志》《牡丹志》《蟹谱》等谱录类之书归入史部食货类,当属错误入类。总之,

《千顷堂书目》的分类及类目设置较为详备且具有自身鲜明特色,在承继前代的基础上,又有所突破和创新。如其在承袭传统四部分类的基础上,在二级类目的设置上进行了一定的创新,这对后代书目的编纂产生了一定的积极影响。

第六章 《千顷堂书目》的影响及价值

我国目录之学,由来已久,其从产生伊始就不是单纯技术性的图书登录工作,而是着眼于整个学术的研究。从《别录》《七略》到《四库全书总目》,这个传统一直被延续。治学之士,无不先窥目录以为津逮,故较其他学问,尤为重要。对历代重要书目之研究,更是学界长期以来研究的热点,是历代学术史、文化史、社会史研究的重要门径。而《千顷堂书目》是纪明一代著述之书目,是明代非常重要的一部书目,是研究明代目录、文献,甚至明代社会的一把钥匙。其上承历代书目之传统,又于明代有所创新和突破。

《四库全书总目提要》评价:"考明一代著作者,终以是书为可据。"①朱绪曾在《开有益斋读书志·千顷堂书目》中曾说:"余好搜寻乡梓文献,此书载金陵人著作最详。然此书所载,余所获见者不及十之四五,余所见而此书未载者亦十之二三。甚哉,载籍之浩博难穷也。"②虽然鉴于主客观各种因素的制约,作为收明一代著述的《千顷堂书目》也有一定的遗漏,甚至于书中亦有不少失误甚至错误之处,或误收唐人著述,如赵英《五经对诀》四卷、周才《字录》□卷、董慎《续豫章志》、郑景岫《广东四时摄生论》一卷、蔺道《接骨仙方》二卷等③;或

---

① 《四库全书总目》卷八五《千顷堂书目》,第 732 页。
② (清)朱绪曾:《开有益斋读书志》,上海古籍出版社,2015 年,第 72 页。
③ 张固也、贺洪斌:《〈千顷堂书目〉误收唐人著述考》,《图书馆理论与实践》2010 年第 4 期,第 52－56 页。

因形近而致讹,如《史评》《史解》《大树堂集》作者为曹玑,非黄氏所著录的曹珖、曹玘①。然而瑕不掩瑜,《千顷堂书目》以其严谨、创新的书目体例,以及所录明代著作之富、文献之丰、作者小传之多,于明清两代乃至整个目录学、文献学、史学的发展都具有重要的影响和深远的意义。

第一节 《千顷堂书目》的影响

凝聚黄氏父子两代人心血而成的《千顷堂书目》对后世目录学具有深远的影响。《千顷堂书目》采用纪明一代著述之体例,著录明代著作数量庞大且内容丰富;开补前代史志艺文之先河,采用"补"的形式著录宋、金、元三代相关著作,后世目录诸多效仿;继承《隋书·经籍志》的四部分类法,又与明代学术新变结合,对四部分类法有所突破;上承王俭《七志》之传录体进行条目著录,于传录体有延续发展之功。

一、著录明一代之著述

《千顷堂书目》专纪明一代之著述,数量多且丰富。前代之目录,无论是官修目录、史志目录与私人目录多采用纪藏书的体例。其目的主要是将汗牛充栋之藏书有机组织起来,以便查阅时做到纲举目张,以简驭繁。在著录范围上,它们大都记载官府所藏或私人所藏,注重的是流传至今的历代书籍或某人某家所藏之书籍,即现存之书籍,更加注重的是历代总量,而非当代著作的数量。如《文渊阁书目》《新定

---

① 赵承中:《〈千顷堂书目〉勘误一则》,《文献》2007 年第 4 期,第 76 页。

内阁藏书目录》所著录的是有明一代宫廷所藏书目;《南雍志·经籍考》记录的是明代国子监藏书目录与出版目录;《明太学经籍志》所收书籍实是当时太学所藏书籍的经籍部分。而私家目录,则是为了查找之便、交流之需所作书目,多是某人或某家所藏典籍之反映。如晁公武《郡斋读书志》、陈振孙《直斋书录解题》《晁氏宝文堂书目》等,均是对所藏书籍的著录,其反映的是藏书而非著述。

《汉书·艺文志》《隋书·经籍志》《旧唐书·经籍志》《新唐书·艺文志》《宋史·艺文志》等史志书目多是以官府藏书目录为基础而编纂,采用纪藏书之盛的体例。但是明代政府藏书的不足以及对藏书整理的忽视,使得终明一代没有形成较完备的官修书目,明代史志目录的编纂无所凭借。而与此同时,随着明代雕版印刷水平发展到一个全新的高度,明代刻书业迎来了飞跃式发展。图书的刊行和出版迎来了鼎盛时期,这在很大程度上激发、鼓励了文人学者的创作热情,大量的作品被生产并传播,明代社会的著作量和图书刊刻量均急速增长。面对如此大量的文献,黄虞稷纪明一代之著述,已非易事,若再采用传统通纪古今藏书的方式,必定无力完成。所以,黄虞稷及时适应客观情况的发展,改用专纪明代著作的方式。这既符合历史的断限,同时于目录编纂事业、目录学之发展而言,则在以往历代书目的基础上补充了明代最新的文献,从而在其能力范围内有效地保证了书目所录文献的连贯而不重复。

《千顷堂书目》采用纪明一代著作之体例,当与明代目录"注重国朝""注重当代"的特点有着密切关系。黄氏父子基于家藏,并广泛地借阅及抄书、校书扩充家藏,到俞邰之时,藏书已达八万余卷。黄氏藏书的一大特色,便是明人典籍较为丰富,当与明代版刻发展后大量典籍得以刊刻发行有一定关系。明代目录学虽著录较为简单,多采用账簿式著录,但其收录的一大特点,便是注重当代典籍的收录,且收录数量远大于其他朝代书籍收录数量。如《文渊阁书目》"天"字橱列"国朝",录明朝皇帝祖训、御制诗文集、大明律、实录。《明史·艺文志》亦记载有明一代著作,分四卷,按经、史、子、集排列。明代私人藏书家的数量,以及私人藏书的数量,都呈井喷式增长。如此迅速的增长,当与明代典籍之宏富有着直接的关系。所以,《千顷堂书目》和《明史·艺文志》均采用纪一代著述之体例,当是顺应时代及社会发展需要的一种改革创新。

《千顷堂书目》收录当代著作,有助于后人知晓有明一代的学术成果及其倾向,某种程度上可作为有明一代之学术史。整部书目虽总体采用传录体,于书名下按语作者小传,但也于一些书名下附注书籍的成书背景等,继承目录学"辨章学术,考镜源流"之传统,如世宗注《书经三要》三卷,注云:"嘉靖四年十一月,帝谓周书无逸一篇与圣祖御注洪范一篇,皆治天下大法。因令辅臣撰序刊布。大学士费宏等言:皇上励精图治,真与圣祖同心一德,兹欲刊布,亦宜依御注洪范体式,因经分注,直解肯綮,缮写成书,以便观览,已复有旨,再注伊训及二书,分为三册,共为一书,宏等请以洪范居首,次伊训,次无逸,以洪范虽演于箕子,而原出夏禹,且注出圣祖,序之先后宜然,已乃帝制洪范序略一篇,复将皋陶谟、伊训、无逸等篇,通加注释,名曰书经三要。"[①]

《千顷堂书目》是黄虞稷在家中藏书的基础上广采博览而成。全书三十二卷,分经、史、子、集四部,以收录明人著作为主,在不少类目后又附南宋末及辽、金、元四朝图书,总计收录明人著作一万五千余种,附载宋、辽、金、元著作两千四百余种。而王鸿绪删订后的《明史·

---

① 《千顷堂书目》,第19页。

艺文志》仅著录四千六百余种,从数量上来说,《千顷堂书目》约是其三倍还多。然《千顷堂书目》所收明人著述并不全面,正如本文第三章所考,即便黄氏所藏而且《千顷堂书目》明确著录的《红雨楼书目》《百川书志》,其中著录的大量明人文集,《千顷堂书目》仍是见而不录,这点当引起使用者足够重视。

二、开补前代艺文之先河

《千顷堂书目》采用"补"的形式著录宋、辽、金、元人的相关著作,实为目录学开修补之先河。"所录皆明一代之书,颇为赅备,惟每类之末,各附宋、金、元人著述"①。对于这种修补前代艺文的做法,《四库全书总目》曾表示异议:"每类之末,各附以宋金元人之书,既不赅备,又不及于五代以前,其体例特异,亦不可解。"此评价对于"补宋辽金元"之初衷及功用而言,则有失公允。倪灿为《明史·艺文志》所作序文,对于此体例给予了较为客观中肯之评价,"《元史》既无《艺文》,《宋志》咸淳以后多缺,今并取二季,以补其后。而附以辽金之仅存者,萃为一编。列之四部,用传来兹。诸书既非官所簿录,多采之私家,故卷帙或有不详。要欲使名卿大夫之崇论闳议,文儒学士之勤志苦心,虽不克尽见其书,而得窥标目,以著一代之盛云尔"②。

元脱脱等主持的《宋史》,因修纂于大元大厦将倾之际,且成书时间短,成书后也备受后代批评。关于其《艺文志》之失,据陈乐素《宋史·艺文志考证》一书总结,主要表现在撰人错误、书名错误、卷数错误、分类不当、编排失序、避讳改名、重出、失书等八类错误。无怪乎《四库全书总目》史部目录类"崇文总目条"云:"厥后脱脱等作《宋

---

① 邵懿辰:《增订四库简明目录标注》,上海古籍出版社,1979 年,第 353 页。
② 《明史艺文志·补编·附编》,商务印书馆,1959 年,第 5 页。

史·艺文志》,纰漏颠倒,瑕隙百出,于诸史志中最为丛脞。"①

《宋史·艺文志》不足据,《元史》更是缺省《艺文》,杭世骏在《黄氏书录序》中说:"史家自宋志艺文以后,辽、金、元以来公私著述,皆涣散而无统。不佞补辑《金史》,尝次艺文为一卷,辽、元二代,见于王圻《续通考》,焦竑《经籍志》者,又杂乱少体例。观俞邰所排比,自南宋以迄元末,皆以灿然大备,盖其志直以《中经新簿》之责为己任,为有明二百七十载王、阮,惜乎其不得与于馆阁之责也。辛未春,不佞修浙志经籍,需此书者甚亟。当湖陆堂检讨尝携二册来,有经史而无子集。暨居京师,句甬全孝廉复携五册见示,皆从史馆录出,只有明人而缺南宋以后诸公,盖为明史起见,固未知俞邰网罗四代之苦心矣。"②张钧衡亦言:"是书所录,皆有明一代之书,为明《艺文志》张本,附《宋志》不收之书与辽、金、元之作,殆欲补三史艺文之缺舆!"③全祖望亦认识到黄氏此书补三史艺文之缺之目的,故而对明史官臣删削四代之书目表示不满,其言:"然考《明史·艺文》原志,出自黄征君俞邰,虽变旧史之例,而于辽、金、元诸卷帙,犹仿宋、隋二志之例,附书于后,南宋书籍之未登于史者,亦备列焉。横云山人又从而去之,而益简矣。"又云:"倘如横云山人所作,则此等义例,一切灭裂殆尽矣!"④

正是在黄虞稷影响下,清代学者开始了一系列补史志的工作。先是雍正九年(1731)杭世骏《金史补缺·补艺文志》,再继以乾隆朝金门诏《补三史艺文志》、厉鹗《辽史拾遗·补经籍志》、吴骞《四朝经籍

---

① 《四库全书总目》卷八十五《崇文总目》,第728页。

② (清)杭世骏:《道古堂文集》卷六《黄氏书录序》,清乾隆四十一年刻光绪十四年汪曾唯增修本,第259页。

③ 《千顷堂书目》,第800页。

④ (清)全祖望:《移明史馆帖子》一,《鲒埼亭集外编》卷四十二,上海古籍出版社,第1645页。

志》、张锦云《补元史艺文》、卢文弨《宋史艺文志补》、钱大昕《补元史艺文志》及《补续汉书艺文志》、杨复吉《辽史拾遗补·补经籍志》，嘉庆之际有洪饴孙《补后汉书艺文志》，道光朝有劳颖《订补续汉书艺文志》、侯康《补后汉书艺文志》及《补三国艺文志》、顾櫰三《补后汉书艺文志》及《补五代史艺文志》、汪士铎《南北史艺文志》，咸同时期有黄逢元《补晋书艺文志》，光绪朝有姚振宗《汉书艺文志拾补》、王仁俊《汉书艺文志考证校补》、姚振宗《后汉艺文志》、曾朴《补后汉书艺文志》及《补后汉书艺文志考》、陶宗宪《侯康补后汉书艺文志补》及《侯康补三国艺文志补》、姚振宗《三国艺文志》、吴士鉴《补晋书经籍志》、秦荣光《补晋书艺文志》、丁国锡《补晋书艺文志（补遗，附录）》、王仁俊《补宋书艺文志》及《补梁书艺文志》、张鹏一《隋书经籍志补》等。

　　通过以上这些雍正后历朝所补史志可见：一、所补艺文志范围的扩大。起初，各家之补主要还是基于黄氏《千顷堂书目》所列的宋、辽、金、元四代，其后，各家之补扩大到历代艺文志、经籍志。二、各家补艺文志的数量也呈上升趋势，至光绪朝达至顶峰。三、各家补艺文志经历从附庸到独立成书的转变①。补正史艺文志工作的兴起，以及陆续形成史志目录学之流派，很好地弥补了二十四史中多部正史没有艺文志之空白。而此种风气，追溯其源，当始于黄虞稷《千顷堂书目》。

三、创新四部类目

　　中国传统目录学经历了自《七略》的六分法到魏晋时的四分法，至

---

① 具体论述参看曹书杰：《论清代补史艺文志的形成和发展》，《东北师大学报（哲学社会科学版）》1991 年第 2 期，第 42－45 页。

《隋书·经籍志》确定四部分类法,成为以后历代目录著述的通例。分类之变化,实源自各时代学术之变化,诚如余嘉锡在《目录学发微》中所言:"夫部类之分合,随宜而定。书之多寡及性质既变,则部类亦随之而变。"①此为目录分类的主流,但因学术主流在某些朝代的升降及某些著作性质的复杂性,故而,与四部分类法并存者,亦有七分法、十二分类法等形式。尤其是有明一代目录,无论官修目录还是私人目录,在分类上多突破传统四部分类法,姚名达在《中国目录学史》中说:"有明一代,除高儒、朱睦㮮、胡应麟、焦竑、徐𤊹、祁承㸁六家仍沿四部之称而大增其类目外,私家藏书,多援《文渊目》为护符,任意新创部类,不复恪守四部成规。"②

《千顷堂书目》可谓明代书目之代表,自不免受其影响。其虽继承《隋书·经籍志》开创的四部分类法,采用经史子集四部;但在四部之下则进行了大量的改革创新,具有鲜明的自我特色,且对当代及后世目录学影响深远。本文将其与《明史·艺文志》及《四库全书总目》的分类进行比较,以期更全面的展现《千顷堂书目》的独特之处。

表6-1 《千顷堂书目》与各书分类比较

名称	《千顷堂书目》	《明史·艺文志》	《四库全书总目》
经部	易、书、诗、三礼、礼乐、春秋、孝经、论语、孟子、经解、四书、小学(附算学)	易、书、诗、礼乐、春秋、孝经、诸经、四书、小学	易、书、诗、礼、春秋、孝经、五经总义、四书、乐、小学

---

① 余嘉锡:《目录学发微·古书通例》,上海古籍出版社,2013年,第125页。
② 《中国目录学史》,第94页。

续表

名称	《千顷堂书目》	《明史·艺文志》	《四库全书总目》
史部	国史、正史、通史、编年、别史、霸史、史学、史钞、地理、职官、典故、时令、食货、仪注、政刑、传记、谱系、簿录	正史、杂史、史钞、故事、职官、仪注、刑法、传记、地理、谱牒	正史、编年、纪事本末、杂史、别史、诏令奏议、传记、史钞、载记、时令、地理、职官、政书、目录、史评
子部	儒、杂、农、小说、兵、天文、历数、五行、医、艺术、类书、释、道	儒、杂、农、小说、兵书、天文、历数、五行、艺术、类书、道、释	儒、兵、法、农、医、天文算法、术数、艺术、谱录、杂、类书、小说、释、道
集部	别集、制诰、表奏、骚赋、总集、文史、制举、词曲	别集、总集、文史	楚辞、别集、总集、诗文评、词曲

　　正如本书第四章所述,《千顷堂书目》在分类上的创新主要体现在:经部,删掉了"乐",设"礼乐类",增加了"孟子""四书";史部相比《宋史·艺文志》则扩充至十八类,增加了"国史",恢复了汉代艺文志中的"食货";子部则将"名""墨""法""纵横家"归于"杂家";集部则增加了"制诰""表奏""制举""词曲"。黄虞稷在四部子目上的调整,特别是经部增加"四书",史部增加"国史",集部则增加了"制诰""表奏""制举""词曲"。究其原因,一方面源于黄氏对有明一代目录著作的吸取,另一方面则是明代学术氛围使然。这些类目的变化在上表中也得到了充分的体现。

　　相较于《明史·艺文志》,《千顷堂书目》的类目设置更为详备,尤其是史部和集部。两部书目,同为只纪明一代著述之断代书目,然《千顷堂书目》改"乐类"设"礼乐类",以及集部增设"制诰""表奏""制举""词曲"等诸多调整,则更加符合明代社会及学术发展之需,具有鲜明的时代特色。另外,《千顷堂书目》类目设置的一些调整更是得到了《四库全书总目》的认可和效仿,比如,子部综合"名""墨""法""纵横家"而统立"杂家",《明史·艺文志》《四库全书总目》及后世目录几多效仿采用。还有"词曲类"的设置,则是黄虞稷顺应宋元以来词曲兴盛的社会现实,以及词曲在明代地位的上升。《四库全书总目》亦是效仿,于集部设"词曲类"。

四、继承发展传录体例

明代书目多采用账簿式简单著录的体例,整体呈现"书名""卷数"简单著录的特征。终明一代,《百川书志》之外,几乎没有提要目录。这与明代刻书业大发展,文集数量激增有很大关系;还与明代目录学整体不重学术之流别有着一定关系。《千顷堂书目》能够在主客观条件受限的情况下,适应时代发展之需,延用我国知人论世之传统,采用传录体例进行著录,可谓明代书目的另一种发展和进步。

传录体本就是我国目录学史上非常重要的一种体例。自王俭《七志》首次将其应用于综合性目录,开传录体之先河以来,魏晋南北朝的专科目录多采用之。传录体也于魏晋南北朝时期得到大力发展和应用,此后,虽有《古今书录》及《录鬼簿》《红雨楼书目》不同程度的延续和采用,然而这些或已亡佚,或仅是其中某一部类、某一部分之应用。直到《千顷堂书目》才再次系统、完整地将其应用于综合性书目中。就传录体在我国目录学史的发展而言,《千顷堂书目》可谓具有非常重要的意义。

《千顷堂书目》所著录作者小传于考证明代人物传记资料有重要学术价值,可谓"列传"之功用。《千顷堂书目》力求记述明一代之著作,著录的书籍也并不限于自家所藏,范围广泛,采摭繁富。它收录了上至明代十六朝帝王将相的著作,下至文人平民的野史杂记。如南京官制职掌、名胜古迹、乡贤传记以及诗文集等,无所不录。相应地,作者小传也博采广罗,较为丰富,且可信性较强,史料价值极高。于今之学者而言,其所著录作者小传亦是研究明代人物传记之资粮,其中"集部"小传弥足珍贵,因为大量文人于正史中无传。古代的文学,大量的存在于普通民众之中,却没有得到相应的认可。许多文集都流传于民间,官修书目、史志目录中往往缺漏很多,而集部的作者更是无从入之正史。对于他们的情况,正史中自无从查考,《千顷堂书目》著录的作者小传,可谓极佳之补充。比如,宋元以来词山兴盛,黄虞稷增设的词类,所附作者小传则收录了大量词作者的小传资料。整部《千顷堂书目》集部图书最多,约占总卷数的一半,著录作者小传也力求完备。

黄虞稷《千顷堂书目》在分类体例上,既继承传统目录学之四分法,将有明一代著作统归于经、史、子、集四部之下,使得明代学术清晰明了,又不囿于传统四部之分类,在具体类目上能够结合明代文化的特点,或新增,或合并,或适当地作出调整,力图客观地呈现明代的文化学术及其影响下的出版特色。在著录体例上,与明代其他书目相比,《千顷堂书目》著录的信息更为丰富。明代目录大都只记录书名、册数、作者,这些信息对后代读者来说,远不能达到深入研究的功效。《千顷堂书目》却借鉴传统史志目录的著录方式,保存了大量的作者信息、版本信息及成书背景。特别是书目载有作者小传的数量占整个书目的一半,无疑具有很高的史料价值。此外"其别集以朝代科分为先后,无科分者则酌附于各朝之末,视唐宋二志之糅乱,特为清晰,体例可云最善"①。总之,《千顷堂书目》是考订明代典籍、明代人物、明代史料不可缺少的重要书籍。

第二节 《千顷堂书目》的价值

作为一部总结有明一代著述成果的书目,《千顷堂书目》的价值不仅表现在其目录学上的开创性体例及突出贡献,还表现在书目所记载和保存的重要文献价值。《千顷堂书目》著录的大量文献典籍及作者小传,具有重要的考订价值、补遗价值和版本价值。

一、《千顷堂书目》的文献价值

1. 考订价值

《千顷堂书目》并不仅是黄氏家藏图书之反映,更是参考诸多书目及史料而成的一部明人著述目录。虽然并非完全黄氏所藏所见,但对于某些典籍的著录还是较为客观和谨慎的,作者力求全面客观地记载该典籍的实际情况。《千顷堂书目》共著录图书 17800 余部,其中宋、辽、金、元著作 2400 余部,这些书目和卷数,对于查考明人以及宋、辽、金、元人著作具有重要意义。同时,《千顷堂书目》还著录有作者资料九千余条,对考订明人传记资料具有重要价值。如此丰富的图书及名人传记之记载,使得《千顷堂书目》成为考订明代典籍及人物史料的重要文献。

在具体的著录过程中,《千顷堂书目》采用客观实录,对于异议之

---

① 《四库全书总目》卷八五《千顷堂书目》,第 732 页。

处亦是明确标注。比如对于典籍的卷数之异，朱绶《易经精蕴》四卷下注："嘉兴人，成化丁未进士，以翰林院检讨侍岐王讲读，历楚晋二王府长史，一作二十五卷。"[①]张汝霖《周易因指》五卷小注："一作八卷。"[②]对于典籍的同书异名状况，如王樵《春秋辑传》十五卷凡例三卷下注云："一名春秋经世，万历乙未序。"[③]对于作者字号之出入，王叔英《静学斋集》二卷下注云："字原采，一作名元采，以字行，黄岩人。洪武末为仙居教谕，升汉阳知县，建文元年召为翰林修撰，靖难师逼江，奉诏募兵，行至广德，自经于玄妙观。"[④]正是这种求实的态度和客观的著录，使得黄虞稷的《千顷堂书目》更具考订价值。

《千顷堂书目》书名下小注，或采录自有明一代实录，如《周易传义大全》二十四卷，《义例》一卷下小注："永乐十二年十一月命翰林院学士胡广，侍讲杨荣，金幼孜等纂修《五经四书大全》，《周易》则取程传及朱子本义，博采《二程遗书》《外书》《朱子语类》《文集》之论易者，与诸家之说羽翼之，明年九月书成，颁行六部并两京国子监及天下郡县学。"黄氏据《太宗实录》卷一五八"永乐十二年十一月甲寅条"与卷一六八"永乐十三年九月乙酉"条，将其连缀成篇，简洁地叙述了《周易传义大全》的成书始末。或采自其明代其他书目文献，如《内阁书目》，黄氏在《石洞纪闻》十七卷注云："《内阁书目》云：'元泰定间人，不知姓氏，释论语义，按宋饶鲁斋建石洞书院，著有《语孟纪闻》，与其门人史泳自相问答。'或即此书，以为元或误。"[⑤]或采用当时已有的考

---

① 《千顷堂书目》，第 17 页。
② 《千顷堂书目》，第 8 页
③ 《千顷堂书目》，第 65 页。
④ 《千顷堂书目》，第 477 页。
⑤ 《千顷堂书目》，第 397 页。

证成果。如史仲彬《致身录》一卷下，注云："钱谦益辨其伪作，别有程济《从亡随笔》一卷，刘琳《扪膝录》四卷，皆伪书，钱士升辑为《逊国逸书》，不录。"①

即便如此，在利用前人成果时，黄氏亦不迷信成说。或考订其失，如《群书集事渊海》四七卷下注云："《百川书志》云：'弘治间人编'，案谢迁序疑此书为元末人作，高氏岂未见此序耶。"②或对其说采用存疑的著录方式，如宋濂等修《元史》二一二卷下注云："洪武二年二月丙寅，诏修元史，上谓廷臣曰，近克元都，得元十三朝实录，元虽亡国，事当纪载，况史记成败示劝惩，不可废也，乃诏中书左丞相宣国公李善长为监修，前起居注宋濂，漳州府通判王祎为总裁，征山林遗逸之士汪克宽、胡翰、宋禧、陶凯、陈基、赵埙、曾鲁、高启、赵汸、张文海、徐尊生、黄篪、傅恕、王锜、傅著、谢徽十六人同为纂修，开局天界寺，取元经世大典诸书以资参考，至八月癸酉书成，善长表进，凡为纪三十七卷，志五十二卷，表六卷，传六十三卷，通一百六十九卷，至三年二月乙丑，儒士欧阳和等采摭元统以后事实还朝，仍命翰林学士宋濂，待制王祎为总裁，赵埙，朱右，贝琼，朱世廉，王彝，张孟兼，高巽志，李懋，李汶，张宣，张简，杜寅，殷弼，俞同十四人续修，七月丁亥朔书成，计五十有三卷，纪十，志五，表二，传三十六，凡前书未备者，悉补完之，通二百十二卷，学士宋濂表进，诏刊行之，人赐白金二十两，文绮，帛各二，授儒士张宣等官，惟赵埙，朱右，朱世廉乞还，从之。"③黄氏另注云："洪武实录四年七月林弼小传，亦云与修元史，今无其名，不知何官。"④黄虞稷此处所作小注前一条实据《太祖实录》卷三九"洪武二年二月丙寅朔"条及

---

① 《千顷堂书目》，第127页。
② 《千顷堂书目》，第397页。
③④ 《千顷堂书目》，第114页。

《太祖实录》卷四九"洪武三年二月乙丑"条及《太祖实录》卷四四"洪武二年八月庚寅"条写成。黄氏据《太祖实录》所载,提出其相互矛盾之处,为后来研究者无疑树立了不迷信实录的榜样。此种抄录他书,又存疑著录的方式,无疑是考订和记载文献资料的极佳方式。

2. 补遗价值

《千顷堂书目》在著录体例上采用了《七志》式的传录体例,在著录内容上注重作者小传的记载,而略于书籍内容及学术渊源的梳理。注重作者小传的书写,是《千顷堂书目》的一大特色,也是黄虞稷特意着墨之处,特别是集部部分,采用了按作者科名加以编排的方式。这无疑是黄氏有意借鉴有明一代登科录等资料的结果。然就著录内容而言,登科录只记载士子的字号里籍、科名及家传,即截止时间为每一士子中进士或举人前,对中举人或进士后的情况,则囿于成书而阙如。这恰恰成为《千顷堂书目》所作小传的价值,即注重士人一生的整体把握,甚至于可谓登科录之补编。如杨荣,建文二年《殿试登科录》载为:"杨子荣,贯福建建宁府建安县民籍,府学生。易字勉仁,行七,年二十九岁,十二月初九日生。曾祖伯逊,祖达卿,父伯成,母刘氏,俱庆下,娶刘氏,弟子富、子信、子贞。福建乡试第一名,会试第三名。"①《千顷堂书目》载杨荣小传为:"榜名子荣,字勉仁,建安人,除翰林编修,靖难后入直内阁,更今名,累官工部尚书,谨身殿大学士,加少师,卒赠大师,谥文敏。"②两者结合,杨荣之生平大略可知。

《千顷堂书目》对整个明一代进士登科录的整理有着重要的补遗和参考价值。有明一代自洪武三年下令设文、武科取士,以广求天下

---

① 屈万里:《明代登科录汇编》,台湾学生书局,1960 年。
② 《千顷堂书目》,第 479 页。

贤才,迄明末共开八十八科进士,而现存者只有五十八科①,故《千顷堂书目》之价值更体现于无存世的三十科进士小传。当下进士录整理最全者,莫若《明清进士录》与《明清进士题名碑录索引》,然《明清进士录》于进士小传记载不全,只是记载部分人的生平大略,如建文二年进士只记载 24 人,其中见于《千顷堂书目》的刘现、黄胤未被该书载录;而《明清进士题名碑录索引》则对有明一代进士开科有所遗漏,主要表现于洪武废止科考的时间上。该书在洪武四年辛亥科下注云:"本科举行后,洪武五年明太祖下旨停止科举,历十二年,至洪武十七年重新恢复。"②然《千顷堂书目》载有洪武五年壬子科、洪武六年癸丑科、洪武十七年甲子科三科(含会试)。《太祖实录》卷七九洪武六年二月乙未条:"朕设科举以求天下贤才,务得经明行修文质相称之士以资用……今各处科举宜暂停罢,别令有司察举贤才。"《太祖实录》卷一六〇:"洪武十七年三月戊戌朔,命礼部颁行科举成世:凡三年大比,子午卯酉年乡试,辰戌丑未年会试,举人不拘额数,从实充贡。……其会试中式者三月朔日赴殿试。"由此可知,废止科考时间为洪武六年而非洪武五年,洪武四年至十八年间,尚有洪武六年一科。

此外,《千顷堂书目》的补遗价值还体现在对明人著作的全面著录,可补充《明史·艺文志》之大量缺漏。作为总结有明一代历史的《明史》,其《艺文志》旨在搜罗一代学术人物及其著述。就著录数量而言,《明史·艺文志》所收之数量,远不能与《千顷堂书目》相比。《千顷堂书目》共著录:经部十二类,收书共 2400 余部;史部十八类,收

① 现存者参见王红春博士论文《明代进士家状研究——以 56 种会试录和 57 种进士登科录为中心》附录《存世 58 科明代进士登科录汇总表》。

② 朱保炯、谢沛霖:《明清进士题名碑录索引》,上海古籍出版社,1980 年,第 2416 页。

书5060余部;子部十三类,收书2980余部;集部八类,收书7370余部。"计明代著作一万五千四百余部,宋、辽、金、元著作二千四百余部,共一万七千八百余部"①。而经王鸿绪删减,张廷玉继承的《明史·艺文志》删除宋、辽、金、元著作,只录明代著作四千六百余种,数量远不及《千顷堂书目》三分之一,且著录简单,只保留了著者、书名及卷数等信息,而具有史料价值的小传几乎全部删除。而就《千顷堂书目》与《明史·艺文志》同著录书目而言,《明史·艺文志》在书籍著录上有笼统之嫌。如李东阳,《明史·艺文志》著录为"怀麓堂前后集九十卷,续集二十卷"。而《千顷堂书目》则著录的详细且清楚,"李东阳怀麓堂文集三十卷诗集二十卷,又后集三十卷诗集十卷,又怀麓堂续稿二十卷,又西涯古乐府一卷(何孟春注),又讲读录一卷,又东祀录一卷,又南行稿一卷,又北上稿一卷,又求退录三卷。"②《明史·艺文志》虽不误,但略显笼统,不如《千顷堂书目》记载的条理分明。另外,《明史·艺文志》亦多有漏记。如张诩,《千顷堂书目》载为:"张诩《东所先生集》十卷,又《南海杂咏》十卷。"而《明史·艺文志》只载《东所集》十卷。嘉靖三十年张希举刻有张诩的《东所先生文集》,还附了《南海杂咏》十卷。

3. 版本价值

《千顷堂书目》在著录著作时,有时也会在小注中注明作者诗文集为某人所编,如:

> 姚绶《云东集》十卷:"字公绶,嘉善人,监察御史,出知永宁府,集为曾孙垲镌,屠应埈序,题曰姚侍御集,邹衡嘉兴

---

① 《清代目录提要》,第29页。
② 《千顷堂书目》,第511页。

府志补,又作《谷庵集》三十卷,《谷庵集选》十卷,附录二卷,嘉靖戊午曾孙垲重刊,文征明序。"①

唐寅《唐伯虎集》二卷:"字伯虎,一字子畏,吴县人,举南京乡试第一,坐事下狱放归。"《重编唐伯虎集》四卷,袁宏道编。②

王守仁《阳明文录》二十卷,又《文录别集》八卷,又《续录》八卷,又《阳明全书》三十八卷,又《居夷集》三卷,又《阳明寓广遗稿》二卷:"字伯安,余姚人,南京兵部尚书,以军功封新建伯,世袭,谥文成。"又《阳明先生文粹》十一卷(宋仪望辑),又《阳明文选》八卷(王畿辑)。③

这些著录内容,无疑为后人查考版本提供了重要信息,有助于研究者按图索骥。此外,《千顷堂书目》的丰富著录,还为图书版本的考订提供了客观史料。

宋濂《潜溪文集》十卷《后集》十卷《续集》十卷,皆前元时所作。又《宋学士文集》七十五卷,《銮坡前集》十卷,《銮坡后集》十卷,《翰苑续集》十卷,《翰苑别集》十卷,《芝园前集》十卷,《芝园后集》十卷,《芝园续集》十卷,《朝天集》五卷。又《萝山吟稿》三卷,又《宋学士诗集》五卷。字景濂,浦江人,元末用荐除翰林编修,以亲老辞,入仙华山为道士,国初征至,授皇太子经,居礼贤馆,修元史,充总裁,官仕至翰林学士承旨,兼太子赞善大夫,正德中追谥文宪。又《潜溪文

---

① 《千顷堂书目》,第 511 页。
② 《千顷堂书目》,第 536 页。
③ 《千顷堂书目》,第 537 页。

粹》十卷,刘基选定。又《续文粹》十卷,门下方孝孺、郑济等
同选定,皆孝孺与同门刘刚、林静、楼琏手自缮写,刊于义门
书塾。又《潜溪先生集》十八卷,弋阳黄溥选定,刊于蜀。又
《宋学士全集》三十三卷,高淳韩叔阳汇诸家本定为全集,刊
于金华,然亦多遗落,不称善本。①

宋濂作《宋学士文萃》十卷《补遗》一卷,该书前有刘基序,卷十后
有洪武十年郑济题记,云:"右翰林学士承旨潜溪宋先生文萃一十卷,
青田刘公伯温丈之选定者也。济及弟浹约同门之士刘刚、林静、楼琏、
方孝孺相与缮写成书。……洪武丁巳七月门人郑济谨记。"②由此可
知,《潜溪文粹》《续义粹》实为一书,即刘基序,明洪武十年郑济刻《宋
学士文萃》。弋阳黄溥选定者为明天顺元年刻本《潜溪先生集》十八
卷。对于高淳韩叔阳刻本,据同治十三年胡凤丹作《宋学士全集序》记
载:"刊于蜀者十八卷,弋阳高溥选定;刊于金华者为全集三十三卷,高
淳韩叔扬汇纂。"③可知,黄氏所著录《宋学士全集》三十三卷本,为嘉
靖三十年本《新刊宋学士全集》。

二、《千顷堂书目》的史学价值

《千顷堂书目》不仅具有重要的目录学价值、文献价值,还具有重
要的史学价值。其史学价值,不仅表现在上文所述之客观严谨的史学
态度,即黄氏对待史料的慎重和客观,比如黄氏在采录史料时客观实
录,对有异议之处亦分别予以详细揭示;还表现在其传录体例之采用,
即"知人论世""寻根问源"之史学方法的融会贯通。此外,《千顷堂书

---

① 《千顷堂书目》,第447页。
②③ 胡凤丹:《退补斋诗文存》文存卷三《宋学士全集序》,清同治十二年退
补斋鄂州刻本。

目》最大的史学价值,当是其所录典籍、人物、传记等大量史料。

《千顷堂书目》的史料价值,首先表现在黄氏所采史料来源之广。《千顷堂书目》所引用书目,除却上文所述《明实录》《登科录》外,黄氏在书中明确标出者,以集部别集为例,主要有:

> 《列朝诗集》:汉王高煦拟古感与诗一卷:凡二十八篇,《列朝诗》云,其臣僚尝为镂版行世,王文皇帝第二子,永乐二年封汉王,十五年之国乐安州,宣德八年叛,縶道遥城,死,国除。

> 《艺苑卮言》:商河康顺王载塨松庵集:《艺苑卮言》称其工玉箸大小篆,载塨系衡庄王厚燆庶八子,恭王孙,嘉靖三十五年封商河。

> 《南雍志》:李晔草阁集六卷拾遗一卷:字东表,钱塘人,明初官国子助教,集为门人唐仲暹所编,《南雍志》作临安人。

> 《皇明分省人物考》:杜桓艮庵集:字宗表,金华人,赵府纪善,金华先民传,《分省人物考》皆作《尚俭斋集》。

> 《皇明贡举考》:章懋枫山文集四卷,又遗文一卷:字德懋,兰溪人,会元,南京礼部尚书,赠太子少保,谥文懿,《明贡举考》云,著有《暗然子集》。

在这些小注中,黄氏不仅延续上文所提及的注重不同版本之记载,还对同书异名的状况,根据他书载记予以说明。

《千顷堂书目》的小字附注部分更是著录了大量的传记史料,其中尤以名人传记资料为最。有的介绍作者的籍贯和官职,如"袁凯《知止集》五卷,天台人。"[①]"余吉祥《退庵集》,字大昌,黄岩人,永乐中官礼

---

① 《千顷堂书目》,第 493 页。

部主事。"①有的介绍作者的师承关系、家学渊源。如周积、方太古、应璋都从学于章懋;刘邦采从学于王阳明;余时英从学于邹守益;叶朝荣为嘉靖时期首辅大臣叶向高之父;刘琏为刘基长子,刘鹰为刘基之孙;罗钦德为罗钦顺之弟。有的记载某些作家的逸闻。如陈体文《友录稿》集名称之由来为:"诗不留草,其友花左室见辄手录之,故名《友录稿》。"②谢宪《周易竹书》得名于谢宪"常于归善西湖台畔折竹枝濡赤土注易,叶春及受而录之,故名"③。而其中对于书目内容及背景的介绍也偶有涉及,如世宗注《书经三要》三卷小注介绍此书的成书背景:"靖四年十一月,帝谓《周书·无逸》一篇与圣祖《御注洪范》一篇,皆治天下大法,因令辅臣撰序刊布,大学士费宏等言,皇上励精图治,真与圣祖同心一德,兹欲刊布,亦宜依御注《洪范》体式,因经分注,直解肯綮,缮写成书,以便观览,已复有旨,再注《伊训》及二书,分为三册,共为一书,宏等请以《洪范》居首,次《伊训》,次《无逸》,以《洪范》虽演于箕子,而原出夏禹,且注出圣祖,序之先后宜然,已乃帝制《洪范序略》一篇,复将《皋陶谟》、《伊训》、《无逸》等篇,通加注释,名曰《书经三要》。"④另外,小字附注部分还记载了一些典章制度等史料,如《国子监监规》一卷小注中介绍监生当时的考核状况:"录洪武以来圣谕,凡监生入监,皆令背诵,不能者,不准支馔。"⑤

其次,《千顷堂书目》的史料价值,还体现在其保存了《明史·艺文志》《明实录》等未载之史料。关于《明史·艺文志》之情况,上文已述,不再赘言。对于其补《明实录》之缺略,主要是对建文朝历史著作

① 《千顷堂书目》,第493页。
② 《千顷堂书目》,第606页。
③⑤ 《千顷堂书目》,第5页。
④ 《千顷堂书目》,第19页。

的载录及相关轶事的记载。明成祖朱棣以"靖难之役"登上皇帝宝座，故而对侄子建文朝之事讳莫如深，而此时的大臣深知朱棣心思，故而也是对这段历史迎合上意，再三修改，其表现之一便是反复修改《太祖实录》，"《太祖实录》三修：建文君即位初修，王景充总裁。靖难后再修，总裁解缙。缙得罪后三修，总裁杨士奇。初修、再修时，士奇亦秉笔"①，而因方孝孺荐引的杨士奇，却"乃谤方叩头乞余生"②。由《实录》的修纂，君臣之心态嘴脸，跃然纸上。据郑晓《吾学编》载，直到弘治初年，随着建文朝网禁的松弛，时任吏部右侍郎的杨守陈才提出纂修《建文实录》③。此后，有关建文朝的史作层出不穷，主要有张芹《建文备遗录》、何孟春《备遗续录》、黄佐《革除遗事》、林塾《拾遗书》、郁衮《革朝遗忠录》、不知撰人的《建文事迹》等。

由此可见，《千顷堂书目》著录有大量的人物及典籍史料，是研究明史的一把钥匙。而深入具体著录、具体内容而言，《千顷堂书目》更是载有无数历史资料，有着深入挖掘和细考的必要。

---

① 郑晓：《今言》，中华书局，1984 年，第 7 页。
② 《今言》，第 121 页。
③ 郑晓：《吾学编·逊国记》，明万历二十七年郑心材刻本。

结　语

　　书目研究,一直是学界研究的热点和重点,是历代学术史、文化史、社会史研究的重要门径。明代目录学相较于魏晋和清代而言,受重视程度不高,虽然近些年日益受到重视,但研究成果仍相对较少,有待更加全面、深入、具体的研究。《千顷堂书目》是明代书目的代表,其以黄氏父子藏书为基础,又广泛参阅公私藏书目录及其他史料,是黄虞稷于自家藏书基础上广采博览而成之书目;同时又与《明史·艺文志》有着千丝万缕的联系,是研究《明史·艺文志》的关键,是研究明代书目、明代文献、明代社会的一把钥匙。所以《千顷堂书目》的研究,对了解明代书目、明代目录学都具有重要意义。

　　黄虞稷一生著述颇丰,其中流传最广、最有价值的是《千顷堂书目》。他在父亲所撰六卷《千顷斋藏书目录》的基础上,以个人之力,穷十数年之功,编成《千顷堂书目》三十二卷。《千顷堂书目》主要补录明代著作,上到明代帝王将相,下至布衣文人的作品,甚为齐备,是迄今反映明代艺文最全的目录之作。同时,附载宋咸淳后、辽、金、元所阙之著述。每条书目下,还尽可能地记述作者爵里、字号、科第,有的还略志该书的内容或编撰的情况。全书按经、史、子、集四部五十一类排列。每部类下先列明人著述,后附南宋咸淳以来和辽、金、元各朝著作,总计收录明人著作一万五千余种,附载宋、辽、金、元四代著作两千四百余种,把南宋末至明代数百年间所有学子纷然杂陈、汗牛充栋的著述,初步条分缕析,灿然大备。

《千顷堂书目》又是极具特色的一部书目。其摒弃纪历代著述以体现藏书之盛的传统做法,采用断代著录的方式,于中国目录学史开创纪一代著述之断代书目。这既符合历史的断限,同时于目录编纂事业、目录学发展而言,则在以往历代书目的基础上补充了明代最新的文献,从而在能力范围内有效地保证了书目著录文献的连贯而不重复。《千顷堂书目》纪明代著述之外,又兼补宋、辽、金、元之书,开补正史艺文志之先河。《千顷堂书目》还远绍王俭《七志》的传录体形式来增补书目记载之内容,这也是此目的重要特色之一。整部《千顷堂书目》小注的重点并非书籍内容、学术渊源,而侧重于立传,即对书籍作者的介绍。长期以来学界的普遍观点是传录体目录肇始于王俭《七志》,魏晋南北朝后几无发展。王重民、姚名达所作目录学著作虽对此特点略有提及,但均未明确将其定义为传录体例。笔者采用定量、定性相结合的方法,对《千顷堂书目》作者小传之著录进行统计、分析,将传录体之延续发展推进至明代。《千顷堂书目》著录书名卷数后附注作者小传的传录体方式,内容涉及明代文献、人物、职官、历史地理等,是考察明代历史的重要资料,对于今天的史学研究具有重要意义。

然而,此内容、体例具有鲜明特色的明代代表性书目,在成书、性质、与《明史·艺文志》的关系等方面尚存诸多争议,有待进一步探讨。本书在明代政治、经济、文化和中国目录学史等多维视角下,通过对《千顷堂书目》著录图书的范围和标准、《千顷堂书目》与千顷堂藏书之关系、《千顷堂书目》著录图书的内容及体例、《千顷堂书目》未收之明人著述、《千顷堂书目》重复著录和错误著录等方面进行实证研究,进而客观、准确地论述《千顷堂书目》的性质、体例及其与《明史艺文志稿》的关系。

凝聚黄氏父子及后世多人增补、校订心血而成的《千顷堂书目》,

具有重要的目录学价值。它在承继前代目录学成就和传统的基础上有所创新和突破,这些突破在我国目录学史上具有划时代的意义,对后世目录学具有深远影响。《千顷堂书目》著录的大量文献典籍及作者小传,具有考订、补遗、版本等文献价值和重要的史学价值,是今人研究明史的一把钥匙。本书旨在通过对此目内容的考察,以及与其他书目的比照,使研究不再浮于表层,而是深入到文字的校订及著录内容的考订。一方面可以为前人的研究成果补充更多有力的证据,另一方面也可以在前人研究的基础上,深入探讨分析悬而未决之问题,从而进一步推进《千顷堂书目》的研究,进而加深对中国传统目录学的理解。

本书虽力求创新,对《千顷堂书目》进行了深入的研究,但是书目本就涉及内容较多,加之笔者自身能力和认识所限,故尚无法对其完全把握,仍有需要进一步研究和探讨之处,有待不断积累和完善。

其一,《千顷堂书目》未收之明人著述的考察。虽然本书已经明确考订出《徐氏家藏书目》和《百川书志》均明确标注明人著作,《千顷堂书目》未作著录,但是这仅是其中一部分,此外还有诸多明人著述,《千顷堂书目》未收录。这部分明人著述的考察,可以很好地补充《千顷堂书目》之阙漏,从而更好地考察明一代之著述。

其二,后人对《千顷堂书目》的增补情况,仍有待进一步深入研究。今所见《千顷堂书目》,已非最初之本子,而是后人不断增补后的本子。李言详细考证,《千顷堂书目》地理类、别集类抄录《[雍正]浙江通志》和《明诗综》,并据此认为《千顷堂书目》作者非黄虞稷。笔者认为其结论有待商榷。《千顷堂书目》地理类、别集类当是后人据《[雍正]浙江通志》和《明诗综》进行了部分条目的增补。而除此之外其他的增补情况,仍有待进一步核实、查考和研究。

其三,《千顷堂书目》《明史艺文志稿》《明史·艺文志》三者的比较研究。《千顷堂书目》《明史艺文志稿》和《明史·艺文志》的著录内容具有紧密的联系。由于时间、精力及篇幅所限,本书仅对三者经部和史部进行了比较研究,而子部和集部,尤其是集部,有待进一步深入地比较研究。

其四,《千顷堂书目》对清代目录的影响有待更具体的研究。《千顷堂书目》所创断代之体例、补史之先河、传录体之特色,于清代目录学之延续和深层次影响,可深入清代官私目录中进行更具体之研究。

附　录

附录1　《千顷堂书目》之版本

《千顷堂书目》最初的抄本成书于清康熙二十年前后,直至民国二十年张钧衡刻入《适园丛书》,期间均以抄本形式流传,加之《千顷堂书目》初印本亡佚,后世在传抄时,或据《明史艺文志稿》增补,或据所见其他史料校订,这也使得现存《千顷堂书目》诸多版本无一相同。周彦文《〈千顷堂书目〉研究》列举目前所知版本共十九种,包括原稿本、朱彝尊曝书亭抄本、陈宗彝抄本、杭世骏抄本、卢文弨抄本、鲍廷博知不足斋抄本、《四库全书》本、五十一卷抄本、日本静嘉堂藏本、陈鳣抄本、萧山王氏十万卷楼抄本、丁丙善本书室藏旧抄本、汉唐斋抄本、咫进斋抄本、乌丝栏旧抄本、玉雨堂韩氏藏本、《适园丛书》本、上海中国书店石印本及藏于国家图书馆之十六册抄本。周彦文还分析了这些版本之间的渊源关系,与张明华《黄虞稷和〈千顷堂书目〉》一文所论者基本一致:杭世骏得朱彝尊所藏《千顷堂书目》并对其进行增补。继杭世骏之后,卢文弨亦以朱文游藏黄氏《明史艺文志稿》校知不足斋所抄《千顷堂书目》。杭本与卢本后均归吴骞所有,吴氏又广集朱彝尊、杭世骏、卢文弨诸家成果以校补《千顷堂书目》,可谓集大成者。吴校本原藏北平图书馆,后转运至台湾,现藏台北"中央图书馆"。后张钧衡得卢文弨、吴骞校本之移录本,并据此增订癸丑刻本(据十万卷楼本及汉唐斋钞本互补刊刻),即成《适园丛书》本。关于《千顷堂书目》之版本源流,前贤研究已臻完备,不再赘述。

对于《千顷堂书目》现存之版本,周彦文在开列其版本时,在版本下已做标识,共有杭世骏抄本、鲍廷博知不足斋抄本、《四库全书》本、五十一卷抄本、日本静嘉堂藏本、陈鳣抄本、萧山王氏十万卷楼抄本、丁丙善本书室藏旧抄本、咫进斋抄本、乌丝栏旧抄本、《适园丛书》本、上海中国书店石印本及藏于国家图书馆之十六册清抄本十三种。笔者对此十三种版本中标识大陆地区所藏者进行实地核实,发现这些版本中确依周氏所言现存者有咫进斋抄本、十万卷楼抄本、十六册清抄本等。此外还发现周彦文未标注之版本十余种。具体现存之版本如下:

一、咫进斋抄本

此本现存于国家图书馆,清光绪间归安姚氏咫进斋抄本,三十二卷,16 册,乌丝栏。

二、东武刘氏味经书屋抄本

此本现存于国家图书馆,清光绪六年(1880)刘燕庭校抄,不分卷,9 册。10 行 22 字,细黑口,左右双边,版心标"味经书屋"。

卷首有"丁亥七月七夕东武刘喜海燕庭氏识"。其中誊录了钱受之、朱竹垞的两个跋;后列刘氏收得黄氏藏书之八枚印章。卷末有刘喜海跋。

三、《适园丛书》本(据周彦文之记载)

此本分初印本和后印本两种。初印本乃民国二年(1913)所刻,收入《适园丛书》第二集,书首冠典制五则,末有民国二年张钧衡跋。目前藏"中央图书馆"台湾分馆、"中央研究院"历史语言研究所、台湾大学、东海大学等处。艺文印书馆《百部丛书集成》及广文书局《书目丛编》均曾影印发行。其后《适园丛书》又刊行增订本,改易约二千条左右(按据乔衍琯之统计数字,见广文版《千顷堂书目叙录》),目前仅"中央图书馆"藏有一部,甚为罕见,广文书局于 1981 年亦曾据以影印。

四、张氏《适园丛书》刻本(王国维校并跋又杭世骏跋及校)

此本现存于国家图书馆。民国二年(1913)张钧衡以"十万卷堂"和"汉唐斋"两抄本互补刻之,卷末附张氏跋,卷首有"吴兴张氏采辑善本汇刊"字样。此本可贵之处在于附有王国维校并跋,以及杭世骏跋及校。

此本共三十二卷,16 册,每版 11 行 23 字,小字双行同,黑口,左右双边,版心刻"适园丛书"。

五、清抄本

此本现存于国家图书馆,三十二卷,16 册。每版 10 行 19 字,小字双行同,无格。抄录者不详。

六、清抄本

此本现存于国家图书馆,三十二卷,12 册。每版 8 行 22 字,无格。抄录者不详。卷首有杭世骏作"黄氏书录序"。

七、清抄本

此本现存于国家图书馆,三十二卷,17 册。每版 8 行 21 字,红格,白口,四周双边。抄录者不详。卷首有纪昀等作提要一篇。

八、清抄本

此本现存于国家图书馆,三十二卷,5 册。每版 12 行,大小字不一,无格。有佚名校补。卷首有"明史艺文志序"。

九、萧山王氏十万卷楼抄本

此本现存于北京大学图书馆,三十二卷,14 册。不知为何人所抄,有缪荃孙藏印及王闻远手跋。

十、石印巾箱本

此本现存于上海图书馆,据民国二年(1913)《适园丛书》本刻印,三十二卷,16 册,每卷单独页码。每版 11 行 23 字,小字双行同,黑口,左右双边,版心刻"千顷堂书目卷×"。高 13 厘米,宽 10 厘米。

十一、清抄本

此本现存于上海图书馆,不分卷,按部类划分,每部先列类名,即附该部类之书目。与《适园丛书》本比较,该本有一些遗漏,尤其是有漏行现象。

十二、清抄本

此本现存于上海图书馆,三十二卷,13 册。

十三、抄本

此本现存于南京图书馆,不分卷,14 册。

十四、山东潍县高鸿裁辨蟫居抄本

此本现存于南京图书馆,三十二卷,24 册。

十五、上海中国书店石印本(据周彦文之记载)

此本系上海中国书店据《适园丛书》初印本石印,目前台湾大学藏有一部。

十六、《四库全书》本(据周彦文之记载)

此本首冠提要,除文末多"乾隆四十六年五月恭校上"一句外,余悉与《四库全书总目》史部目录类《千顷堂书目》条相同。全书无序跋,无总目,每部之前亦无目录。此本原为文渊阁故物,钤有"文渊阁宝"及"乾隆御览之宝"两印记,现存台北"故宫博物院"。另有文津阁本存,文溯阁本,现存于世。

十七、杭世骏抄本(据周彦文之记载)

现藏"中央图书馆",为国立北平图书馆旧藏,题曰"旧抄本"。书首有吴骞录自杭世骏《道古堂文集》。

十八、五十一卷抄本(据周彦文之记载)

现存"中央图书馆",原为东北大学旧藏,题曰乌丝栏抄本。书首冠典制五则,每部之前有该部目录。书中有"国立中央图书馆保管"印记。

十九、陈鳣抄本(据周彦文之记载)

现藏"中央图书馆",此本为国立北平图书馆旧藏,题曰抄本。书首录有杭世骏、黄氏书录序,有总目,每部前亦各有目录。书末有况周颐跋。

二十、日本静嘉堂藏书(据周彦文之记载)

现存日本东京静嘉堂文库。

二十一、瞿凤起、潘景郑整理本

上海图书馆瞿凤起、潘景郑费数年精力,整理、标点、校勘是书,以《适园丛书》两次刻本互相查对作为底本,又借上海图书馆所藏的旧抄本为依据,改正错字,增加条目。上海古籍书店高震川、韩振纲做书名和著者索引。

以上各本,在著录内容和版式上都不尽相同。孰优孰劣,又以何本价值为最大?周彦文认为:"讨论《千顷目》诸传本之优劣时,似无必要,亦不可能以接近原貌为品评之标准。盖书目以纪录一代文献为其大旨,俞邰发凡起例,已建其功,后世之增益,方为更具价值之所在。故今之要务,当在阐明诸本间之传承关系,并选定最佳传本,以为研究根据,若一味以何者接近原貌为讨论重心,则失目录学之旨矣!"所言极是。一则《千顷堂书目》最初之抄本问世不久即亡,其原貌不得而知,只能通过他书征引情况得见一二;二则由于认识到《千顷堂书目》的重要价值,后世学者如杭世骏、卢文弨、吴骞、张钧衡、王国维等均据所见之版本和史料对其进行增订,力求以最佳之版本传世。所以,相比《千顷堂书目》最初之抄本,后世学者的增订本更应受到重视和利用。

《千顷堂书目》问世后,杭世骏为之增补二百九十三条,后卢文弨校本增补三百六十三条,吴骞补入二百三十九条。吴骞校本校勘精良,广集朱彝尊、杭世骏、卢文弨等人增订补考之成果,是存世最完备的版本,现存台湾"中央图书馆"①。《适园丛书》本据萧山王宗炎十万卷楼抄本和马玉堂汉唐斋藏本互校刊刻,但仅吸取了约半数卢文弨、吴骞校治成果。瞿凤起、潘景郑整理本以张钧衡刻本为底本,校以铁琴铜剑楼藏本,又据卢文弨、吴骞之增补本以校勘、增补。此本广泛吸收了前人的研究成果,是本书研究所依据的主要版本。

---

① 　张明华:《黄虞稷和〈千顷堂书目〉》,国际文化出版社,1994 年,第 182 页。

附录2 《徐氏家藏书目》所录《千顷堂书目》 未著录明人著作①

邹獭胤孝北征记一卷宜川十景一卷【字恭甫,临川人,天启丁卯举
　　人。】P440

唐秩萧艾子诗一卷【字景夷,号存吾,琼山人,嘉靖初诸生。】P471

吴大山傲素轩诗二卷【字仁仲,钱塘人,万历辛卯乡举,官中书舍人,贵
　　州(云南)按察使。】P406

八大家文选□卷 P343

吴道南巴山馆草四卷纶扉奏草一卷南宫续草一卷【字会甫,号曙谷,宣
　　之玄孙,万历己丑进士,累官太子太保,户部尚书,文渊阁大学士,
　　卒年七十有四,谥文恪。】P438

徐应雷白毫集二十二卷【字声远,吴县人,万历中布衣,没后,苏州(同
　　知)关中庞源未识面,临其丧,捐俸梓其集,丁元荐序。】P381

张琦白斋集九卷【字君玉,鄞县人,正德辛巳进士,官兴化知府,福建参
　　政】。P414

陈献章白沙先生集二十一卷【字公甫,一号石斋,南海人,成化中乡举,
　　授翰林检讨,辞归,从祀孔子庙庭。】P466

王禹声白社诗草一卷【字遵考,原名倬,号闻溪,鏊之曾孙,万历己丑进
　　士,承天知府】。P374

胡汝淳柏斋集一卷【字远志,吴县人,万历癸丑进士,工部主事。】P383

---

　　① 附录2所列举条目依据《徐氏家藏书目》,上海古籍出版社,2014年出版。
条目中的小字注语加"【】"标记。每条目后列出页码。

邵珪半江诗集五卷【字文敬,宜兴人,成化己丑进士,官思南府知府。】P396

周应宾月湖草七卷【字嘉甫,号寅所,鄞县人,万历癸未进士,礼部尚书,谥文穆。】P413

王锡命葆光阁草二卷【字予卿,号文泉,秀水人,嘉靖壬戌进士,官福建金事,江西参议。】P427

许用卿报春堂集四卷【字□□,号鹿野,宜兴人,万历乙卯卿举,官光泽知县。】P395

唐邦佐北部集三卷【字良父,兰溪人,隆庆戊辰进士,官刑部主事。】P421

徐贲北郭集六卷【字幼文,长洲人,洪武初累官广东左布政使。】P373

张泰阶北征草十二卷【字爱平,上海人,万历己未进士,官潞安知府。】P393

吴稼证北征集一卷【字翁晋,维岳之子,万历中太学生,官通判。】P422

李元畅北征篇一卷吹剑篇一卷【字惟实,一迪之子,万历乡举,未仕卒。】P470

刘凤魏学礼比玉集七卷【凤字子威,嘉靖甲辰进士,河南金事,学礼字季朗,嘉靖□□进士。】P382

叶梦斗苾蒭园七卷【字叔明,号澹宇,兰溪人,万历中以太学生官滇南通判。】P420

徐学聚抚闽疏草三卷公移一卷【字□□,号石楼,兰溪人,万历癸未进士,累官福建巡抚,副都御使。】P420

董谷碧里四存四卷【字实用,号两湖海盐人,正德丙子乡举,官汉阳知县。】P425

张铁(鉽)碧溪诗集六卷【字子威,慈溪人,正德中布衣,善草书,其孙

尧年登嘉靖乙未进士,令金坛时汇梓其集,云间陆深为序。】P409

唐寅伯虎集四卷【字子畏,一字伯虎,号六如,长洲人,弘治中南京解
　　元,善画。】P376

魏允贞伯子集四卷【字懋忠,号见泉,南乐人,万历丁丑进士,山西巡抚
　　都御史。】P457

宋登春布衣诗集二卷【字应元,自号海翁,又号鹅池生,真定府新河县
　　人,嘉靖中布衣徐学谟为作《鹅池生传》。】P457

王应翼采山楼集六卷【字天乐,京山人,万历中乡举。】P452

卓明乡光禄集三卷【字澂父,仁和人,万历中以太学生官光禄署
　　正。】P405

张泰沧洲集八卷【字亨父,太仓人,天顺甲申进士,官翰林简讨。】P374

草堂诗余四卷 P348

曹蕃游草四卷郊居篇一卷龙湫篇一卷一剑篇一卷问夜篇一卷骊珠篇
　　一卷雪轮篇一卷绿榕篇一卷【字介人,华亭人,万历丁酉乡举,官
　　荆州府通判,著作甚富。】P391

陈白沙诗教十五卷 P350

陈骙文则二卷【一关中赵瀛刻一四明屠本畯刻。】P343

戴鳌中丞遗集八卷【字时量,号东石,鄞县人,正德丁丑进士,副都御
　　使,卒年六十七。】P413

钱薇承启堂集二十八卷【字懋垣,号海石,海盐人,嘉靖壬辰进士,官礼
　　科给事中,卒年五十三。】P426

谢宏仪乘桴吟一卷和陶诗一卷【字简之,号寤云,会稽人,万历中武状
　　元,崇祯初官福建都督。】P417

程福生诗集八卷【字孟孺,初名应魁,玉山人,万历中诸生。】P445

赤城论谏录二卷 P344

高岱叔崇遗稿一卷【字叔崇,号鹤池,岱之弟,嘉靖乙卯省试第二人,丙
　　辰进士,兵部武库司郎中,卒年三十八。】P452

初唐诗选三卷 P346

周是修刍荛集六卷【名德,以字行,太和人,国初以明经举,高皇帝擢为
　　周府奉祠,改衡府纪善,预翰林纂修,文皇靖难至金川门,是修密
　　留书于家,入应天府学,自经死,年四十九,万历中刻集,王世贞、
　　刘应秋姜士昌序,末附杨士奇、解缙、王直墓志。】P442

区怀年楚芎亭稿【字叙承,大相之子,万历中太学生。】P467

马天锦楚语二卷石困新语一卷【字澹希,一字聚生,号石困,蒲圻人,万
　　历乙未进士,南京兵部郎中。】P450

乌斯道春草集十一卷【字继善,慈溪人,洪武初荐为永新县令,集久不
　　传,崇祯二年,泰和萧基为浙江按察使,梓而行之,有宋濂解缙二
　　序。】P413

黄辉怡春堂集七卷铁菴诗选一卷【字平倩,号慎轩,顺庆府南充县人,
　　万历己丑进士,翰林院中允,《铁菴诗选》者乃晚年遗稿,闽中邵捷
　　春蜀中奉潘时所刻。】P465

刘认春冈集六卷【字□□,号春冈,鄢陵人,正德丁丑进士,刑部尚
　　书。】P459

李濂春游王屋稿五卷【字川父,号嵩渚,开封府祥符人,正德癸酉解元,
　　甲戌进士,山西按察金事,三十余即悬车。】P458

黄姬水淳父集二十四卷【字淳父,省曾之子,嘉靖中布衣。】P376

词林片玉四卷 P452

词林摘艳十卷 P348

词评一卷王世贞 P349

夏言赐间堂稿八卷桂州诗余一卷奏议二十卷【字公谨,号桂州,贵溪

人,正德丁丑进士,累官吏部尚书,少师,华盖殿大学士,坐法下狱,诛死,谥文愍。】P444

钱文荐翠涛阁集一卷丽瞩集□卷【字仲举,慈溪人,万历丁未进士,官□。】P411

余寅农大人集二十卷【字君房,一字僧杲,号汉城,鄞县人,万历庚辰进士,官太常寺卿。】P410

刘应秋大司成集十六卷【字士和,号兑阳,吉水人,万历癸未探花,官国子监祭酒,卒年五十三,谥文节。】P442

徐彦登大雅堂遗集一卷【字元贤,号景雍,德清人,万历乙丑进士,官广西巡抚御史。】P424

菊坡丛话二十六卷单宇。P351

焦竑澹园集四十九卷续集二十七卷【字弱候,号漪园,上元人,万历己丑状元,官翰林修撰。】P385

萧显海钓遗风四卷【字文明,号履菴,山海卫籍,江西龙泉人,成化壬辰进士,官兵科给事中,为权幸所嫉,迁镇宁州同知,擢福建按察金事,卒年七十六。】P456

吴士良定阁诗选四卷吴季子八卷【字皋倩,国伦仲子,万历中太学生,李维祯谢肇申序。】P450

庄昶定山集十卷【字孔旸,江浦人,成化丙戌进士,官南京吏部郎中。】P384

柯暹东岗集十二卷【字启晖,一字用晦,贵池人,永乐中乡贡,预修大典,仁宗在东宫,闻其名,召拜户科给事中,正统中升云南浙江按察使,卒年六十一。】P403

朱弘祖东皋舒啸集九卷【字彦昌,临川人,号东皋畔叟,元末国初逸士,景泰七年,弘祖孙朱绍徽刻门人参政,吴昌衍序。】P440

益王东馆缶音四卷【号仙源。】P447

邹守益东郭集十一卷遗稿十二卷【字谦之，安福人，正德辛未会元、探花，南京国子监祭酒、礼部侍郎，卒年七十二，谥文庄，理学名臣。】P443

张弼东海诗集五卷文集三卷【字汝弼，华亭人，成化丙戌进士，官南安知府，卒年六十三，其子弘宜弘至皆举进士，弘至官翰林时梓之，李文正东阳为序。】P390

顾清东江集十卷【字士廉，华亭人，弘治癸丑进士，礼部侍郎。】P393

杨士奇东里全集八十四卷【原名寓，以字行，泰和人，建文初征辟为翰林修撰，文皇即位，累官礼部尚书，华盖殿大学士，讲少师，杜国，历仕三朝，卒年八十，谥文贞。】P440

吴仕训东山稿四卷长溪草五卷龙城草四卷又三山小草二卷【字光卿，号六负，潮阳人，万历丁酉乡举。福州同知，致仕归。】P471

廖希颜东雩存稿四卷【字叔愚，茶陵州人，嘉靖壬辰进士，山西提学副使。】P453

邓澄东园诗二卷【字□□，号来沙，新城人，万历甲辰进士，官翰林庶吉士、御史、湖广佥事。】P447

何文渊东园文集四卷钝菴先生奏稿一卷【字臣川，广昌人，永乐戊戌进士，累官太子太保，吏部尚书，卒年七十三。】P446

崔桐东洲续集十卷【字来凤，海门人，正德丁丑探花，礼部侍郎。】P398

尹台洞山集八卷【字□□，永新人，嘉靖乙未进士，南京礼部尚书。】P443

孙宜洞庭渔人集五十三卷【字仲可，号洞庭渔人，继芳之子，嘉靖戊子乡试，隐居不仕，乔世宁序，王世贞为之传。】P455

胡宗宪督抚奏疏六卷【字汝贞，号梅林，嘉靖戊戌进士，官兵部尚

书。】P389

邵锐端峰集四卷【字思抑,仁和人,正德戊辰进士,太仆寺卿,赠右都御
　　史,谥康僖。】P408

刘克平端州稿一卷羅浮稿一卷曹溪稿一卷【字道子,克治之弟,万历中
　　诸生。】P468

李一迪我山集十卷【字君哲,茂名人,嘉靖乙丑进士,浙江副使。】P470

陈文烛二酉园诗集十二卷文集二十三卷【字玉叔,号五岳,柏之子,嘉
　　靖乙丑进士,官福建布政使、南京大理寺卿,汪道昆、王世贞
　　序。】P451

张宁方洲集二十六卷【字靖之,海盐人,景泰甲戌进士,官礼科给事
　　中。】P425

邬佐卿芳润齐集九卷缠头集八卷金陵篇一卷【字汝翼,绅之孙,万历中
　　布衣,卒年六十有三,风流文采冠于江左,缠头集三百余篇,皆游
　　金陵曲中与诸名妓唱酬者,情词艳语可方王(玉)台云。】P399

费道用集【字暗如,号笔山,石阡人,崇祯辛未进士,福清知县。】P473

费懋谦诗草一卷【字民益,铭山人,万历中以父寀荫,官福建运
　　副。】P445

沈明臣丰对楼集四十三卷【又《折柳》《丁艾》《蕑(蓟)稜》《越草》《帆
　　前》《月拙》《孤愤》《清洗》,字嘉则,鄞县人,别号司章山人,万历
　　中布衣,长洲王世贞刘凤屠隆为之序。】P410

风雅逸篇十卷 P344

陈颐吉风雨轩稿一卷【字贞甫,号来川,德清人,嘉靖中乡贡,官贵溪教
　　谕。】P424

章懋枫山集九卷遗文一卷【字德懋,兰溪人,成化二年会试第一,官南
　　京礼部尚书,卒年八十六,谥文懿。】P420

枫社三卷绍兴府 P348

万虞凯枫潭集钞二卷【字懋卿,南昌人,嘉靖戊戌进士,历官都御史,同
　　年吴维岳为序。】P433

罗伦一峰文集十四卷【字彝正,一字应魁,永丰人,成化丙戌状元,官翰
　　林院修撰,以谏谪福建提举,卒年四十八,谥文毅。】P441

冯梦龙诗集六卷【字犹龙,吴郡人,崇祯初乡贡,寿宁知县。】P383

黄九斗凤栖岗吟稿二卷【字元枢,号十峰,遂昌人,万历中布衣。】P432

方豪棠陵集八卷奉希集一卷【字思道,开化人,正德戊辰进士,官刑部
　　主事,谏武宗南巡,廷杖,嘉靖中,升福建副使,未莅任卒。】P432

蒋锁浮湘集六卷【字公鸣,长洲人,万历中乡举,官福州府同知。】P379

朱豹福州集六卷【字子义,号青冈,上海人,曜之子,嘉靖正德丁丑进
　　士,官御史,擢福州知府。】P393

熊文灿抚闽奏疏文移十卷【字□□,号心开,泸州人,万历丁未进士,福
　　建巡抚,都御史】P473

金学曾抚闽奏疏六卷【字子鲁,号省吾,钱塘人,隆庆戊辰进士,官福建
　　巡抚,副都御史。】P405

程恩岐阜樵歌二卷【字志荣,号懒樵,休宁人,成化中处士,卒年七十
　　二。】P389

王尚文蓋心堂稿十卷【号宝岗,真定县人,嘉靖壬戌武进士第二人,万
　　历初福建都督总兵官。】P457

湛若水甘泉先生文录二十一卷【字元明,增城人,弘治乙丑进士,南京
　　兵部尚书,卒年八十一,谥文简。】P466

林祖述感怀草一卷【字□□,号槐庭,鄞县人,万历丙戌进士,官翰林庶
　　吉士,广西提学金事。】P412

高启大全集二十卷凫藻集五卷扣舷集一卷缶鸣集十二卷【字季迪,号

槎轩,长洲人,洪武初召修元史,授翰林院编修,史成,拜户部侍郎,卒年三十九。】P373

朱长春庚寅集一卷适越集二卷海牟骚一卷【字太復,号海瀛,乌程人,万历癸未进士,官刑部主事。】P423

马邦良公余寄兴草二卷【字君遂,号象湖,富阳人,万历丙戌进士,官福建按察司副使,行太仆寺卿。】P407

陈有年恭介公集十二卷【字登之,号心谷,余姚人,嘉靖壬·戌进士,官吏部尚书,谥恭介。】P418

周用恭肃集十六卷【字行之,号白川,吴江人,弘治壬戌进士,太子太保,吏部尚书,谥恭肃。】P375

安恪王孤愤诗草一卷【讳宸浮,别号弘毅,正德中册封为石城王。】P436

古今风谣一卷杨慎。P345

禅藻集二十八卷古今僧诗。P345

古今诗删三十四卷李攀龙。P346

古今谚一卷范钦。P345

何白汲古堂集二十八卷【字无咎,号丹霞,万历中布衣。】P429

古文隽□卷赵胤昌刻。P342

古文品外录二十四卷 P343

古文崇正十二卷 P342

古选诗一卷 P344

古逸书□卷 P343

于慎行谷城山馆诗集二十卷文集四十卷【字可远,号谷峰,兖州东阿人,隆庆戊辰进士,大学士,谥文定。】P463

顾圣之诗集五卷【字圣少,一字季狂,吴县人,嘉、隆间布衣。】P382

顾正谊诗史十五卷【字仲芳,号亭林,华亭人,万历中太学生,官中书舍

人,既咏二十一朝人物为五言古诗,又自注之,古今咏史之第一手
也,善画山水,得宋人笔法。】P390

陈从舜闽游草一卷【字志元,号春池,天长人,官兵马指挥,先是,万历
丁酉,入闽访郭方伯,与予兄弟交最欢,游草予所订定者。】P403

周汝观壶领漫吟二卷【字以孚,号南阳,鄞县人,万历□□乡举,官云南
副使,子朝彦,崇祯壬申至闽,见贻。】P412

邹维琏达观楼集四卷理署草四卷友白草四卷枢曹奏疏二卷抚闽奏疏
政稿十卷【字德辉,号匪石,新昌人,万历丁未进士,官福建巡抚、
都御史,崇祯癸酉去仕。】P448

李材观我堂书要三十卷正学堂稿二十四卷464【字孟诚,号见罗,丰城
人,嘉靖乙戌进士,累官云南巡抚都御史。】P434

管讷蚓窍集八卷【字时敏,华亭人,洪武中官府左长史。】P392

卓明卿光禄集三卷【字澂父,仁和人,万历中以太学生官光禄署
正。】P405

高应冕光州集二卷【字文中,号颖湖,仁和人,嘉靖甲子乡举,官光州知
州。】P405

邬铨明广陵纪游一卷【字简在,慈溪人,崇祯丙子乡举。】P416

广文选六十卷刘节 P342

郭第广游篇一卷【字次甫,镇江人,万历初山人陈文烛为序。】P399

赵讷归田稿十卷【字孟敏,号阳溪,汾州孝义县人,嘉靖己未进士,保宁
知府。】P464

徐学谟归有园集二十二卷海隅集三十卷【字叔明,号太室,吴县人,嘉
靖庚戌进士,官少保,礼部尚书。】P377

罗玘圭峰集十八卷续集九卷【字景鸣,南城人,成化丁未进士,累官南
京吏部左侍郎致仕,卒年七十三,谥文肃。】P446

郭用宾适吟四卷【字于王，号星阳，南海人，万历中乡举，宁德知
　　县。】P468

国秀集一卷 P345

喻时海上老人别集二卷正集九卷【字吴皋，汝宁光州人，嘉靖戊戌进
　　士。】P459

赵枢生含玄集四卷别集十六卷【字彦材，嘉靖中布衣。】P379

苏志皋寒村集四卷【字德明，顺天固安人，嘉靖壬辰进士，副都御
　　使。】P457

汉魏诗乘二十卷 P344

汉诏令八卷 P342

何良俊翰林集二十八卷【字元朗，号柘湖，华亭人，嘉靖中以贡官翰林
　　孔目。】P390

翰林诗法十卷 P349

翁应祥杭川集二卷【字兆吉，常熟人，万历中乡举，官光泽令，朔州知
　　州。】P379

车大任合剑篇一卷【字子仁，号春涵，邵阳人，万历庚辰进士，福建知
　　府，与同知南海温景明倡和，刻是集，后擢河南宪副去。】P455

黄国锜和西极诗一卷【字石公，新昌人，崇祯丁丑进士。】P449

薛瑄河汾诗集八卷文清全集四十卷【字德温，号敬轩，平阳府蒲州人，
　　永乐辛丑进士，礼部侍郎，谥文清，从祀孔子庙庭，诗一千一百三
　　十首。孙禥官刑部主事汇次，门人阎禹锡序。】P464

张问仁河右集八卷【字以元，号春谷，西安府西宁人，嘉靖丙辰进
　　士。】P461

河岳英灵集三卷 P345

唐文鉴二十二卷贺泰。P343

蔡昂鹤江诗二卷【字(号鹤江),华亭(淮安卫籍嘉定)人,嘉靖□□进士(正德甲戌探花),历官礼部尚书(侍郎)。】P392

揭重熙鹤玉斋集二卷【字君缉,号潜铭,临川人,崇祯辛未进士。】P440

吴时来横槎集四卷【字惟修,号悟斋,仙居人,嘉靖癸丑进士,左都御史,谥忠恪。】P430

顾孟林衡门集一卷【字山甫,吴郡人,万历中山人,自称兀然先生著。】P383

陈所学鸿濛馆集八卷【字正甫,号松石,景陵人,万历癸未进士,官福建右布政使、户部侍郎。】P452

陈东(東)后冈集一卷【字约之,鄞县人,嘉靖乙丑进士,官河南提学副使,卒年三十三。】P409

叶铭臻厚泽堂稿一卷【字维新,鄞县人,永乐甲申进士,韩府伴读。】P415

胡元瑞尺牍二卷 P352

胡元瑞诗薮二十卷 P349

李珠山湖上篇一卷【字□□,钱塘人,嘉靖中布衣。】P405

朱朝赓虎邱草一卷【字孟光,华亭人,万历中庠生。】P392

花间集四卷 P348

边贡华泉集八卷【字廷实,济南历城人,弘治丙辰进士,南京户部尚书,卒年五十七,郡人刘天民汇次。】P462

张祥鸢华阳洞稿二十卷。【字道卿,号虚菴,金坛人,嘉靖己未进士,云南知府。】P399

宋仪望华阳馆集十二卷【字望之,号阳山,永丰人,嘉靖丁未进士,福建提学副使都御史,卒年六十五。】P442

李东阳怀麓堂续稿十三卷拟古乐府一卷【字宾之,号西涯,茶陵州人,

四岁举神童，天顺甲申进士，华盖殿大学士，卒年七十，谥文正，《续稿》邵宝序，《乐府》自为注。】P453

吴国琦怀兹堂集□卷【字公良，号雪崖，桐城人，崇祯辛未进士。】P401

秦懋德淮闽吏隐稿四卷【字□□，临海人，嘉靖中经魁，官淮安通判，福建运同王亮为之序。】P431

沈恺环溪诗选六卷漫集八卷【字□□，号凤峰，华亭人，嘉靖己丑进士，太仆卿。】P392

安世凤环玉亭抄二卷【字凤来，号舜廷，归德卫人，万历癸未进士，处州府同知。】P460

崔铣洹词十二卷【字子钟，一字仲凫，号后渠，彰德府安阳人，弘治乙丑进士，南京礼部侍郎，谥文敏。】P458

曾文饶浣花居小品一卷【字尧臣，崇祯戊寅贡士，大奇之子。】P444

皇甫百泉解颐新语八卷皇甫汸 P350

皇明古虞诗集二卷【上虞谢说辑，自洪武至隆庆。】P348

皇明律范二十卷 P347

皇明文范六卷 P343

皇明文衡□卷 P343

皇明文则□卷 P343

黄养端黄兆山房稿一卷【字□，嘉靖中岁贡。】P432

尤瑛迴溪遗稿二卷【字汝白，无锡人，嘉靖癸卯解元，甲辰进士，广东参政，卒年五十。】P396

曹能始蜀中诗话四卷 P350

汤宾尹晦菴集十卷二刻四卷三刻四卷【字嘉宾，号霍林，宣城人，万历乙未会元，官国子祭酒。】P402

唐枢激衷小拟一卷【字子镇，号一菴，归安人，嘉靖丙戌进士，刑部主

事,卒年七十九。】P422

蔡善继空有斋草四卷【字伯达,归安人,号五岳,万历辛丑进士,官福建
　　副使,湖广右布政。】P425

续草堂诗余二卷 P348

王廷相家藏集五十四卷【字子衡,号浚川,开封府仪封人,弘治壬戌进
　　士,累官兵部尚书,太子少师。】P458

刘迪简尚宾文集五卷【字商卿,安福人,洪武初荐为尚宾馆副使,敕授
　　将仕佐郎,使安南回,至南宁府卒,御选送行诗。】P444

桂绍龙建南三咏一卷【字骧云,号允虞,金溪人,万历丁未进士,福建右
　　布政使。】P439

黄洪宪銮坡制草四卷【字懋忠,号葵阳,秀水人,隆庆戊戌进士,翰林院
　　编修,少詹事。】P426

赵来亨江篱馆集十卷【字修父,南昌人,万历隆庆戊辰进士,淮安知
　　府。】P435

江田陈氏诗系三十六卷陈肇曾辑刻 P348

江西晋唐诗选 P348

沈懋学郊居遗稿十卷【字君典,号少林,宣城人,万历丁丑状元,授翰林
　　院修撰,卒。】P402

沈鼎科蕉露篇一卷【字铉臣,号弇邱,江阴人,崇祯辛未进士,官建阳知
　　县。】P396

方鹏矫亭集十八卷【字时举,号矫亭,昆山人,正德三年进士,官太常寺
　　卿,卒年七十。】P376

吕光洵皆山堂稿四卷【字信卿,号期斋,新昌人,嘉靖壬辰进士,官南京
　　兵部尚书。】P418

汪国士简轩集二卷【字君酬,号皖公,桐城人,崇祯卒未进士,闽县知

县。】P401

赵昊拮据堂遗稿一卷【字子明，慈溪人，嘉靖丙戌进士，官□□御史。】P416

金华正学篇十卷 P343

文翔凤金陵赋草一卷【字天瑞，号太清，西安府三水人，万历庚戌进士，南京吏部主事，光禄寺少卿。】P461

汤之相金陵集二卷【字惟尹，号樗存，广济人，万历中乡举，官南京刑部郎中，升太守。】P453

严嵩钤山堂集四十卷南宫奏议三十卷【字惟中，号介溪，分宜人，弘治乙丑进士，累官少师、吏部尚书、华盖殿大学士。】P449

袁宏道锦帆集四卷瓶花斋集十卷华嵩游草二卷桃源咏一卷广陵集一卷敝箧集二卷破砚斋集二卷解脱集二卷【字中郎，号石公，宗道之弟，万历壬辰进士，官吏部郎中。】P456

姚汝循锦石斋稿二十卷【字叙卿，上元人，嘉靖丙辰进士，官大名知府。】P386

近体始音五卷 P344

张邦伊京兆草二卷高州草一卷【字孺觉，时徹之子，万历中以任子官治中知府。】P414

许孚远敬和堂集八卷【字盂中，号敬菴，德清人，嘉靖壬戌进士，福建巡抚副都御使，终兵部侍郎。】P423

董斯张静啸斋集七卷【字遐周，初名嗣暲，字然明，嗣成之弟，万历中太学生，王稚登陈继儒为序。】P424

高攀龙就正录二卷【字云从，号景逸，无锡人，万历己丑进士，官左佥都御使。】P396

陈沂拘虚集五卷【字宗鲁，又字鲁南，号石亭，鄞县人，正德丁丑进士，

官山东参政,行太仆寺卿。】P409

梅守箕居诸集四卷【字季豹,宣城人,诗起自万历庚辰,至丁亥,王世贞为之序。】P402

孙矿居业次篇五卷【字文融,号月峰,余姚人,万历甲戌进士,官南京兵部尚书。】P417

黄衷矩洲集九卷【字子和,南海人,弘治丙辰进士,福建运使,兵部侍郎。】P466

朱睦㮮聚乐堂甲辰集一卷【字灌甫,号西亭,开封人,一号东坡居士,嘉靖中周府王孙。】P459

张蕭客居笺一卷【字侗初,华亭人,万历甲辰进士,礼部侍郎。】P391

李梦阳崆峒集六十六卷【字献吉,庆阳卫籍,河南扶沟人,弘治癸丑进士,江西提学副使。】P460

曹子念快然阁集十卷【字以新,吴县人,万历中布衣。】P379

张宿次快宜堂集四卷【字元休,号梦菴,汝宁府汝阳县人,天启中乡举。】P459

丁应宗括苍游稿一卷北征稿一卷【字文统,号少厓,萧山人,万历中官龙溪县丞。】P417

耿定向廓如编二卷奏疏一卷【字在伦,号天台,嘉靖丙辰进士,户部尚书,谥恭简。】P453

沈彬兰轩集五卷【字原质,武康人,正统壬戌进士,官刑部郎中,卒年五十九。】P422

黄立言揽菔斋集四卷爱书杂集六卷【字大次,号石函,广昌人,万历(辛卯)乡举,先任严州司理,达州守,遵义同知、太守,福建运使,崇祯九年任□。】P447

沈朝焕劳人草一卷雁字诗一卷【字伯含,号太玄,仁和人,万历壬辰进

士,官工部主事,福建参政。】P406

徐应亨乐在轩稿一卷十笏斋稿五卷【字伯阳,兰溪人,天启中乡
举。】P421

李于鳞唐诗选七卷 P346

历代名臣奏议三百五十卷 P343

朱廷训荔丹堂草一卷【字宏之,嘉兴人,万历中太学生,官福州照
磨。】P426

潘恩笠江集十二卷近稿十二卷【字子仁,上海人,嘉靖癸未进士,累官
左都御史,卒年八十七,谥恭定。】P390

鲁铎莲北先生集选一卷【字振之,景陵人,弘治壬戌会元,国子祭酒,羞
与送(刘)瑾同朝,拂衣归,卒年六十七,谥文恪,同乡谭元春所删
者也。】P451

孙光裕廉善堂集二十卷【字子长,号潇湘,嘉兴人,万历辛丑进士,官南
京光禄寺少卿。】P427

吴钟峦梁园佳话一卷【字峦稚,武进人,崇祯甲戌进士,官长兴知
县。】P396

两汉书疏十八卷 P342

骆文盛两溪集十四卷【字质甫,武康人,嘉靖乙未进士,官翰林院编修,
卒年五十九。】P423

顾汝学凌清堂集六卷【字思益,号悦菴,文渊曾孙,万历癸未进士,云南
按察使。】P408

朱应登陵溪集十八卷【字升之,宝应人,弘治己未进士,官云南参
政。】P398

刘凤全集五十二卷澹思集十六卷【字子威,号罗阳,长洲人,嘉靖甲辰
进士,累官河南金事】P378

刘静修集三十卷名因。P370

张俊留槎小草二卷【字朗之,从律之子,万历中乡贡,处州府训
　　导。】P391

邓渼留夷馆集四卷南中集四卷红泉集四卷【字远游,南城人,万历戊戌
　　进士,官御史、浙江副使,顺天巡抚,副都御史。】P446

李应元六台山人集六卷【字幼贞,号□□,雅州人,嘉靖壬午乡举,真定
　　同知。】P465

刘绩芦泉集四卷【字用熙,江夏人,弘治庚戌进士,吏部员外、镇江知
　　府。】P450

陆澄原诗集六卷【字嗣端,号芝芳,平湖人,锡恩之子,天启乙丑进士,
　　工部主事。】P428

陆锡恩诗集四卷【字伯承,号九芝,平湖人,泓之玄孙,万历乙未进士,
　　刑部员外。】P428

鹿鹤轩小词一卷 P349

茅坤鹿门先生集三十六卷耄年录□卷【字顺甫,归安人,嘉靖戊戌进
　　士,官河南副使,卒年九十,又诗选八卷,孙元仪甲戌重刻。】P422

汪佃东麓遗稿五卷【字有之,弋阳人,正德丁丑进士,福建金事,太仆寺
　　少卿。】P444

阮自华雾灵山人集三十卷【字坚之,号澹宇,桐城人,万历戊戌进士,初
　　任福州推官,庆阳太守,再起邵武太守,集刻于邵武,未几挂冠
　　归。】P401

喻应夔落花诗一卷【字宣仲,均之子,崇祯初岁贡。】P434

朱多犴刻鹄斋稿一卷落花诗一卷【字齐云,石城府辅国将军。】P426

于若瀛落花诗一卷弗告堂集四卷【字文若,号念东,济宁卫人。万历癸
　　未进士,太仆寺卿、陕西巡抚、副都御使。】P462

马姅如落花咏一卷【字弢叔,号苍麓,云南府昆明人,万历中乡举,南京刑部郎中。】P472

顾起元落花咏一卷【字邻初,江宁人,万历戊戌进士。】P386

吕东莱诗话一卷 P349

马文升奏议二卷【字负图,号三峰,禹州人,正德辛未进士,吏部尚书,谥端肃,卒年八十一。】P459

蒋希禹谩游草二卷【字国平,号祇吾,全州人,万历中乡举,福建运使。】P471

茅一相集诗法一卷 P350

徐象梅闽游稿一卷【字仲和,钱塘人,万历中诸生。】P406

李豫亨梅花咏一卷【字元荐,华亭人,嘉靖中太学生,官鸿胪寺序班。】P390

曾玙少岷存稿四卷【字东玉,泸州人,正德戊辰进士,户部郎中,因忤逆瑾,出为建昌知府。】P464

江以东岷岳遗集四卷【字贞伯,全椒人,隆庆戊辰进士,官江西提学副使。】P404

戴宪明闽游草一卷【字叔度,新昌人,天启丁卯乡举。】P449

张昭闽游草一卷【字叔麟,号元海,万历初岁贡,官海川同知。】P429

温景明闽中稿二卷【字永叔,号春野,旧闻之子,隆庆中乡举,福州同知,升南宁知府。】P467

徐晋文敏公集六卷【字子容,吴县人,弘治乙丑进士,吏部左侍郎。】P382

于谦肃愍奏议十卷【字廷益,号节菴,钱塘人,永乐辛丑进士,官兵部尚书,卒年四十九,谥肃愍,后改谥忠肃。】P404

徐霖名山百咏一卷【字子仁,号髯仙,金陵人,正德中布衣,善书画,武

宗三幸其家,长于小词,别号九峰。】P385

名世文宗二十卷 P342

程颢明道集五卷 P366

明七言律传五卷彭会 P347

明七子诗选七卷 P347

明诗粹选十二卷 P347

明诗古选四卷 P347

明诗七言律选穆文熙 P347

明十二家诗选十二卷 P347

明仕林诗类□卷 P347

明文奇赏四十卷陈仁锡 P343

明音类选十二黎民表卷 P347

冯光浙鸣春集八卷【字邦镇,号北湖,慈溪人,嘉靖中岁贡,福州训导。
　　孙烻官福建提学副使时所刻。】P409

南词韵选 P349

杨循吉南峰集四卷【字君谦,吴县人,成化二十年进士,官礼部侍
　　郎。】P374

陈善黔南汇稿八卷【字思敬,号敬亭,钱塘人,嘉靖辛丑进士,广西云南
　　提学副使。】P407

邹元标南皋集选七卷太平山房诗选五卷奏疏四卷【字尔瞻,吉水人,万
　　历丁丑进士,少年登第,疏劾辅臣江陵,廷杖,谪戍夜郎,泰昌改
　　元,起自家居,累迁至左佥都御史,谥恭介。】P441

汪必东南隽集二十卷【字希会,崇阳人,正德辛未进士,河南参
　　政。】P450

邹德溥南薰吟一卷【字汝光,号四山,安福人,万历癸未进士,官翰林院

编修。】P442

袁尊尼鲁望集十二卷【字鲁望,号吴门,衮之子,嘉靖乙丑进士,山东提
　　学副使,年五十二。】P377

刘基拟连珠一卷 P353

刘荐盘谷集十卷【字闲闲,基之孙。】P432

李胜原盘谷遗稿五卷【字源泽,太平县人,国初从高皇帝取复江州,有
　　绣袍银碗之赐,后归美溪,保障一方,卒,无子,高皇帝遣官致祭,
　　遗稿藏于族人,嘉靖戊午,叶一清始得而梓之,南京解元祁门王讽
　　为序。】P402

王讽彭衙集四卷【字舜夫,西安府白水人,正德丁丑进士,刑部郎中、山
　　西金事,卒年三十六,集不书名第,曰《彭衙集》,诗以年月为次序,
　　自正德戊辰至丙戌止。】P461

苏伯衡平仲文集十六卷【字平仲,金华人,洪武中官翰林院承旨。】P419

顾璘凭几集五卷息园存稿十卷山中稿一卷浮湘稿二卷名山百咏一卷
　　【字华玉,号东桥,江宁人,弘治丙辰进士,官终南京刑部尚
　　书。】P385

沈东屏南集十卷【字元震,号水南,华亭人,嘉靖中岁贡,兴化教官,仕
　　至湖州同知,徐少师阶是其受业门人也,给事中,门人张承宪为之
　　梓,唐枢徐献忠沈恺为之序。】P392

谢三秀萍隐编一卷【字君采,贵阳府新贵人,万历中贡士,三仕广文,避
　　乱居武陵,李维桢、杨鹤为序。】P473

文征明甫田集三十五卷【字征仲,号衡山,林之子,正德中以荐辟官翰
　　林待诏,兼修国史,卒年九十。】P375

莆阳文献集□卷 P343

章拯朴菴文集八卷【字以道,号朴菴,兰溪人,弘治壬戌进士,官工部侍

郎,谥恭惠,枫山文懿公犹子也。】P421

潘潢朴溪奏议十卷【字□□,歙县人,嘉靖□□进士,官福建提学副使,
历户部尚书。】P389

张溥七录斋集六卷【字天如,太仓人,辛未进士,翰林院。】P382

七言古选□卷 P345

吕本期斋集十四卷【字□□,号南渠,余姚人,嘉靖壬辰进士,官武英殿
大学士,少傅。】P418

汪应娄栖约斋稿三卷【字鲁望,南昌人,万历己酉乡举。】P434

赵镗留斋漫稿十三卷【字敦本,号方泉,江山人,嘉靖丁未进士,官副都
御史。】P432

张元忭不二斋文集五卷【字子烬,号阳和,山阴人,隆庆辛未状元,修撰
邹元标序。】P418

张邦奇文定集五十卷【字常甫,号甬川,鄞县人,弘治乙丑进士,南京吏
部尚书,谥文定。】P412

李朴启札二卷【字□□,号继白,西安府朝邑人,万历辛丑进士,高唐知
州,户部郎中。】P461

区大相前后使集八卷【字用儒,号海目,肇庆府高明人,万历己丑进士,
翰林检讨,右中允。】P467

李德继借树斋草六卷【字子同,鄞县人,万历中诸生。】411

蒋主孝樵林摘稿一卷【字□□,号樵林,句容人,天顺中布衣,父用文,
官太医判,谥恭靖,子谊,成化丙戌进士,主孝,所著有务本集若干
卷,不传。】P386

汪玉敝箧留稿二卷【字汝成,号雷峰,鄞县人,正德戊辰进士。历官金
都御使。】P414

邢侗来禽馆草二卷又全集二十八卷【字子愿,号知吾,济南府临邑人,

万历甲戌进士,御史,行太仆寺少卿。】P462

董嗣成青棠集八卷【字伯念,号梅林,一号青芝,乌程人,万历庚辰进士,累官礼部郎中,建言为民,卒年三十二,书画俱工,海内重之,谢肇淛为序。】P424

戚元佐青藜阁稿三卷【字希仲,嘉兴人,嘉靖壬戌进士,官礼部郎中。】P427

王世爵青山社草二卷【字仲修,歙县人,万历中布衣。】P387

余祎清流杂稿二卷【号方山,鄱阳人,嘉靖初任清流县知县,与叶古崖同时倡和。】P447

陈言清桥遗稿一卷【字实父,鄞县人,万历中遵化教谕。】P416

盛世培秋水吟二卷【字鲲溟,定远人,嘉靖中布衣,天启中诸孙民衡,令闽邑刻之,陈一元邵捷春序。】P403

来知德瞿唐日录三十卷【字矣鲜,夔州府梁山人,万历壬子乡举,隐居不仕,邃于《易》学,年七十八以荐辟,官翰林院待诏,越二年卒。】P465

全唐诗话六卷 P349

陈明鹊湖稿二卷【字□□,济南府人,嘉靖癸未进士,工部主事。】P463

胡丽明壬癸小纪一卷趋闽稿一卷遵委近草二卷【字绍进,南海人,万历乙酉乡举,襄阳知县,谪福建运司知事。】P468

吴鹏历任疏稿三十卷【字万里,号默泉,海宁人,嘉靖癸未进士,官吏部尚书。】P407

吴子玉瑞谷集十六卷【字瑞谷,歙县人,万历中太学生,郭正域刘凤为之序。】P388

臧煦如塞下曲一卷【字幼惺,长兴人,万历中太学生。】P424

三苏文范□卷 P343

三苏文选□卷 P343

张鳌山南松堂稿六卷【字汝立,号石磐,正德辛未进士,监察御史,安福
　　人,卒年七十四。】P443

吴仕颐山私集十卷【字克学,昆山人,嘉靖(正德)甲戌进士,福建提学
　　副使。】P383

李士允山藏集七卷【字子中,祥符人,正德丁丑进士。】P459

萧端蒙同野集五卷【字曰启,潮阳人,嘉靖辛丑进士,御史。】P471

武冈王少鹤山人续稿八卷【讳显槐,嘉靖中受封。】P455

王格少泉集十卷【字汝化,京山人,嘉靖丙戌进士,河南佥事,崔铣
　　(铣)顾璘为序。】P452

杨本仁少室山人集二十四卷【字次山,号少室,开封府杞县人,嘉靖己
　　丑进士,刑部主事。】P458

钱允治少室先生稿【字功甫,长洲人,万历中布衣。】P383

皇甫涍少玄集二十四卷【字子安,号少玄,汸之弟,吴县人,嘉靖壬辰进
　　士,官浙江佥事。】P377

徐应雷社中稿一卷【字声远,吴县人,万历中布衣。】P380

柴一德涉泗草一卷洪江集一卷【字吉民,潜江人,崇祯癸酉游闽,招之
　　入社,多所倡和。】P452

何栋如摄园稿一卷南音一卷【字子极,号玉岘,上元人,万历戊戌进士,
　　官襄阳推官,忤税珰罢归。】P385

申绍芳诗一卷【字惟烈,号清门,吴县人,文定之孙,万历丙辰进
　　士。】P380

沈懋孝文钞二卷滴露轩稿一卷洛诵编四卷【字幼真,号晴峰,平湖人,
　　嘉靖壬戌会试,戊辰进士,翰林院修撰,副都御使。】P426

沈野诗集六卷【字从先,郊之侄,万历中山人。】P378

丰越人诗集四卷【字正元,鄞县人,道生之孙,万历中布衣。】P413

孙维垣诗集一卷【字汝诗,无锡人,万历中太学生,王百谷序。】P397

蔡学用诗略一卷蓟门赓草一卷【字子行,号青山,又号用拙,鄞县人,万历中山人。《蓟门赓草》与屠田叔倡和者。】P411

诗林正宗四卷 P351

闻龙诗略一卷幽贞庐草四卷行乐吟一卷【字隐鳞,鄞县人,万历中布衣。】P411

嵇鑼诗略一卷【字子佩,号少南,德清人。嘉靖庚子乡举,官如皋、安乡、庆湖(符)三县令,卒年六十四。】P423

张瀚诗略一卷【字子文,号元洲,仁和人,嘉靖乙未进士,官吏部尚书,谥恭懿。】P405

诗人玉屑□卷 P351

柴以观诗选【字我生,鄞县人,天启中贡士。】P415

杨守阯诗选八卷文选八卷【字维立,号碧川,守陈之弟,成化戊戌进士,官吏部尚书,卒年七十七。】P408

诗选则要一卷 P345

诗学大成三十卷 P350

诗学须知一卷 P350

诗苑醍醐四卷 P345

程钰十峰集十卷【字瑞卿,号方岩,永康人,弘治己未进士,官四川按察副使,卒年七十。】P419

唐龙渔石集四卷奏议五卷【字虞佐,兰溪人,正德戊辰进士,官兵部尚书,谥文襄。】P419

王度石梁集九卷【字律生,天台人,嘉靖癸未进士,官建昌府知府。】P430

诗林广记十卷 P346

汪垣(坦)石盂集十七卷【字仲安,号识环,玉之子,嘉靖中国子生,官
　　程蕃通判。】P414

马祖常石田集十六卷 P370

朱翰石田清啸六卷【字汉翔,嘉兴人,成化中布衣。】P425

顾存仁使蜀稿一卷居庸集一卷【字伯刚,号东白,太仓人,嘉靖壬辰进
　　士,户科给事中,以谏廷杖,谪戍居庸三十年。】P386

孙承恩使郢稿一卷【字真甫,号毅斋,华亭人,正德辛未进士,官礼部尚
　　书,谥文简,谢少南为之序。】P390

王钺世潜集八卷附子王缘葵草录一卷【字□□,号素菴,临海人,弘治
　　庚戌进士,官刑科给事中。】P431

熊卓侍御诗选一卷【字士选,丰城人,弘治丙辰进士,官平湖知县,监察
　　御史,号东溪。】P433

曹筌守潼稿□卷【字元宰,无锡人,崇祯戊辰进士。】P397

田汝成叔禾集十二卷【号豫赐,钱塘人,嘉靖丙戌进士,官福建提学副
　　使。】P404

莫叔明水次篇二卷【字公远,长洲人,万历中布衣。】P380

张焘水坡诗集六卷【字时赞,南昌人,嘉靖辛卯乡荐,官南平令,终沁州
　　守。】P436

黄惟楫说仲诗草八卷【字说仲,天台人,万历中布衣,冯梦祯序。】P431

叶太叔思烟集二卷贾玉集二卷【字郑朗,鄞县人,万历初布衣。】P416

彭华文思集四卷【字彦实,号素菴,安福人,景泰甲戌会元,礼部尚书,
　　卒,年六十五。】P444

桑悦思元集十六卷【字民怿,吴县人,成化中乡举,官长沙通判,调柳
　　州。】P376

刘教正思斋遗稿十卷【字因吾,安福人,弱冠领弘治□□年乡荐,卒年
　　三十二。】P443

茅溱四爻斋草十卷【字平仲,镇江人,万历中布衣。】P399

谢榛四溟旅人集十卷【字茂秦,号四溟,东昌府临清人,嘉靖中布衣,与
　　李攀龙、王世贞、徐中行、梁有誉、宗臣、吴国伦、称中原七
　　子。】P462

陈登明俟秋吟一卷息机草一卷闽游草一卷密迩居草一卷【字仲升,崇
　　明人,天启中贡士,广文。】P380

宋群公小东(東)四卷 P352

搜玉小集一卷 P345

苏黄尺牍九卷 P352

陈伯苏山集五卷【字宪卿,沔阳州人,嘉靖庚戌进士,官山西副使,卒年
　　七十五。】P451

高叔嗣苏门集八卷【字子业,开封府祥符人,嘉靖癸未进士,湖广按察
　　使,卒年三十七,诗三百十一首,文五十一首,四明陈束、古鄹刘切
　　序。】P458

雷思霈岁星堂集四卷【字何思,夷陵州人,万历辛丑进士,翰林简
　　讨。】P456

孙羽侯遂初堂集选一卷【字鹏初,斯亿之子,号湘山,万历己丑进士,礼
　　科给事中。】P455

孙西川诗一卷【名字集中俱不载,乃吴人,与沈周同时。】P384

王惟俭损仲集二卷【字损仲,号符禺,开封祥符县人,万历乙未进士,都
　　御史,工部左侍郎。】P458

张瀚奚囊蠹余集二十卷【字□文,号元洲,仁和人,嘉靖乙未进士,吏部
　　尚书,谥恭懿。】P408

台阁人文十三卷 P343

邱浚琼台吟稿十二卷遗稿二卷【字仲深，琼山人，景泰甲戌进士，礼部尚书，武英殿大学士，谥文庄，更《著大学衍义补》，别见。】P470

汪道昆太函集一百二十卷初字玉卿【字伯玉，初字玉卿，号南溟，歙县人，嘉靖丁未进士，累官兵部侍郎，全集未行，时先有副墨七卷传于世。】P387

周如砥太史集三十二卷【字季平，号砺斋，莱州即墨县人，万历己丑进士，检讨。】P463

杨起元太史家岁集八卷【字复所，归善人，万历丁丑进士，改庶吉士，官至南京吏部右侍郎，谥文懿。】P170

王萱太守诗草一卷【字季孺，慈溪人，万历癸未进士，官翰林院编修，卒年三十有二，屠本畯为之序。】P410

张治道太微山人集十二卷后集四卷【字孟独，西安府长安人，正德甲戌进士，刑部主事。】P461

张士端太乙遗稿一卷【字颖初，芜湖人，万历中庠生。】P402

汤海若赤牍二卷 P352

徐遵汤叶牍六卷【字仲昭，江阴人，崇祯戊辰恩贡。】P396

唐诗正声二十二卷 P345

唐文类□卷 P343

何思唐唐草一卷【字性中，号钦思，会稽人，万历中太学生。】P418

徐中行天目集二十卷青萝馆集五卷【字子与，号龙湾，长兴人，嘉靖庚戌进士，官福建按察使，终江西布政使，卒年六十三。】P423

王佐听雨诗选一卷【字彦举，南海人，洪武初荐为给事中，居二载，乞归，赐钞五十千，士林美之。】P469

彭翼听雨斋集六卷【字稚修，南昌人，万历初岁贡，兰溪教谕。】P435

罗廪补陀游草一卷【字高君,慈溪人,万历中岁贡。】P411

睡鹦鹉诗一卷 P348

杨育秀玩易堂稿一卷【字原山,贵溪人,嘉靖丙戌进士,吏部郎中。】P446

汪元范诗草二十四卷【字明生,贯新安人,流寓临清州,万历中山人,天启初从南中丞开府,闽中为梓其集。】P388

王辰玉归田词一卷王衡。P349

王敬美艺圃撷余一卷王世懋。P350

王亮诗四卷文八卷【字稚玉,号娄峰,万历丁丑进士,官苑马寺卿,谪福建转运副使。】P430

王南谷诗话一卷 P347

王在公初稿一卷【字孟肃,昆山人,万历中布衣。】P380

郭子章望云集二卷 P370

徽诗类编四十二卷 P347

魏广国文集十卷【字辟疆,南昌人,万历中诸生。】P435

文林温州集一卷全集二十卷【字宗儒,洪之子,称交木先生,成化八年进士,官温州刺史。】P375

王道文定公文录十二卷【字纯甫,号顺渠,东昌府武城人,正德辛未进士,南京国子祭酒,吏部侍郎,谥文定。】P462

申时行文定集三十卷【字汝默,号瑶泉,吴县人,嘉靖壬戌状元,官太师,中极殿大学士,谥文定。】P378

刘铉文恭集六卷【字宗器,长洲人,永乐间征入翰林,领京闱乡试,授中书舍人,宣德正统间,预修三朝寔录,天顺改元,擢少詹事,卒于官。成化初追赠礼部侍郎,谥文恭。所著有假庵集六十卷,嘉靖己酉元孙畿梓之,仅得六卷,文徵明为之序。】P374

邓以讃文洁佚稿八卷【字汝德,号定宇,新建人,隆庆辛未会元,探花,南京吏部侍郎,谥文洁,陶望龄左宗郢序。】P434

严讷文靖集十二卷号养斋【字敏卿,常熟人,嘉靖辛丑进士,累官太子太保,武英殿大学士,卒年七十四,赠少保,谥文靖。】P378

王鏊文恪集三十六卷【字济之,号守溪,吴县人。成化甲午乡荐第一,乙未会试第一,廷试第三,累官户部尚书兼文渊阁大学士,卒,谥文恪。】P374

赵贞言文肃集二十三卷【字孟静,号太洲,成都内江人,嘉靖乙未进士,大学士,谥文肃。】P465

费寀义通集选四卷【字□□,号□□,铅山人,正德丙未进士,礼部尚书,谥文通,子懋谦,万历甲申官福建运副,刻于三山,张炜所选也,王应钟、林懋和为之序。】P445

张升文僖诗集二十二卷【字启昭,号伯崖,南城人,成化己丑进士,历官礼部尚书,谥文僖。】P447

费宏文宪集二十卷【字子充,号鹅湖,铅山人,成化丁未状元,少师、华盖殿大学士,谥文宪,门人徐阶序。】P445

温陵文献集□卷 P343

桂萼文襄奏疏八卷【字子实,号尼山,安仁人,正德辛未进士,累官吏部尚书、少保、太子太傅、武英殿大学士、谥文襄,男载刻于应天府公署,饶州太守李易序。】P447

文选六臣注六十卷 P342

商辂文毅集十一卷【字宏载,号素菴,淳安人,正统乙丑状元,景泰中官文渊阁大学士,卒年七十三,谥文毅。】P431

瞿景淳文懿集十六卷内制集一卷科制集四卷【字师道,号昆湖,常熟人,嘉靖甲辰会元及第,累官礼部侍郎,谥文懿,文集门人王锡爵

序之,内制集同郡王世贞序之。】P377

朱赓文懿奏议十二卷【字少钦,号金庭,山阴人,隆庆戊辰进士,累官吏部尚书,文华殿大学士,谥文懿。】P417

陆深文裕全集一百卷【字子渊,号俨山,上海人,弘治乙丑进士,历官詹事,翰林学士,谥文裕。】P394

文苑英华摘粹 P344

吴宽匏翁家藏集三十卷【字原博,号匏庵,成化壬辰会试、廷试俱第一,官至礼部尚书,谥文定,此集只诗,文尚缺。】P381

周伦贞翁净稿十二卷【字伯明,号贞庵,昆山人。弘治己未进士,累官南京刑部尚书,致仕,卒年八十。赠太子少保,谥康僖。文征明为之传,嘉靖戊午男凤起梓之。】P374

赵釴无闻堂稿十八卷【字鼎卿,号八柱,桐城人,嘉靖庚子解元,甲辰进士。历官给事中,佥都御史,巡抚贵州,罗汝芳序,卒年五十八。】P401

吴骚初集六卷 P348

温博吴兴歌一卷【字允文,乌程人,万历中布衣。】P423

吴兴诗选六卷 P347

潘访岳五石瓠诗集三卷【字师汝,鄞县人。】P415

吴礼嘉太白楼稿一卷【字会之,鄞县人,万历庚辰进士,官监察御史。】P415

五言律祖二卷 P345

武林怡老会诗一卷【抄本,有画像。】P348

郑之惠武夷纪游诗一卷睡乡记一卷【字孔肩,钱塘人,万历中岁贡,官平乐知县,改名奎。】P406

汪桂武夷闲集一卷【字仙友,崇阳人,天启乙丑进士,兵部主事。】P451

欧大任西署集二卷北辕集一卷蘧园集一卷离襄漫纪一卷又选集十四
　　卷【字桢伯，号仑山，南海人，嘉靖中岁贡，官工部郎中。】P467

周孔教西台疏稿二卷江南疏稿九卷中州疏稿五卷【字明行，号怀鲁，临
　　川人，万历庚辰进士，官北京提学，右副都御史。】P439

孙蕡西菴诗选一卷【字仲衍，南海人，洪武初选入翰林，以梅都帅思祖
　　党祸诛，年五十六。】P469

宋讷西隐文集十卷【字仲敏，大名府滑县人，洪武初征为国子祭酒，文
　　渊阁大学士，卒年八十，谥文恪。】P457

吴运嘉西游杂记二卷东还杂记二卷浙闽杂记一卷游泉杂记二卷卧游
　　草一卷【字叔嘉，长洲人，万历中布衣。】P380

马汝骥西元集一卷【字仲房，延安府绥德州人，正德丁丑进士，官翰林
　　编修，上疏谏武宗南巡，廷杖，跪阙下五日，调泽州知州，终礼部侍
　　郎，卒年五十九，谥文简。】P460

徐中素息机堂集八卷【字无染，号玉渊，建昌人，万历戊戌进士，官山东
　　按察司金事。】P448

胡定二溪文论二卷【字明仲，崇阳人，嘉靖丙辰进士，万历初为福建提
　　学副使。】P450

陈镒僖敏集六卷【字有戒，号介庵，吴县人。举永乐壬辰马铎榜进士，
　　累官太子太保，都察院左都御史，景泰七年卒，年六十有八，有八
　　子，僎，四川金事。】P374

张谊餐霞馆集二卷【字履道，号晓麓，青浦人，嘉靖中乡贡。】P391

夏桂州诗余一卷 P348

罗洪先念菴文集十三卷【字达夫，吉水人，嘉靖己丑状元，官左赞善，翰
　　林院修撰，赠光禄寺少卿，谥文恭。】P441

钱行道闽游草二卷【字叔达，号匡庐，长兴人，万历中布衣，后剃发为

僧。】P424

彭时文宪公集四卷【字纯道,正统戊辰状元,文渊阁大学士,卒年六
    十。】P444

李元若小山稿三卷【字惟顺,一迪之子,万历中选贡,古田县丞,龙南知
    县,年八十卒。】P470

顾宪成小心斋劄记四卷【字叔时,号泾阳,无锡人,万历庚辰进士,吏部
    郎中。】P395

唐汝淮效颦集二卷【字子清,兰溪人,万历中太学生,龙之子。】P421

陶望龄歇菴集十六卷水天阁集十三卷附功臣传一卷【字周望,号石匮,
    会稽人,万历己丑进士,官翰林院编修,少詹事,祭酒,谥文
    简。】P418

谢承举诗集十四卷【字子象,上元人,成化中布衣。】P384

谢廷谅诸集共三十卷【字友可,号九紫,金溪人,万历乙未进士,官顺庆
    知府。】P439

何乔新椒邱集三十四卷【字廷秀,文渊之子,景泰甲戌进士,累官刑部
    尚书,卒年七十六,谥文肃。】P446

陆嘉观信州稿一卷酒民集一卷【字彦先,长洲人,万历中布衣。】P379

石瑶(珤)熊峰集四卷【字邦彦,真定藁城人,成化丁未进士,文渊阁大
    学士,谥文隐,改谥文介。】P456

袁景休拾稿一卷【字逸孟,吴县人,布衣,卖卜,林云凤序。】P382

张穆修文馆遗稿【字文儒,俊之子,万历中诸生,年不永。】P391

吕阳岫云诗选一卷【字仲和,其先山东曹县人,景泰初世官平阳,因家
    焉,嘉靖庚戌进士,任中书舍人,丁巳即归田,与裴邦奇倡和,诗附
    《晋诗选雅》中。】P464

袁褒胥台集二十卷【字永之,吴县人,嘉靖丙戌进士,广西提学佥事,卒

年三十有六。】P377

殷光立虚舟草一卷【号晚节,新安人,万历中官生,谪布政司经
　　历。】P388

徐昌谷谈艺录一卷 P350

徐渭全集二十九卷【字文长,山阴人,嘉靖中诸生。】P417

周应浙栩栩生外篇二卷杂篇一卷【字方回,鄞县人,万历中诸生,子昌
　　晋,登进士,令东莞时刻也。】P410

喻燫素轩吟稿三卷【字廷理,新建人,嘉靖中布衣,兰溪胡应麟为
　　序。】P434

选诗外篇九卷 P344

宋濂学士集三十二卷【字景濂,号潜溪,金华人,洪武初官翰林院学士
　　承旨,卒于夔州,谥文宪。】P419

陶安学士集十五卷【字主敬,当涂人,洪武初累官翰林院学士。】P401

余孟麟学士集三十卷【字伯祥,号幼峰,上元人,万历甲戌榜眼,累官翰
　　林学士,国子监祭酒。】P385

黄哲雪篷诗选一卷【字庸之,番禺人,洪武初荐为汉阳教谕,改广西义
　　宁知县,归,卒于家。】P469

尹伸和雪亭续集一卷【字恒屈,号惺麓,叙州府宜宾人,万历戊戌进士,
　　云南右布政使。】P465

张从律荨湖遗稿一卷【字谷吹,谊之子,万历中乡举,官刑部主
　　部。】P391

李大生雅歌堂集二卷【字健也,号玉赤,钱塘人,官福建都司都指挥使,
　　终惠潮参将。】P406

张邦岱烟波阁集一卷胜游录三卷【字孺宗,时徹次子,万历中太学
　　生。】P410

邢有忭烟水亭倡和篇一卷【字□□，号怡亭，莱州昌邑县人，万历丙戌进士，九江知府，倡和诸篇，与九江同僚所作也，官至四川副使。】P463

李敬可烟云录一卷【字懋若，成都县人，万历中乡举，桂林通判。】P465

杨翥晞颜先生集一卷【字仲举，吴县人，洪武中荐入翰林，官礼部尚书。】P384

梁柱彦园存稿五卷【字彦国，顺德人，嘉靖□□乡举，刑部主事。】P469

黄道吉燕山琳琅和鸣集三卷【字吉甫，武进人，嘉隆间处士，王稚登序。】P396

费长年燕市稿一卷【字定之，铭山人，万历中太学生，官闽县主簿。】P445

章焕阳华漫稿十四卷【字茂寔，吴县人，嘉靖戊戌进士，历官副都御史，以谪戍广东，自号罗浮山人，卒年五十八。】P381

吴之鲸瑶草园集一卷【字伯霖，钱塘人，万历中乡举，上饶令，卒于官。】P407

张应雷也石林四卷【字思豫，号顺斋，金溪人，隆庆辛未进士，湖州府推官。】P439

吴宣野菴先生集十六卷【字师尼，崇仁人，景泰癸酉乡举，官镇远太守。】P438

王钝野庄集六卷【字士鲁，开封府太康县人，元至正登进士，洪武初诏征为福建参政，建文初为户部尚书，卒年七十有一。】P458

叶少洲诗话二卷 P350

章简视夜楼集三卷【字次弓，台垣之子，崇祯庚辰副榜，官罗源知县。】P394

闵龄一沤集六卷华阳篇二卷同亭诗蜕一卷我寓集一卷蓬累集二卷【字

寿卿,歙县人,万历中山人,寓居金山寺。】P378

李春芳贻安堂诗存一卷【字子实,号石麓,兴化人。嘉靖丁未状元,官
　　中极殿学士,少师,谥文定。】P398

祝以豳贻美堂集二十四卷【字耳菊,号惺存,海宁人,万历丙戌进士,官
　　南京府丞。】P429

夏汝舟遗稿一卷【字怀远,芜湖人,嘉靖中庠生。】P401

方九叙遗篋稿九卷【字禹绩,号十洲,钱塘人,嘉靖甲辰进士,官承天知
　　府。】P405

吴仕颐山诗稿二卷【字克孝,宜兴人,正德甲戌进士,历官福建提学副
　　使,四川参政。】P396

艺活(话)甲编五卷茅元仪 P351

沈郊忆闲集一卷【字用远,吴县人,嘉靖中山人。】P378

温旧闻绎斋稿一卷【字恒新,南海人,嘉靖中广文。】P467

徐即登来益堂稿五卷正学堂稿二十六卷【字献和,号匡岳,南昌人,万
　　历癸未进士,官福建提学,升参政。】P434

李生寅诗二卷【字宾父,鄞县人,万历中山人。】P412

锺惺隐秀轩集八卷遗稿四卷【字伯敬,号退谷,景陵人。万历庚戌进
　　士,官福建提学副使。】P452

谭元春双树斋草二卷【字友夏,景陵人,天启丁卯解元。】P452

沈演真隐轩初稿十四卷【字敬孚,号何山,节甫之子,万历壬辰进士,累
　　官刑部侍郎。】P424

周献臣莺林外编四十四卷别编二卷【字窭六,号青来,临川人,万历丙
　　戌进士,官太原知县,刑部郎中,谪福建布政司检校。】P439

徐南金永思堂文稿十二卷【字体乾,号华原,丰城人,嘉靖辛丑进士,官
　　巡抚都御史。】P434

杨四知游闽集一卷【字□□，号廉峰，开封祥符人，万历甲戌进士，福建巡按御史。】P459

袁学贞游燕稿一卷【字懋言，南海人，万历中岁贡，中书舍人。】P467

马一龙游艺集十九卷【字负图，号孟河，吴县人，嘉靖丁未进士，国子监司业。】P377

冯汝弼祐山诗选一卷【字惟良，平湖人，嘉靖壬辰进士，官给事中。】P428

闵如霖于塘集八卷【字师望，乌程人，嘉靖壬辰进士，礼部尚书。】P424

徐贯余力集十二卷【字原一，淳安人，天顺丁丑进士，累官工部尚书，谥康懿。】P431

李裕余力集四卷【字咨德，号古澹，丰城人，景泰甲戌进士，累官吏部尚书，卒年八十有八。】P433

汪铿余清堂定稿三十二卷【字□□，号远峰，鄞县人，嘉靖丁未进士，官礼部尚书。】P415

余曰德集十四卷【初名应举，字德甫，号午渠，南昌人，嘉靖庚戌进士，官福建按察司副使。】P434

张含禺山七言律选一卷【字愈光，永昌府人，正德中乡举，屡试不第，遂绝仕，与杨升菴友善，七言律乃升菴所选，曾玙为序。】P472

涂宗濬榆塞稿二卷【字及甫，号镜源，南昌人，万历癸未进士，官（兵）部尚书，集中皆讲学问答书牍。】P435

南溪诗话三卷【睦挈樨书目云程启元著。】P350

朱廷立两崖文集六卷【字子礼，通山人，嘉靖癸未进士，礼部侍郎。】P450

语海珠玑二卷 P351

胡其久语溪宗辅二卷【字懋敬，号龙宾，崇德人，嘉靖中乡举。】P427

林景旸玉恩堂集十卷【字绍熙,号弘斋,华亭人,隆庆戊辰进士,太仆卿。】P393

石崑玉石居士诗删二卷【字□□,号楚阳,黄梅人,万历庚辰进,士福建参政、大同巡抚、佥都御史。年八十余,子孙俱科甲,董其昌序。】P453

赵世禄玉芝集□卷【字文叔,鄞县人,万历(辛丑)进士,官苏州知府。】P416

戴嘉谟寓粤稿二卷【字□□,号白泉,绩溪人,嘉靖中贡士,官广东按察使司经历。】P389

程应衢兀鉴室初稿二卷【字康伯,歙县人,万历中官中书舍人。】P378

穆孔晖元菴集二卷遗书二卷【字伯潜,东昌府堂邑人,弘治甲子解元、乙丑进士,太常寺卿,卒年六十,赠礼部侍郎,谥文简,朱延禧刻于金陵,焦竑为序。】P462

元音十二卷 P346

臧懋循负苞堂集四卷【字晋叔,号顾渚,长兴人,万历庚辰进士,官国子监博士。】P425

敖英心远堂诗文草二卷杂著六卷【字子发,号东谷,清江人,正德辛巳进士,(官江西右)布政。】P448

宋光烈远游篇八卷【字季玉,号山君,定远人,西宁侯之子,崇祯十年官福建都司断事。】P457

杨廉月湖净稿六十二卷【字方震,丰城人,成化丁未进士,官终南京礼部尚书,谥文恪。】P433

王在晋越镌二十一卷【字明初,号岵云,黎阳人,万历壬辰进士,官都御史,兵部尚书。】P379

谢少南粤台稿二卷【字应午,号与槐,承举之子,嘉靖壬辰进士,官河南

参议,闽中门人王应钟梓之。】P384

张继缨云来轩草六卷映音草一卷【字文弱,南海人,天启辛酉广西乡举,授宁德教谕。】P468

孙斯亿云梦诗二卷【字兆孺,宜之子,嘉靖中布衣,以子羽侯贵,封给事中,屠本畯选。】P455

潘淬翠云亭稿一卷【字季详,号梅岩,当塗人,万历壬辰进士,观吏部政,卒。】P401

高岱居郧稿一卷樵论一卷【字伯宗,号鹿城,京山县人,嘉靖庚戌进士,景府长史。】P452

刘玉执斋集十三卷【字咸栗,万安人,弘治丙辰进士,建言劾刘瑾,廷杖,官至刑部左侍郎,卒年七十二,谥端毅,祖广衡,父乔,子愨俱进士。是集为杨慎所选。】P443

赵汉渐斋诗草二卷【字鸿逵,平湖人,正德辛未进士,官山西参政。】P428

何三凤詹詹草二卷【字泰征,鄞县人,崇祯中官泰宁训导。】P413

陈云武瞻云漫稿一卷【字定之,钱塘人,万历中太学生。】P407

陆光祚湛菴先生遗稿一卷【字与培,平湖人,嘉靖己未进士,官陕西提学副使。】P428

张舜叙启稿二卷【字慎伦,南海人,万历中岁贡,任候官儒学教谕。】P469

李鼎长卿集二十八卷【字长卿,南昌人,万历□□乡举。】P434

名公尺牍二卷 P352

胡安趋庭集十二卷【字仁夫,号乐山,余姚人,嘉靖甲辰进士,官陕西参政。】P417

陆灿贞山集八卷【字子余,一字浚明,嘉靖丙戌进士,官给事中。】P383

极玄集二卷 P345

刘思祖之罘山房草四卷【字长孙,永嘉人,官福建参将。】P429

张维两芝山房稿三卷【字四维,号范吾,顺天府永清人,嘉、隆朝内监。】P457

张时徹芝园集五十一卷胜游录四卷倡和诗【字维静,号东沙,鄞县人,嘉靖癸未进士,累官兵部尚书。】P410

祝允明枝山集略三十卷【字希哲,弘治中乡举,官应天府通判。】P376

胡宗仁知载斋诗草二卷韵诗一卷【字彭举,上元人,万历中布衣,顾起元序之。】P385

周文郁止菴诗四卷【字蔚宗,宜兴人,天启中辽东副总兵。】P397

至正庚辛唱和一卷 P347

张鹗翼中丞诗选六卷【字习之,号须野,上海人,嘉靖辛丑进士,都御使。】P393

雷贺中丞诗选一卷【字时雍,号少郭,南昌人,嘉靖辛丑进士,官都御史。】464

葛一龙钟陵社草一卷【字震甫,吴县人,天启中,官福建理问。】P379

朱应文钟陵社稿一卷【字国蔚,新淦人,万历中太学。】P448

魏允中仲子集十卷【字懋权,号崑溟,大名府南乐县人,万历庚辰进士,吏部主事,卒年四十三。】P457

杨德周六鹤斋诗选八卷铜马编二卷武夷缀稿四卷【字南仲,一字孚先,别字齐庄,号□石,鄞县人,万历癸卯乡举,古田知县,太宰守阯玄孙。】P412

李循义珠玉遗稿二卷【字时行,鄞县人,正德中乡举。】P410

杨守陈文懿诸稿二十五卷【字维新,号镜川,鄞县人,景泰辛未进士,官吏部侍郎,谥文懿。】P408

胡僖竹林杂兴一卷十景诗一卷【字伯安，号公泉，兰溪人，嘉靖己未进士，官云南副使。】P420

陈鼎大竹文集四卷【字□□，登州卫人，弘治乙丑进士，浙江按察使、顺天府尹。】P463

徐任道驻春园集三卷集虚堂遗稿二卷【字仁卿，号弘宇，西安人，万历丙戌进士，官固安知县，监察御史。】P432

张拱机砖砆集二卷【字群玉，成都内江人，崇祯辛未进士，莆田知县。】466

魏校庄渠遗书十六卷杂著十卷【字子才，昆山人，弘治乙丑进士，太常卿，谥文简。胡松序，昆山知县张炜刻。】P380

胡松庄肃集八卷【字汝茂，号柏泉，滁州人，嘉靖己丑进士，累官吏部尚书，谥庄肃。】P404

周汝登宗传咏古一卷【字继元，号海门，嵊县人，万历丁丑进士，累官云南参政，刑部侍郎。】P418

檇李英华十六卷 P347

附录3:《百川书志》所录《千顷堂书目》未著录明人著作①

安老怀幼书四卷【皇明山西副使河南颍川刘宇编】P151

白沙诗教十卷,诗教外传五卷【皇明翰林检讨白沙陈献章,诗百六十六篇,南京国子祭酒门人甘泉湛若水辑解之。外传十篇,凡若干条,皆诗谈。】P283

宝贤堂集古法帖十二卷【大明晋世子集,白仑颉至大明,所载三代秦汉古法帖十二家,帝王十七家,诸名公一百一家,皆临诸石刻,摹印以传,有序。】P135

宾竹诗余一卷【皇明武定侯郭珍著。】P272

参玄别集一卷【皇明通政参议武乡窦惟远以二十九门选集七朝盛唐五十四人之诗,又以李贺、王建、温庭筠、白居易、李商隐诗七十六首别成此集。】P296

沧海遗珠集四卷【皇明都督沐景颙选集、皆诸选所遗,得二十一人诗二百余首。】P297

草庐文粹五卷吴渊颖集许白云集郑侨吴集程雪楼集朱泽民集(按此亦存目待访书)【皇朝明海虞吴讷编集】P185

草木子四卷【皇明括苍龙泉叶子奇世杰著,虽有体道之言,亦载好奇之失,大概高于小说,次于道统之书也。旧编二十有二,后人定合八篇云。】P110

---

① 附录3所列条目依据《百川书志》,上海古籍出版社,2005年出版。条目中小字注语加了"【】"标记。每条后列出页码。

朝正归途唱和一卷【皇明徐祯卿赵鹤诸名人十三人之作。】P308

诚斋词一卷【国朝周府殿下。】P271

诚斋牡丹谱一卷【皇明宗室锦窠老人著,所载二十种,及栽培之
　　法。】P144

初唐诗三卷【皇明信阳南溪溟樊鹏集,专取贞观至开元间编成,而古诗
　　不与焉,诚以律诗当以唐初求之,又曰:初唐诗如池塘春草,又如
　　未放之花含蓄浑厚,生意勃勃,大历以后,锄而治之矣。】P294

春香百咏一卷【皇明云间管时敏著,菊花百品各咏七言一绝,博胜谱
　　录。】P307

词林备要一卷【皇明南京进士及第刘大经新注西厢辞曲,引用诸书故
　　事,集览之类也。】P83

秦月娥误失金环记一卷(此处空撰人一行,各钞本同。)P83

慈湖先生略二卷【皇明蜀人高简敬仲辑略,附刻史传。】P36

存斋咏物诗一卷【皇明钱塘瞿佑宗吉著,百咏皆新题不经谢题也。二
　　公取物之难咏者而咏之,自成一体。】P302

大明孝慈高皇后传一卷【成祖御序。】P49

大同府志十八卷【皇明潞郡张钦编次。】P71

大学或问大全一卷【大明永乐十三年翰林学士胡广等奉敕纂修。】P19

大乐律吕考注四卷【皇明思南府儒学教授莆田两山先生李文利乾遂
　　著,引用刘恕长孙无忌吕不韦二十五家之言,考订律吕得失,系之
　　以图,元声凡三十章,考注凡五章。】P40

典籍格言二卷【皇明石渠老人辑录典籍中切于处事辅治之格言
　　也。】P126

定襄咏物诗一卷【皇明定襄伯临淮郭登著,七言绝句百二十五
　　首。】P303

东汉书疏八卷【皇明周瓘编。】P286

东湖内奏一卷【皇明太保大司寇平湖屠勋元勋撰,凡十五章。】P264

东坡律诗二卷【明御史赵克用取王梅溪注东坡诗中七言律诗四百五十
　　八首,摘类刊行。】P221

东书堂集古法帖十卷【大明周世子集,自晋武帝至吴越王钱俶帝王二
　　十七人,自东汉杜度至元臣欧阳玄历代名臣一百十八人,亦临石
　　刻。】P135

都玄敬诗话二卷【国朝太仆少卿南濠都穆玄敬著。】P281

读史备志八卷【皇明天台范理道济编集。】P57

读史续谈四卷【皇明南山遗老郑宦著。】P58

风雅逸篇六卷【皇明成都杨慎编录中古先秦歌诗也,斯三百篇之逸,诸
　　书之散载也。慎恐久而泯没,编成一书以图不朽,以慰学古以正
　　时习,凡一百九十七篇。】P288

风月囊集二卷【皇明古汀□里马惟厚编改,桂英诬王魁海神记也,凡六
　　折。】P84

吕洞宾戏白牡丹飞剑斩黄龙一卷(此处空撰人一行,各钞本同。)P84

复庵咏梅诗一卷【皇明江西副使襄城王绀著,七言百律各立一
　　题。】P306

甘泉樵语二卷【皇明增城湛若水论道学之语也,凡十篇一百三十
　　章。】P39

纲目前编三卷【皇明涵谷居士姚林许诰续补春秋纲目首尾不纪七十余
　　年之事。】P48

高太史大全集十八卷【户部侍郎青邱先生吴郡高启季迪著,广益至二
　　千有余首。】P235

高太史扣舷集一卷【皇明太史高启季迪撰,凡二十九首。】P271

稿事诗咏一卷【皇明山西提学副使石玠著。】P311

告条民要一卷【皇明泾野吕柟著。】P128

沟断集二卷【浚川子故作,自弘治迄今,凡二十六祀,诗赋文一百八首。】P238

姑苏杂咏一卷附录一卷【皇明拙遗老人周南老正道撰,十门百首俱古体。】P311

古城奏议一卷【皇明余干张吉克修自工部主事至转贵州布政之奏也。】P264

古愚咏物诗一卷【皇明古愚山人孙蒉著,立题入意,又异谢瞿矣。】P302

固本迂谈一卷【皇明兵部侍郎广阳冯清著,二书专论边备。】P104

顾氏七记一卷【皇明迁金陵四世孙顾璘著,垂教子孙也。】P303

关云长义勇辞金传奇一卷【皇明周府殿下锦窠老人全阳翁著,各具四折,详陈搬演科唱,或改正前编,或自生新意,或因物生辞,或寓言警世,或歌唱太平,或传奇近事,密异足骇人心,烟花不污人志,盖处贵盛之时消磨日月,故发此空中音耳凡三十一种,总名诚斋传奇,异乐府行也。】P87

广信先贤事录六卷【皇明广信知府四明姚堂编集唐宋人物十五人,各集事实文记诗铭及有遗作以道学、相业、高风、忠节、政事、文章类之。】P66

归去来辞一册【皇明礼部郎中蒋廷晖书梓,又入万竹帖。】P138

归闲词一卷【皇明东明居士钱仁夫著,词七首,有序引。】P272

韩苏石鼓歌一册【皇明鸿胪卿金云鸿鸣远之书也,体学鲁公。】P138

汉唐秘史二卷【皇明宁王奉敕编取二代事实,以甲子编年直书善恶之迹,自以为群史中之利器也。】P49

翰林广积圣贤成语二卷【皇明翰林大学士邱浚著,一论二十四章。】P42

胜,非图莫见也。作九边图,摭拾旧闻,参以时宜,作九边论献上
纳之。】P74

救命索一卷【皇明臞仙制。】P164

君臣表忠故事五卷【皇明建昌知府谢士元撰前诗事后,事系诗统。】P41

空同子一卷【皇明北郡李梦阳撰,八篇二百章。】P94

葵轩词一卷【皇明贵溪夏汝霖撰,凡三十九首。】P272

兰亭序一卷【国朝永乐丁酉东书堂集刻王右军修祓禊帖。定武本三。
褚遂良本一唐模赐本一于石,复书诸贤诗,放李伯时之图,兼禊帖
诸家之说,共为一卷。】P137

谰言长语一卷【皇明松人曹安著。】P114

李端集三卷【杭州司马赵州李端著,嘉佑之侄也。】P207

礼仪定式一卷【皇明洪武二十年礼部尚书李原名奉敕令官议定,为款
一十有四,分条三十有七。】P27

历代纪年帝皇纂要一卷【元平章白云翁察罕编,明翰林编修金城黄谏
续编。】P48

历代叙略一卷【皇明临江梁寅,著凡十三篇。】P48

历代志略四卷【皇明信阳知州毗陵唐瑶纂集八类十五事各事皆撮史书
诸志之略历代粗备】P52

连猗亭拟连珠一卷【皇明古瀛樊深撰,凡五十首。】P303

联珠野史蠡测古事六卷【皇明抚之乐安野夫董彬才撰并注解六言韵语
对偶。】P42

麟台野笔二卷【皇明乡进士东流道人陶性著开元天宝遗事,各长短咏
之,以陈风刺。】P67

麟台野笔一卷【明乡贡进士东流道人陶性著,止赋三篇。】P118

刘尚宾诗一卷【洪武初尚宾馆副使安成刘迪简商卿著,杂诗止三十一

首。】P237

六韬解六卷【皇明太原刘寅直解。】P101

龙江梦余录四卷【皇明云间唐锦避暑龙江别墅所著,录以梦余名者,得之心而寓之梦,非真纪梦中事也。】P112

麓堂诗话一卷【国朝大学士长沙李东阳宾之撰,即西涯先生。】P281

论语集注大全二十卷【大明翰林学士胡广等奉敕纂修。】P20

梅花集咏一卷【皇明山西按察司副使沂水杨光溥集三代诗句,足成百首。】P306

孟子集注大全十四卷【大明翰林学士胡广等奉敕纂修。】P20

名相赞三卷【皇明兵部尚书澄江居士尹直正言著,汉唐宋贤相八十七人,撮事迹成赞词,邪佞不与焉。】P301

明理续论五卷【皇朝节庵余杭陶华著,总六书。】P148

明医杂著一卷【皇明广东左参政慈溪节斋王纶汝言著。】P151

鸣盛词一卷【皇明员外三山林鸿子羽著,凡三十一首。】P271

南濠居士文跋四卷【皇明太仆少卿吴郡都穆玄敬撰,书籍四十五跋,翰墨三十一跋,图画二十四跋。】P304

评史心见十二卷【皇明郭大有用亨著,南京人。】P58

愙庵字法一卷【皇朝西崖父李淳著。】P136

琴音注文二卷【国朝涵虚子臞仙编,宗室洪藩虚白希仙音释,指法手诀条则谱调详著,又名琴阮启蒙。】P40

琼林雅韵十九卷【国朝臞仙编。】P31

琼台吟稿十卷【大宗伯翰林学士国子祭酒邱浚撰。】P244

秋碧轩集五卷【南京济川卫指挥使陈铎大声著。】P261

臞仙诗谱一卷,诗格一卷【国朝臞仙制,十三格,古今一百二十八体。】P279

劝惩录二卷【皇朝御史张珩巡按直隶时所作也，前载太祖教民榜六条，
　　次著大明律例五十七条。】P128

劝学文一卷【皇明前进士宋伯贞音释，凡十首。】P41

群书钞方一卷【皇明国子祭酒邱浚博极群书，检遇诸方随皆辑录，所钞
　　书凡三十六家。】P146

群书续钞一卷【皇明巡抚云南都御史何孟春续钞群书有方者二十六
　　家，皆载邱浚所遗。】P146

群书纂数十二卷【皇明建昌袁均哲庶明。因张九韶备数失伦，即其门
　　类加以注释，增八百二十三事，自一至百，依次贯之，总一千四百
　　三十四条。】P173

戎轩小注一卷【皇明青华子注。】P104

三余赘笔二卷【皇明吴人都卬维明著。凡八十二则。】P112

尚理编一卷【皇明正统中中吴沙门空谷景隆述，设儒道二教问难之辞，
　　又衍其宗旨也。】P164

尚论编一卷（即景仰撮书）【皇明翰林学士锡山天游子王达善撰，论周
　　秦以下五十三事。】P59

少保于公奏议十卷【皇明兵部尚书于谦撰。】P265

少谷奏议一卷【皇明南京吏部验封司郎中闽人郑善夫继之撰，五
　　章。】P265

省己录一卷【皇明上虞顾谅著，凡八十八章。】P125

师律提纲一卷【皇明太原陈璠著。】P103

诗家一指一卷【皇明嘉禾怀悦用和编集。】P282

诗林辨体十六卷【皇明景宁潘援编，自唐虞而至我朝，自古歌谣而至近
　　代词曲，体自为类，各著序题，原制作之意，辨析精确，必底成说，
　　原增损吴思庵文章辨体，备二十五代之言，辨二十九体之制，而诸

家谈录诗法,皆萃聚焉。】P293

石田画诗一卷【皇明长洲沈周启南,诗画驰名,凡作画必题一诗,尤善
　　书,人称三绝。此其门人盛德沾所录者,共分四景止七言绝二百
　　七十余首。】P302

食品集二卷,附录一卷【皇明松陵宾竹吴录辑七部三百四十七品,附录
　　宜避之目十八条。】P153

史钞二十二卷【皇明吏部尚书丰城李裕,蜀御史吴度所编,分三十五
　　类,以统历代史事】P51

书法百韵一册【国朝德平盘许郭谌草书晋王右军之草诀也。右军古今
　　名笔,以草书点画形体相近,未易识别,因作此诀。世传残讹,郭
　　子从而正之耳,杨升庵辨非右军之作也。】P139

双偶集三卷【国朝贵溪樊应魁著,以上六种,皆本莺莺传而作。语带烟
　　花。气含脂粉,凿穴穿墙之期,越礼伤身之事,不为庄人所取,但
　　备一体,为解睡之具耳。】P90

斯存和梅稿一卷【皇明镇常孙锦著百律,次韵中峰也。】P306

四端通俗诗词一卷【明致政指挥凤阳陶辅廷弼著,凡十六目,诗词四十
　　八首,以解勤俭富贵骄奢贫贱之四端,并陈图说。】P119

四端通俗诗词一卷【皇明致政指挥凤阳陶辅廷弼著,凡十六目诗词,四
　　十八首,以解勤俭富贵骄奢贫贱之四端,吴陈图说。】P305

金沙赋【皇明金沙知县石屏子戴璟撰,凡四赋。】P305

宋克真草法帖一册【皇朝吴人宋克仲温草书杜诗前出塞九首,及真书
　　一札二通。】P138

宋诗绝句选一卷【皇明翰林庶吉士青崖王瑄选拔卫琦之集,又续可采
　　而遗者,合七十四人,五言十一首,七言一百三十三首,且冠晦翁
　　于首。】P295

损斋备忘录二卷【皇明夏邑梅纯著,凡十类。】P114

台中文议【皇明御史顾□撰,发斋其号也,凡四十八条。】P282

台历百中经一卷【大明钦天监五官司历金台贾信编校。】P156

台史集二卷【浚川子为御史时著也,起正德庚午,至甲戌五载之作,诗
　　　文赋百四十五首。】P238

唐诗别刻五卷【皇明御史王梦弼于唐音钞出五七言律三百六十首另
　　　行。】P294

唐文鉴二十一卷【皇明御史贺泰,东吴人也,仿汉宋文鉴,遍阅唐书及
　　　诸典籍所载李唐三百年奏议表策记赋,有关治道裨风教者梓
　　　之。】P286

唐忠臣录二卷【皇明陕西参政池阳县孙仁编,述狄梁公碑传也。】P68

听雨纪谈一卷【皇明都穆,成化丁未九月,淫雨浃旬,与客清言竟日,漫
　　　尔笔之,得事五十则为此,穆卯子也。】P112

通鉴博论二卷【皇明瞿仙撰。】P49

同声集一卷后同声集一卷【皇明西涯李东阳方石谢铎前后左掖垣经历
　　　应接联句唱和之作也。】P308

图画要略二卷【明吴郡朱凯编,九篇。】P166

图绘宝鉴续编一卷【明玉泉韩昂孟颙续编。】P166

王天游笔畴一卷【皇明翰林学士王达善撰,凡九十七条。(任邱黎颙选
　　　次)。】P126

为政准则一卷【皇明锦城晏铎著,凡九十八条。】P127

魏诗六卷【皇明刘成德编选,凡二百八十三首,二诗各注人之事实,诗
　　　之作旨。】P289

我斋寓莆集十卷【丁丑进士山阴蔡宗兖寓官莆阳之著也。】P195

我斋寓莆手简一卷【皇明蔡宗兖著。】P267

吴兴诗选六卷【皇明乌程尹常熟钱学选,吴兴人物自梁沈约至大明吴
　　琼五朝一百二十四人。】P298

五经对语一卷【国朝雪山二泉邵宝次。】P22

五经类语五卷【国朝古绍梁桥宇述】P22

武经节要发挥一卷【皇明钱塘陈瓛陈珂著。】P104

西崖拟古乐府二卷【皇明西崖公长沙李东阳宾之撰,凡百首。】P80

锡山遗响十卷【皇明进士邑人莫锡载定,锡山地灵人杰,代不乏人,故
　　采自南宋,以底于今也。】P298

先儒学范二卷【皇明上饶娄克让集,凡七种。】P26

闲中今古二卷【皇明味芝陈顾永之分教阳武时所著,引古以证今,寓言
　　以伸志,惜沉没下僚,不见有为耳,总计八十一条。】P113

香台集二卷【皇明钱塘存斋瞿佑宗吉著,纂言纪事,得百一十题,事关
　　闺阁,辞切劝惩,仍以本事附于题后,傍注系于诗下,资人吟咏之
　　趣,而广见闻之方,庶几咏史之作也。】P67

象棋势谱烂柯经一卷【明南极遐龄老人朦仙编。】P167

象山先生略二卷【皇明左绵鹤阿子高简公敬辑略,宋史列传附载。】P36

小学撮要一卷【皇明惠州同知莆田林仲璧选次。】P23

小学日记故事十卷【皇明建安草窗虞韶以成纂集。】P41

兴复哈密国王记一卷【国朝少傅兼太子太傅兵部尚书钧阳马文升
　　撰。】P56

虚舟词二卷【皇明金吾左卫指挥张闲作,凡二十套。】P275

续百将传十卷【皇明盱河何乔新编,宋元凡四十人。】P62

续洞天清录一卷【皇明宁藩朦仙撰,凡五十一事卷。】P129

山家清事一卷【宋可山人林洪龙发著,凡十六事。】P129

续观感录十二卷【国朝昆山方鹏集诸书而成者。】P125

续文章正宗四十卷【明浦阳郑柏编,西山之撰,止于五代,柏复以后世之作,续成此书,凡例一准真氏。】P285

续咏雪唱和一卷【皇明秦简王俾陕西参政樵山张元应顺德次韵邃庵之作也。】P307

续资治通鉴纲目二十七卷【皇明文渊阁学士商辂修,续司马氏纲目之后,纪编宋元事。】P49

璇玑回文诗词三卷【皇朝涵虚子臞仙编集古今之作,诸体咸萃,反复旋转成文,诗中之异珍也。】P297

选诗外编九卷【皇明翰林成都杨慎用修集梁太子所遗诗及所未及选者,是编起汉迄梁,选之弃余,北朝陈随选所未及者,凡二百余首。】P290

薛子粹言三卷【皇明文清公河东薛瑄读书录之要语也。】P37

学的二卷【皇明琼台邱浚采辑朱子语,以拟论语,继孔子之后也,凡二十类。】P39

学约古文三卷【皇明上谷岳伦二檀杨抚增损,信阳何景明选集。】P288

雪湖咏史录二卷【皇明姚江冯兰著。】P80

雅述二篇【皇明仪封王廷相子衡著,其于天道人事,变化机宜,诸所拟议有不符于圣者,立论以求合道焉。】P95

延平答问补录一卷【皇明南京行人司副琴川周木编。】P35

雁门胜迹诗集一卷【皇明空谷樵者王爌著。】P311

艳情集八卷【国朝郴阳南谷静斋雷世清编著】P90

一庵奏议三卷【明浙江佥事刘清之撰。】P264

医林集要八十八卷【皇甫甘肃总兵平羌将军都督孤竹王玺集,即八十八门。】P146

医说妙方十卷【皇明巡抚保定副都御史勾余张琳删定。】P146

异物汇苑十八卷【皇明浮梁闵文振道充编，引用书二百五十五家，分二十七部，所汇异物一千四十四种，观之不为玩物，取其多识鸟兽草木之名。】P131

绎过亭联句稿一卷【皇明前御史淮阳杜旻按陇时同副使王云凤参议邵棠所联也，凡十五首。】P309

殷太史比干录三卷【皇明华亭曹安编次八十八书及比干事并碑文吊咏。】P309

阴阳捷径一卷【皇明通判三山徐瑾编。】P158

吟押易览二卷【皇明秦藩宗室青阳子编释。】P31

咏史诗选一卷【皇明左谕德程敏政选次七言绝句二百余首，自唐至国初诗人咏鉴三代历元之事也。】P297

咏雪唱和一卷【皇明杨一清提学陕西，出巡郡县，往返积雪中几四十日，得诗三十六首秦藩宾竹道人和之。】P307

游名山记六卷【皇朝太仆少卿吴郡都穆所游之处，皆叙履历之实为文积二十年而成，凡二十九篇。】P72

玉堂春百咏一卷【皇明亲藩诚斋殿下著，俱次元中峰和尚之句。】P307

元史阐幽一卷【皇明复斋许浩述，五十二篇。】P59

约言一卷【皇明西原薛蕙著，凡九篇。】P94

乐府余音二卷【皇明瞿佑著，凡一百十二首，与余清相出入。】P271

运化玄枢五卷【皇朝臞仙编，岁时七百五十九条，天地会元混元之数十二条，四时朝修吉辰三十六条，逐月分气候，月占时俗，吉辰养生服食，禁忌七类，率多道家之说神应，下卷载四时治生之道，全书不专著月令，详其著述之意，编入隐士书类。】P78

杂诫一卷【皇明天台方孝孺著，凡三十八章。】P125

簪萍录一卷【皇明王云凤关西纪行之作。】P308

糟粕集三卷【皇明进士江浙张文渊纂。】P43

增广唐诗鼓吹续编一卷【皇明宗室凝真轩编集,凡四百人。】P299

摘翠百咏小春秋一卷【皇明大梁雪舟老人王彦贞赋崔张事武陵春一百
　　首,江东雪崖老人赋绝句一百首,(武陵春以下应作两行,一题一
　　解也,兹从原钞。)】P85

止斋诗【中书永嘉陈傅良君举撰。】P223

止斋文集五十二卷【中书舍人永嘉陈傅良君举撰。】P182

中说考七卷【皇明相台崔铣考并释。】P93

中庸或问大全一卷【大明永乐年翰林学士胡广等奉敕纂修。】P19

忠义直言二卷【皇明后军都督骠骑将军太守吴庸编著,周秦汉唐宋元
　　名臣义士节妇并畜类,分为十目总百条,直言不文,使人易
　　入。】P55

钟情丽集四卷【国朝玉峰主人编辑】P90

肘后神枢二卷【皇明臞仙制,九章七十七条。】P159

诸篆大学一册【皇明永寿王书一经十传,共成十一体梓传,其注说又兼
　　真草隶篆之妙。】P138

灼艾集二卷【皇明九沙山人万表灼艾时所集也。仿意林例,凡得于意,
　　会于心者识之,采诸小说凡三十一种。】P111

资治通鉴纲目集览镌误三卷【皇明钱塘瞿佑宗吉著,共二百二十一
　　条。】P48

鹪峰杂著四卷【皇明毗陵陆焕章子文读书有得,辄录之以备遗忘,资问
　　难,感今怀古□异,商订事物之疑,久之成书,凡七十七则。】P114

自警要语一卷【皇明勾余张琳述采赵璙之编也。】P126

遵道录十卷【皇明增城甘泉湛若水编释,序曰:遵明道也。明道兄弟之
　　学,孔氏之正脉也。】P38

主要参考文献

古　籍

1. （汉）司马迁. 史记[M]. 北京：中华书局,1959.

2. （晋）陈寿撰,（南朝宋）裴松之注. 三国志[M]. 北京：中华书局,1982.

3. （梁）沈约. 宋书[M]. 北京：中华书局,1974.

4. （梁）萧统编,（唐）李善注. 文选[M]. 清胡克家刻本.

5. （梁）萧子显. 南齐书[M]. 北京：中华书局,1972.

6. （唐）魏徵等. 隋书[M]. 北京：中华书局,1973.

7. （唐）李延寿. 南史[M]. 北京：中华书局,1975.

8. （唐）陆德明. 经典释文[M].《四部丛刊初编》本.

9. （唐）刘昫等. 旧唐书[M]. 卷四十六,经籍志. 北京：中华书局,1975.

10. （唐）释道宣. 广弘明集[M]. 宋刻《碛砂藏》本.

11. （宋）晁公武. 郡斋读书志校证[M]. 上海：上海古籍出版社,2011.

12. （宋）欧阳修等. 旧唐书[M]. 北京：中华书局,1975.

13. （宋）史能之.（咸淳）重修毗陵志[G]//宋元方志丛刊. 北京：中华书局,1990.

14. （宋）王溥. 唐会要[M]. 北京：中华书局,1955.

15. （宋）郑樵. 通志二十略[M]. 北京：中华书局,1995.

16. （宋）周密撰,张茂鹏点校. 齐东野语[M]. 北京：中华书局,1983.

17. （元）马端临. 文献通考[M]. 北京：中华书局,1986.

18. （元）钟嗣成. 录鬼簿[M]. 上海：上海古籍出版社,1978.

19. （元）朱思本. 贞一稿[M]. 清嘉庆《宛委别藏》本.

20. （明）本朝分省人物考[M]. 明天启刻本.

21. （明）柴墟. 柴墟文集[M]. 明嘉靖四年刻本.

22. （明）晁瑮. 晁氏宝文堂书目[M]. 上海：上海古籍出版社,2005.

23.（明）陈继儒.宝颜堂秘笈[M].万历绣水沈氏尚白斋刊本.

24.（明）陈继儒.眉公先生晚香堂小品[M].明刻本.

25.（明）陈继儒.书画史[M].《宝颜堂秘笈》本.

26.（明）陈仁锡.无梦园遗集[G]//四库禁毁书丛刊:集部.第142册.

27.（明）陈子龙.明经世文编[M].北京:中华书局,1962.

28.（明）李开先.李中麓闲居集[M].明刻本.

29.（明）董斯张.吴兴艺文补[M].明崇祯六年刻本.

30.（明）高濂.遵生八笺[M].明万历十九年刻本.

31.（明）高儒.百川书志[M].上海:上海古籍出版社,2005.

32.（明）归有光.震川先生集[M].上海:上海古籍出版社,2007.

33.（明）郭子章.郭青螺先生遗书[M].清光绪七年刻本.

34.（明）何良俊.四友斋丛说[M].北京:中华书局,1959.

35.（明）胡应麟.经籍会通[M].北京:北京燕山出版社,1999.

36.（明）胡应麟.少室山房笔丛[M].上海:上海书店出版社,2009.

37.（明）皇明名臣言行录[M].明嘉靖刻本.

38.（明）刘汝松,贾应春,朱衣纂.[嘉靖]汉阳府志[M].明嘉靖刻本.

39.（明）焦竑.国史经籍志[M].清抄本.

40.（明）郎瑛.七修类稿[M].上海:上海书店出版社,2009.

41.（明）李濂.嵩渚文集[M].明嘉靖刻本.

42.（明）李诩撰,魏连科点校.戒庵老人漫笔[M].北京:中华书局,1982.

43.（明）刘若愚撰.酌中志[M].北京:北京古籍出版社,1994年.

44.（明）吕毖.明宫史[M].影印《文渊阁四库全书》本.

45.（明）明太祖实录[M].上海书店影印台湾"中央研究院"历史语言研究所校印本,1982.

46.（明）祁承㸁.澹生堂藏书约[M].上海:上海古籍出版社,2005.

47.（明）祁承㸁撰.庚申整书略例[G]//明代书目题跋丛刊.北京:书目文献出版社,1994.

48.（明）丘濬.大学衍义补[M].明成化刻本.

49.（明）邱浚. 琼台会稿[M]. 明万历刻本.

50.（明）申时行等. 大明会典[M]. 明万历内府刻本.

51.（明）宋濂. 宋学士全集[M].《四部丛刊初编》本.

52.（明）王肯堂. 郁冈斋笔麈[M]. 明万历三十年王懋锟刻本.

53.（明）谢肇淛. 五杂俎[M]. 上海：上海书店出版社,2009.

54.（明）徐𤊹. 笔精[M]. 卷六,读书乐. 影印《文渊阁四库全书》本.

55.（明）徐𤊹. 徐氏家藏书目[M]. 刘氏味经书屋本.

56.（明）徐𤊹. 徐氏家藏书目[M]. 上海：上海古籍出版社,2014.

57.（明）徐𤊹. 徐氏红雨楼书目[M]. 上海：上海古籍出版社,2005.

58.（明）徐光启. 农政全书[M]. 明崇祯平露堂本.

59.（明）徐象梅. 两浙名贤录[M]. 明天启刻本.

60.（明）杨士奇. 文渊阁书目[M]. 北京：中华书局,1985.

61.（明）叶盛. 西垣奏草[M]. 明崇祯赐书楼刻本.

62.（明）叶盛撰,魏中平点校. 水东日记[M]. 北京：中华书局,1980.

63.（明）余继登. 典故纪闻[M]. 北京：中华书局,1981.

64.（明）袁宏道. 袁中郎全集[M]. 明崇祯刻本.

65.（明）张朝瑞. 皇明贡举考[M]. 明万历刻本.

66.（明）张居正. 张太岳先生文集[M]. 明万历四十年唐国达刻本.

67.（明）郑晓. 吾学编·逊国记[M],明万历二十七年郑心材刻本.

68.（明）郑晓. 今言[M]. 北京：中华书局,1984.

69.（明）周楫. 西湖二集[M]. 明崇祯刊本.

70.（明）周亮工. 赖古堂集[M]. 上海：上海古籍出版社,1979.

71.（明）朱元璋. 大诰续编[M]. 明洪武内府刻本.

72.（清）曹溶. 流通古书约[M]. 上海：上海古籍出版社,2005.

73.（清）曾廉. 元书[M]. 清宣统三年刻本.

74.（清）陈昌图. 南屏山房集[M]. 清乾隆五十六年陈宝元刻本.

75.（清）陈琮. 烟草谱[M]. 清嘉庆刻本.

76.（清）陈铭珪. 长春道教源流[M]. 民国东莞陈氏刻《聚德堂丛书》本.

77. （清）陈田. 明诗纪事［M］. 上海：上海古籍出版社,1993.

78. （清）丁丙. 八千卷楼书目［M］. 民国本.

79. （清）丁丙. 善本书室藏书志［M］. 清光绪刻本.

80. （清）丁日昌. 持静斋书目［M］. 上海：上海古籍出版社,2008.

81. （清）丁雄飞. 古欢社约［M］. 上海：上海古籍出版社,2005.

82. （清）傅椿. 苏州府志［M］. 香港：蝠池书院出版有限公司,2006.

83. （清）傅维鳞. 明书［M］.《畿辅丛书》本.

84. （清）顾广圻. 思适斋集［M］. 清道光二十九年徐渭仁刻本.

85. （清）顾炎武撰, 黄汝成集释. 日知录集释［M］. 上海：上海古籍出版社,2006.

86. （清）黄丕烈. 荛圃藏书题识［M］. 上海：上海远东出版社,1999.

87. （清）黄丕烈. 士礼居藏书题跋记［M］. 清光绪十年滂喜斋刻本.

88. （清）黄廷鉴. 第六弦溪文抄［M］.《知不足斋丛书》本.

89. （清）黄虞稷. 千顷堂书目［M］. 上海：上海古籍出版社,2001.

90. （清）黄虞稷撰, 瞿凤起, 潘景郑整理. 千顷堂书目［M］. 上海：上海古籍出版社,2011.

91. （清）黄宗羲. 明儒学案［M］. 北京：中华书局,2008.

92. （清）黄宗羲. 明夷待访录［M］.《海山仙馆丛书》本.

93. （清）黄宗羲撰,（清）全祖望辑. 南雷诗历［M］. 清郑大节刻本.

94. （清）姜绍书. 韵石斋笔谈［M］.《知不足斋丛书》本.

95. （清）蒋光煦. 东湖丛记［M］.《云自在龛丛书》本.

96. （清）李亨特. ［乾隆］绍兴府志［M］. 上海：上海书店,1993.

97. （清）李集等. 鹤征录［M］. 清同治十一年刻本.

98. （清）钱曾. 钱遵王述古堂藏书目录［M］. 清钱氏述古堂钞本.

99. （清）钱曾. 虞山钱遵王藏书目录汇编［M］. 上海：上海古籍出版社,2005.

100. （清）钱大昕. 元史艺文志［M］. 清《潜研堂全书》本.

101. （清）钱大昕撰, 吕友仁校点. 潜研堂集［M］. 上海：上海古籍出版社,2009.

102. （清）钱谦益. 列朝诗集小传［M］. 上海：上海古籍出版社,1983.

103. （清）钱谦益. 牧斋有学集［M］. 上海：上海古籍出版社,1994.

104.（清）徐景熹.［乾隆］福州府志［M］.清乾隆十九年刊本.

105.（清）钱维乔修,（清）钱大昕纂.［乾隆］鄞县志［M］.清乾隆五十三年刻本.

106.（清）全祖望.鲒埼亭集［M］.上海：上海书店,1989.

107.（清）全祖望.鲒埼亭集外编［M］.上海：上海古籍出版社,2000.

108.（清）孙从添.藏书纪要［M］.民国三年扫叶山房石印本.

109.（清）孙诒让.温州经籍志［M］.民国十年刻本.

110.（清）阮葵生.茶余客话［M］.清光绪十四年刻本.

111.（清）王崇炳.金华征献略［M］.清雍正十年刻本.

112.（清）王弘.山志［M］.中华书局,1999.

113.（清）王士禛撰,赵伯陶点校.古夫于亭杂录［M］.北京：中华书局,1988.

114.（清）魏源.元史新编［M］.清光绪三十一年邵阳魏氏慎微堂刻本.

115.（清）徐文梅.［嘉靖］山阴县志［M］.上海·上海书店,1993.

116.（清）永瑢等.四库全书总目［M］.北京：中华书局,1965.

117.（清）袁枚.小仓山房诗集［M］.清乾隆刻本.

118.（清）叶昌炽.藏书纪事诗［M］.上海：上海古籍出版社,1989.

119.（清）叶昌炽.藏书纪事新注［M］.呼和浩特：远方出版社,2001.

120.（清）载殿江.金华理学粹编［M］.清光绪刻本.

121.（清）张金吾.金文最［M］.清光绪二十一年重刻本.

122.（清）张廷玉.明史［M］.北京：中华书局,1974.

123.（清）张之洞.书目答问补正［M］.上海：上海古籍出版社,2001.

124.（清）张宗泰.鲁严所学集［M］.台北：文海出版社,1975.

125.（清）赵尔巽.清史稿［M］.北京：中华书局,1977.

126.（清）章学诚.校雠通义［M］.北京：中华书局,1985.

127.（清）郑光祖.一斑录［M］.清道光《舟车所至丛书》本.

128.（清）周弘祖.古今书刻［M］.上海：上海古籍出版社,2005.

129.（清）周中孚.郑堂读书记［M］.上海：上海书店出版社,2009.

130.（清）朱彝尊.静志居诗话［M］.北京：人民文学出版社,1990.

131.（清）朱彝尊.明诗综［M］.北京：中华书局,2007.

132. (清)朱彝尊.曝书亭集[M].《四部丛刊初编》本.

133. (清)朱彝尊.曝书亭序跋[M].上海:上海古籍出版社,2010.

近人、今人著述

1. 北京图书馆出版社古籍影印室.明代传记资料丛刊[G].北京:北京图书馆出版社,2008.

2. 曹聚仁.天一阁人物谭[M].上海:三联书店,2007.

3. 曹之.中国古籍版本学[M].武汉:武汉大学出版社,2007.

4. 昌彼得,潘美月.中国目录学[M].台北:文史哲出版社,1986.

5. 昌彼得.版本目录学论丛(第二辑)[M].台北:学海出版社,1977.

6. 昌彼得.中国目录学讲义[M].台北:文史哲出版社,1973.

7. 长泽规矩也.中国版本目录学书籍解题[M].北京:书目文献出版社,1990.

8. 陈大康.明代小说史[M].北京:人民文学出版社,2007.

9. 陈国庆.汉书艺文志汇编[G].北京:中华书局,1983.

10. 陈乐素.宋史·艺文志考证[M].广州:广东人民出版社,2002.

11. 陈力.中国图书史[M].北京:社会科学文献出版社,2017.

12. 陈清慧.明代藩府刻书研究[M].北京:国家图书馆出版社,2013.

13. 陈时龙.明代中晚期讲学运动(1522—1626)[M].上海:复旦大学出版社,2007.

14. 陈文新.明代文学与科举文化[M].北京:中国社会科学出版社,2011.

15. 陈学霖.明代人物与史料[M].香港:香港中文大学出版社,2001.

16. 陈长文.明代科举文献研究[M].济南:山东大学出版社,2008.

17. 成复旺,蔡钟翔,黄保真.中国文学理论史·明代卷[M].北京:中国人民大学出版社,2009.

18. 程国赋.明代书坊与小说研究[M].北京:中华书局,2008.

19. 程千帆,徐有富.校雠广义·目录编[M].济南:齐鲁书社,1998.

20. 杜信孚.明代版刻综录[M].扬州:江苏广陵古籍刻印社,1983.

21. 杜信孚.全明分省分县刻书考[M].北京:线装书局,2001.

22. 范凤书. 中国私家藏书概述[M]. 宁波:宁波出版社,1996.

23. 冯汉钦. 明代诗歌总集与选集研究[M]. 哈尔滨:哈尔滨工程大学出版社, 2009.

24. 傅增湘. 藏园群书题记[M]. 上海:上海古籍出版社,1989.

25. 高桑驹吉,李继煌. 中国文化史[M]. 上海:商务印书馆,1926.

26. 顾志兴. 浙江出版史研究——元明清时期[M]. 杭州:浙江古籍出版社,1993.

27. 国立中央图书馆. 明人传记资料索引[M]. 北京:中华书局,1987.

28. 华东师范大学图书馆古籍部. 天一阁藏明代方志选刊,人物资料人名索引 [M]. 上海:上海书店出版社,1997.

29. 黄儒炳. 续南雍志[M]. 台北:台北伟文图书出版社影印本,1976.

30. 姜国柱. 中国思想通史(明代卷)[M]. 武汉:武汉大学出版社,2011.

31. 蒋伯潜. 校雠目录学纂要[M]. 北京:北京大学出版社,1990.

32. 蒋玉斌. 明代中晚期小说与士人心态[M]. 成都:巴蜀书社,2010.

33. 金宁芬. 明代戏曲史[M]. 北京:社会科学文献出版社,2007.

34. 来新夏. 古典目录学[M]. 北京:中华书局,1991.

35. 来新夏. 清代目录学提要[M]. 济南:齐鲁书社,1997.

36. 李晋华. 明代敕撰书考附引得[M]. 北京:引得编纂处,1932.

37. 李日刚. 中国目录学[M]. 台北:明文书局,1983.

38. 李致忠. 历代刻书考述[M]. 成都:巴蜀书社,1990.

39. 梁启超. 要籍解题及其读法[M]. 长沙:岳麓书社,2010.

40. 林平,张纪亮. 明代方志考[M]. 四川:四川大学出版社,2001.

41. 林庆彰. 朱彝尊《经义考》研究论集[M]. 台北:"中央研究院"中国文哲研究 所,2000.

42. 刘化兵. 士风与诗风的演进:明代成化至正德前期士人与诗派研究[M]. 北 京:中国社会科学出版社,2007.

43. 卢正言. 中国古代书目词典[M]. 南宁:广西教育,1994.

44. 陆容. 菽园杂记[M]. 北京:中华书局,1985.

45. 罗孟祯. 中国古代目录学简编[M]. 重庆:重庆出版社,1983.

46. 骆兆平. 天一阁藏明代地方志考录[M]. 宁波：宁波出版社, 2012.

47. 骆兆平. 天一阁丛谈[M]. 北京：中华书局, 1993.

48. 骆兆平. 新编天一阁书目[M]. 北京：中华书局, 1996.

49. 缪咏禾. 明代出版史稿[M]. 江苏：江苏人民出版社, 2000.

50. 缪咏禾. 中国出版通史·明代卷[M]. 北京：中国书籍出版社, 2008.

51. 莫有芝. 藏园订补郘亭知见传本书目[M]. 傅增湘, 订补. 北京：中华书局, 2009.

52. 牟复礼, 崔瑞德. 剑桥中国明代史[M]. 北京：中国社会科学出版社, 1992.

53. 南炳文. 明代文化研究[M]. 北京：人民出版社, 2006.

54. 潘承弼, 顾廷龙. 明代版本图录初编[M]. 台北：文海出版社有限公司, 1972.

55. 彭斐章, 乔好勤, 陈传夫. 目录学[M]. 武汉：武汉大学出版社, 1986.

56. 钱伯城等. 全明文[M]. 上海：上海古籍出版社, 1992.

57. 乔好勤. 中国目录学史[M]. 武汉：武汉大学出版社, 1992.

58. 屈万里, 昌彼得. 图书板本学要略[M]. 台北：华冈出版有限公司, 1978.

59. 屈万里. 明代登科录汇编[M]. 台北：台湾学生书局, 1969.

60. 饶国庆. 天一阁国家珍贵古籍名录图录[M]. 北京：北京出版社, 2010.

61. 商传. 明代文化史[M]. 上海：东方出版中心, 2007.

62. 沈德符. 万历野获编[M]. 北京：中华书局, 1959.

63. 寺田隆信. 明代乡绅的研究[M]. 京都：京都大学学术出版会, 2009.

64. 石昌渝. 明代印刷业的发展与白话小说的繁荣[M]//矶部彰. 东亚出版文化研究, 2004.

65. 孙钦善. 中国古典文献学[M]. 北京：北京大学出版社, 2009.

66. 孙学堂. 明代诗学与唐诗[M]. 济南：齐鲁书社, 2012.

67. 孙一珍. 明代小说史[M]. 北京：中国社会科学出版社, 2012.

68. 谭正璧. 话本与古剧[M]. 上海：上海古籍出版社, 1985.

69. 唐明元. 魏晋南北朝目录学研究[M]. 成都：巴蜀书社, 2007.

70. 汪辟疆. 目录学研究[M]. 北京：商务印书馆, 1934.

71. 王国强. 明代目录学研究[M]. 郑州：中州古籍出版社, 2000.

72. 王国维.观堂集林[M].石家庄:河北教育出版社,2001.

73. 王海刚.明代书业广告研究[M].长沙:岳麓书社,2011.

74. 王河.中国历代藏书家辞典[M].上海:同济大学出版社,1991.

75. 王惠君,荀昌荣.图书馆文化论[M].长沙:湖南大学出版社,2004.

76. 王铭珍.明清皇宫火灾概述[C]//郑欣森,朱诚如.中国紫禁城学会论文集,第 五辑.北京:紫禁城出版社,2017.

77. 王欣夫.文献学讲义[M].上海:上海古籍出版社,2005.

78. 王余光.读书四观[M].武汉:崇文书局,2004.

79. 王钟翰点校.清史列传[M].北京:中华书局,2005.

80. 王重民.中国目录学史论丛[M].北京:中华书局,1984.

81. 王重民.中国善本书提要[M].上海:上海古籍出版社,1983.

82. 王重民先生百年诞辰纪念文集[M].北京:北京图书馆出版社,2003.

83. 吴枫.中国古典文献学[M].济南:齐鲁书社,2005.

84. 吴晗.江浙藏书家史略[M].北京:中华书局,1981.

85. 吴漫.明代宋史学研究[M].北京:人民出版社,2012.

86. 谢国桢.晚明史籍考[M].上海:华东师范大学出版社,2011.

87. 徐海松.清初士人和西学[M].北京:东方出版社,2000.

88. 徐林.明代中晚期江南士人社会交往研究[M].上海:上海古籍出版社,2006.

89. 徐凌志.中国历代藏书史[M].南昌:江西人民出版社,2004.

90. 徐学聚.国朝典汇[M].北京:书目文献出版社,1996.

91. 严绍璗.日藏汉籍善本书录[M].北京:中华书局,2007.

92. 严佐之.古籍版本学概论[M].上海:华北师范大学出版社,1989.

93. 严佐之.近三百年古籍目录举要[M].上海:华东师范大学出版社.2008.

94. 杨军.明代翻刻宋本研究[M].北京:中国社会科学出版社,2011.

95. 杨宽.战国史[M].上海:上海人民出版社,1998.

96. 姚名达.中国目录学史[M].北京:商务印书馆,1957.

97. 姚名达.中国目录学史[M].上海:上海古籍出版社,2005.

98. 叶德辉.书林清话[M].上海:上海古籍出版社,2012.

99. 叶德辉. 郎园读书志[M]. 上海：上海古籍出版社，2010.

100. 尹恭弘. 明代诗文发展史[M]. 北京：社会科学文献出版社，2012.

101. 于敏中. 天禄琳琅书目[M]. 上海：上海古籍出版社，2007.

102. 余嘉锡. 目录学发微[M]. 上海：上海古籍出版社，2007.

103. 余嘉锡. 余嘉锡讲目录学[M]. 南京：凤凰出版社，2009.

104. 余意. 明代词学之建构[M]. 上海：上海古籍出版社，2009.

105. 张国刚，乔治忠等. 中国学术史[M]. 上海：东方出版中心，2006.

106. 张璉. 明代中央政府出版与文化政策之研究[M]. 新北：花木兰文化出版社，2006.

107. 张明华. 黄虞稷和《千顷堂书目》[M]. 北京：国际文化出版公司，1994.

108. 张三夕. 中国古典文献学[M]. 武汉：华中师范大学出版社，2003.

109. 张升. 明清宫殿藏书研究[M]. 北京：商务印书馆，2006.

110. 张舜徽. 中国文献学[M]. 上海：上海古籍出版社，2009.

111. 张显清，林金树. 明代政治史[M]. 桂林：广西师范大学出版社，2003.

112. 张显清. 明代后期社会转型研究[M]. 北京：中国社会科学出版社，2008.

113. 张秀民. 中国印刷史[M]. 杭州：浙江古籍出版社，2006.

114. 张学智. 中国儒学史·明代卷[M]. 北京：北京大学出版社，2011.

115. 张英聘. 明代南直隶方志研究[M]. 北京：社会科学文献出版社，2005.

116. 周腊生. 明代状元奇谈·明代状元谱[M]. 北京：紫禁城出版社，2004.

117. 周明初. 晚明士人心态及文学个案[M]. 北京：东方出版社，1997.

118. 周少川. 藏书与文化：古代私家藏书研究[M]. 北京：北京师范大学出版社，1999.

119. 周天庆. 明代闽南四书学研究[M]. 北京：东方出版社，2010.

120. 周彦文. 中国目录学理论[M]. 台北：学生书局，1995.

121. 周彦文. 中国文献学理论[M]. 台北：学生书局，2012.

122. 朱保炯，谢沛霖. 明清进士题名碑录索引[M]. 上海：上海古籍出版社，1980.

学术论文

1. 宾莹. 黄虞稷研究[D]. 福州：福建师范大学，2005.

2. 曹书杰.论清代补史艺文志的形成和发展[J].东北师大学报(哲学社会科学版),1991(2):42-45.

3. 曹书杰.清代补史艺文志述评[J].史学史研究,1996(2):60-68.

4. 曹之.家刻初探[J].山东图书馆季刊,1984(1):37-38.

5. 曹之.明本数量述略[J].黑龙江图书馆,1983(3):10-14.

6. 陈方.解题目录体例评议[J].图书馆论坛,1999(2):89-90+88.

7. 陈广宏.钟惺万历己未在吴越交游考述[J].复旦学报,1995(1):66-70.

8. 陈少川,刘东民.祁承㸁图书分类理论浅探[J].河北图苑,1991(4):19-22,54.

9. 陈少川.黄虞稷藏书概况和图书馆学成就考[J].图书馆学研究,1998(2):94-97.

10. 陈少川.黄虞稷图书馆学成就初探[J].江苏图书馆学报,1998(5):13-16.

11. 陈学文.论明清江南流动图书市场[J].浙江学刊,1998(6):107-111.

12. 陈正宏.图引考——兼辨沈周《云水行窝图》的本事[J].新美术,1999(4):52-57.

13. 褚家伟,雍桂良.浅谈《四库存目》中明代文集的价值[J].图书馆,1996(1):36-37.

14. 崔文印.略谈明代的官私书目[J].史学史研究,1995(4):65-71+51.

15. 方云.群玉为山非是宝千箱充栋始称奇——记明代徐㷿的藏书楼及其藏书[J].中国典籍与文化,1998(3):27-30.

16. 冯培树,高薇.殷仲春与《医藏书目》[J].山东图书馆季刊,1999(2):59-60.

17. 傅璇琮,徐吉军.关于中国藏书史研究的几个问题[J].浙江学刊,2001(1):118-123.

18. 傅瑛.明代中州文献选录[J].信阳师范学院学报,1997(2):43-46.

19. 何林夏.一部稀见的明代军事志《苍梧总督军门志》[J].军事历史,1994(1):53-55.

20. 贺洪斌.《千顷堂书目》性质新论[D].长春:吉林大学,2011.

21. 胡春年.《千顷堂书目》及其学术价值[J].河南图书馆学刊,2004(24):79-80.

22. 胡明.明清藏书楼建筑设计文化[J].津图学刊,1998(2):121-124.

23. 胡适.《国学季刊》发刊宣言[J].国学季刊,1923(1).

24. 胡先媛.传统文化影响下的私人藏书特点[J].武汉大学学报(哲学社会科学版),1998(5):133-137.

25. 胡长春.明代江西藏书述略[J].江西图书馆学刊,1998(3):53-56.

26. 黄裳.《天一阁被劫书目》前记[J].文献,1979(1):93-103.

27. 黄裳.跋祁承爜《两浙古今著作考》稿本[J].中国文化,1992(2):192-194.

28. 黄裳.《天一阁被劫书目》[J].文献,1979(2):260-303.

29. 黄裳.云烟过眼录(一)——跋钱半村《城守筹略》[J].社会科学战线,1979(3):339-342.

30. 黄燕生.明代的地方志[J].史学史研究,1989(4):58-72.

31. 姜雨婷.点校本《千顷堂书目》子部儒家类校正[J].文教资料2010(6):44-45.

32. 井上进.论明代前期出版的变迁与学术[J].北大史学,第14期.

33. 雷树德.目录学与史学之关系考论[J].图书馆建设,1996(4):11-14.

34. 李丹.《红雨楼书目》版本考略[J].古典文献研究,2006:171-179.

35. 李丹.明代私家书目研究[D].南京大学,2001.

36. 李国新.品评人物之风大盛与传录体目录的勃兴——魏晋南北朝目录学研究[J].山东图书馆季刊,1990(4):10-16.

37. 李剑国,陈国军.瞿佑续考[J].南开学报,1997(3):40-46.

38. 李明杰.明代国子监刻书考略(上)[J].大学图书馆学报,2009(3):86.

39. 李庆.黄虞稷家世及生平考略[J].史林,2002(1):20-24.

40. 李万健.明代目录学的发展及成就[J].图书馆,1994(2):19-21,5.

41. 李雄飞.评《明史·艺文志》[J].中国典籍与文化,1999(4):65-70.

42. 李言.《千顷堂书目》新证[D].南京:南京师范大学博士学位论文,2013.

43. 李玉安,李天翔.明代的藏书管理与散佚——论明代废除秘书监的后果[J].山东图书馆学刊,2009(6):105.

44. 刘怀玉.吴承恩作《西游记》二证[J].东北师大学报,1986(6):66-69.

45. 刘敬春."潮州方志"考[J].图书馆论坛,1995(3):16-18.

46. 柳定生. 黄虞稷与《千顷堂书目》[J]. 江苏图书馆工作,1980(3):6-11.

47. 龙文真.《明史艺文志》研究[D]. 武汉:湖北大学硕士论文,2010.

48. 骆兆平.《明文案》《明文海》稿本述略[J]. 文献,1987(2):71-83.

49. 骆兆平. 略谈天一阁藏明代地方志[J]. 宁波师专学报(社会科学版),1979(2):94-97.

50. 骆兆平. 谈天一阁藏明代地方志[J]. 文献,1980(3):190-199.

51. 骆兆平. 天一阁藏家谱目录叙[J]. 图书馆杂志,1986(4):58-60.

52. 马泰来. 明季藏书家徐𤊫丛考[J]. 文献,2010(4):135-143.

53. 马学良. 明代内府刻书研究[D]. 南京大学,2013.

54. 毛文鳌. 黄虞稷藏书考略[J]. 山东图书馆季刊,2006(4):109-111.

55. 毛文鳌. 黄虞稷年谱稿略[D]. 上海:华东师范大学,2007.

56. 冒广生,冒怀辛.《管子》跋十七则(续)[J]. 管子学刊,1988(1):34-39.

57. 缪咏禾. 明代的出版事业[J]. 出版科学,1999(2):44-46.

58. 穆军. 明代目录学研究进展述略[J]. 图书馆学研究,1993(3):90-93,98.

59. 裴成发. 杭州刻书在出版史上的地位[J]. 晋图学刊,1987(1):61-64.

60. 钱茂伟. 童时明《昭代明良录》述略[J]. 文献,1990(2):225-228.

61. 钱振新. 传统目录学之文化角度研究论——历史的例证[J]. 四川图书馆学报,1987(3):70-78.

62. 乔衍琯. 论《千顷堂书目》《经义考》与《明志》的关系[J]. 国立中央图书馆馆刊,1977,10(1):1-10.

63. 沈津. 明代别集[J]. 文献,1991(3):210-223.

64. 沈津. 明代别集[J]. 文献,1991(4):225-237.

65. 沈津. 明代别集[J]. 文献,1992(1):182-196.

66. 沈津. 明代别集[J]. 文献,1992(2):182-195.

67. 沈津. 明代别集[J]. 文献,1992(4):182-195.

68. 孙瑾.《四库全书总目》引《千顷堂书目》考校[J]. 文教资料,2008(28):128-130.

69. 汪向荣.《筹海图编》的版本和作者[J]. 读书,1983(9):77-79.

70. 王国强. "辨章学术考镜源流"之再评判[J]. 图书与情报,1994(1):28-34.

71. 王国强.《红雨楼书目》研究[J]. 图书馆学刊,1989(6):32-33,9.

72. 王国强. 胡应麟在目录学史中的地位[J]. 四川图书馆学报,1986(2):92-96.

73. 王国强. 历代政府藏书管理机构考略[J]. 河南图书馆学刊,1988(4):41-45.

74. 王国强. 略论我国古代图书分类体系的沿革及其原因[J]. 河南图书馆学刊,1985(3):18-25.

75. 王国强. 明朝皇史宬始末及其特点[J]. 图书馆,1986(2):46-48.

76. 王国强. 明朝文渊阁沿革考[J]. 河南图书馆学刊,1986(3):46-48.

77. 王国强. 明代藏书事业历史背景探论[J]. 山东图书馆季刊,1993(3):13-17.

78. 王国强. 明代的书目著录(二)[J]. 图书与情报,1999(1):60-66.

79. 王国强. 明代的书目著录[J]. 图书与情报,1998(4):44-50.

80. 王国强. 明代刻书书目研究[J]. 河南图书馆学刊,1991(3):41-44.

81. 王国强. 明代目录学的新成就[J]. 山东图书馆季刊,1988(4):14-20.

82. 王国强. 明代私家书目图书分类体系的变革及其成就[J]. 山东图书馆季刊,1986(4):35-42.

83. 王国强. 中国古典目录学新论[J]. 图书与情报,1992(1):23-29.

84. 王国强. 中国目录学传统的创造性转化[J]. 河南图书馆学刊,1995(2):16-17,19.

85. 王国强. 中国目录学的学术品位[J]. 郑州大学学报(哲学社会科学版),1995(3):35-39.

86. 王国强. 中国目录学术批评史论纲[J]. 图书与情报,1995(2):31-35.

87. 王红春. 明代进士家状研究——以56种会试录和57种进士登科录为中心[D]. 上海:华东师范大学,2013.

88. 王宏凯.《明史·艺文志》方志书目校勘札记[J]. 文献,1992(3):267-270.

89. 王宏凯.《明史·艺文志》正误二则[J]. 史学月刊,1986(1):32.

90. 王宏凯.《明史·艺文志》正误三则[J]. 史学月刊,1987(4):86.

91. 王美英. 试论明代的私人藏书[J]. 武汉大学学报(哲学社会科学版),1994(4):115-119.

92. 王瑞刚.《说听》作者小考[J]. 天津师范大学学报,1992(6):76.

93. 王世襄.《画法大成》题记[J]. 传统文化与现代化,1994(5):82-83.

94. 王巍. 辽史艺文志订补[J]. 社会科学战线,1994(2):262-269.

95. 王伟凯. 明代图书的国内流通[J]. 社会科学辑刊,1996(2):105-109.

96. 王文才. 读《浣花草堂志》[J]. 杜甫研究学刊,1996(4):54-55.

97. 王新田. 澹生堂藏书聚散考[J]. 镇江师专学报(社会科学版),1999(3):108-110.

98. 王兴亚. 嘉靖《归德州志》考述[J]. 史学月刊,1996(1):113-115.

99. 王艺. 明代的书目编纂传统[J]. 四川图书馆学报,1986(2):88-91.

100. 王艺. 明代私家目录体例之研究[J]. 四川图书馆学报,1989(2):40-49.

101. 王智勇.《四库总目存目》明代典籍的史料价值[J]. 四川图书馆学报,1996(6):71-76.

102. 王重民.《明史艺文志》与补史艺文志的兴起[J]. 图书馆学通讯,1981(3):75-81.

103. 魏思玲. 论黄虞稷的目录学成就[J]. 洛阳师范学院学报,2000(3):135-136.

104. 魏宗禹. 明清时期诸子学研究简论[J]. 孔子研究,1998(3):93-101.

105. 温庆新.《百川书志》考辨三则[J]. 保定学院学报,2010(6):87-91.

106. 翁海珠. 明末清初泉州黄氏父子藏书家[J]. 福建图书馆理论与实践,2010(3):63-64.

107. 小玉. 读《千顷堂书目》别集类札记[J]. 四川图书馆学报,1985(2):34-35.

108. 谢国桢. 明清时代的目录学[J]. 历史教学 1980(3):36-39.

109. 谢国桢. 简介黄虞稷《千顷堂书目》标点校勘本[J]. 图书馆杂志,1982(4):8.

110. 谢国桢. 明清时代版本目录学概述(上)[J]. 齐鲁书刊,1981(3):42.

111. 谢灼华,王子舟. 古代文学目录《文章志》探微[J]. 图书情报知识,1995(4):6-9.

112. 谢灼华. 中国古代学者文献观念之演变[J]. 图书情报工作,1994(2):1-8.

113. 辛德勇. 渭川诗集[J]. 中国典籍与文化,1997(4):74-77.

114. 徐丹.《千顷堂书目》史部人名刊误六则[J]. 古籍整理研究学,2004(6):91-92.

115. 徐有富. 对目录学定义的再认识[J]. 图书与情报,1991(4):76-80.

116. 徐有富. 影响较大的私家目录是《七录》而非《七志》[J]. 江苏图书馆学报,

1985(3):40－42.

117. 徐庄.明代的庆藩刻书[J].中国出版,1994(7):8－10.

118. 薛新力.《明史艺文志》编撰考[J].北京大学学报(国内访问学者、进修教师论文专刊),2002(S1):108.

119. 杨秉祺.章回小说《西游记》疑非吴承恩作[J].内蒙古师大学报,1985(2):62－66.

120. 杨果霖.四库馆臣对明人刻书的评价[J].台湾图书管理季刊,1996(1):109－129.

121. 杨武泉.《四库总目》中民族史料书提要订误[J].中南民族学院学报,1997(4):61－66.

122. 袁逸.明后期我国私人刻书业资本主义因素的活跃与表现[J].浙江学刊,1989(3):127－131.

123. 张固也,贺洪斌.《千顷堂书目》误收唐人著述考[J].图书馆理论与实践,2010(4):52－56.

124. 张木早.中国古代私藏典籍的收集[J].中国图书馆学报,1996(4):43－48.

125. 张如元.刘逊永嘉治绩考[J].温州师范学院学报,1996(2):22－27.

126. 张万钧.明代河南方志考——《千顷堂书目》纠错之一[J].河南图书馆学刊,1988(2):31－33.

127. 张文翰.《明史·艺文志》得失小议[J].图书情报知识,1983(1):18－20.

128. 张新民.明代官修四种贵州省志考评[J].贵州民族学院学报,1985(2):45－52.

129. 张新民.明代私撰六种贵州省志考评[J].文献,1985(4):120－132.

130. 张秀民.安南书目提要[J].北京图书馆馆刊,1996(1):58－62.

131. 张亚新.孙应鳌"督学文集"初论[J].贵州文史丛刊,1990(3):71－82.

132. 张亚新.孙应鳌诗歌创作刍议[J].贵州社会科学,1981(1):75－80.

133. 张易.《千顷堂书目》与中国传统学术体系的微调机制[D].北京:北京语言大学,2009.

134. 张寅彭.清人总摄明诗的三部大型之著[J].古典文学知识,1997(5):110－115.

135. 张永瑾.《明史·艺文志》的特点[J]. 文史知识,1999(6):106-111.

136. 张云. 黄虞稷《千顷堂书目》与《明史艺文志稿》关系考实[J]. 文史,2015(2):245-276.

137. 张云. 黄虞稷史馆进呈稿《明史·艺文志》考述[J]. 文献,2016(2):159-174.

138. 章宏伟. 明代杭州私人刻书机构的新考察[J]. 浙江学刊,2012(1):31.

139. 赵承中.《千顷堂书目》勘误一则[J]. 文献,2016(4):76.

140. 赵明奇. 记一代著作精华——试论正史艺文志的发展方向[J]. 中国社会科学院研究生院学报,1997(5):64-71.

141. 钟鸣旦,杜鼎克. 简论明末清初耶稣会著作在中国的流传[J]. 史林,1999(2):60-64.

142. 周采泉.《明代版刻综录》评介[J]. 图书情报工作,1985(1):36.

143. 周少川. 古代私家藏书措理之术管窥[J]. 中国典籍与文化,1998(3):21-26.

144. 周彦文.《千顷堂书目》研究[D]. 台北:东吴大学,1985:54-59.

145. 周彦文. 论历代书目中的制举类书籍[J]. 中国书目季刊,1997(1):1-13.

146. 朱士嘉. 天一阁藏明代地方志考录序[J]. 山东图书馆季刊,1983(1):61-63.